# Les secrets du Titanic

SHANNON OCORK

# Les secrets du Titanic

HARLEQUIN

COLLECTION GRANDS ROMANS

*Cet ouvrage a été publié en langue anglaise*
*sous le titre :*
ICE FALL

*Traduction française de*
CHRISTOPHE GALLIER



*Illustration de Frank Neidhardt*


83-85, boulevard Vincent-Auriol, 75013 Paris — Tél. : 45 82 22 77
Prestige : ISBN 2-280-13214-1 — G.R. : ISBN 2-280-11038-5

# 1.

## Mercredi 10 Avril 1912...

— Viens, Smoke ! Allez ! Viens ! Oh, je crois que c'est lui. Je l'ai reconnu ! Viens vite !

C'était noir de monde, et c'était exaltant. Smoke aurait bien aimé planter là Swan, son idiote de jumelle, l'abandonner au milieu de la foule et monter à bord immédiatement ! Embarquer ! Embarquer sur *Le Titanic* ! Et de là-haut, pouvoir regarder, regarder le monde entier ! Si elle avait été peintre, elle aurait aimé fixer cette scène : toute cette bousculade d'élégantes et d'élégants sous le ciel nuageux et blanc de midi. Elle aurait pris ses couleurs et rendu cette mer calme, noire et dormante sous la jetée, blanche d'écume, minuscule auprès du gigantesque *Titanic*. Au loin, elle aurait indiqué par de simples hachures les autres navires qui mouillaient dans la rade de Southampton, comme *L'Oceanic*, que sa jumelle et elle venaient de dépasser, en courant, ou *Le New York*, là-bas. « Pas un chat à bord », pensa Smoke. Et puis elle aurait dessiné cette courbe, où le chenal prenait fin, s'ouvrait sur la mer, où, au dire de tous les passagers, les monstres attendaient... Des dragons de mer, tapis sous l'eau, épiant, patients, avec leurs énormes griffes et leurs corps d'écailles, prêts à bondir, invisibles dans la nuit et le brouillard, sur les bateaux aveugles… Oui, elle les aurait suggérés par une petite touche de vert sombre, au loin, une simple petite touche, discrète, que seuls des amateurs attentifs auraient remarquée — et même eux n'auraient su dire exactement ce que cela signalait sinon, que là-bas, au large, le danger rôdait. Ensuite, en estompant les détails, elle aurait brossé cette cohorte multicolore de passagers qui paradaient sur le quai, montaient la passerelle et s'engouffraient dans le paquebot flambant neuf dont les rangées de hublots étincelaient. Elle aurait peint tout cet empressement, cet enthousiasme, cette joie qui animaient les visages des voyageurs à l'idée de partir sur ce navire magique. On aurait pu deviner l'entassement de leurs bagages, la file interminable de leurs malles… « Oh ! Ce serait un véritable chef-d'œuvre », pensait Smoke.

Mais voilà, tout cela eût été possible si elle avait choisi d'être peintre et non ce capitaine au long cours qu'elle espérait bien, un jour, devenir.

Swan et elle, à presque seize ans, étaient vêtues des mêmes longues robes de velours bleu, bordées de vison noir. Leurs cheveux d'un blond pâle étaient tirés en arrière par un simple ruban bleu, des gants noirs protégeaient leurs mains des gerçures que le vent du large aurait pu causer. Elles étrennaient leurs premières chaussures de femme : des bottines à lacets avec un petit talon. Et pour le moment, elles étaient seules au milieu de la foule, sur ce sol étranger. Elles échappaient à la surveillance de leur gouvernante. Mme Twigg, retenue à l'hôtel, s'occupait à finir les malles, à trouver des porteurs, à leur donner ses recommandations.

— Doucement, doucement, s'il vous plaît, mon brave. Tout doux, vous dis-je, nous ne voulons pas froisser tous ces vêtements de soie, n'est-ce pas? Vingt-cinq cents américains vous attendent, vingt-cinq cents pour chacun d'entre vous! De quoi vous acheter un bon morceau de viande pour dîner, hein?

Swan, de son côté, semblait ne prêter attention à rien. Cette bécasse de Swan qui n'avait que ce garçon anglais en tête, ce garçon de la campagne qu'elle n'avait jamais rencontré, un paysan. Sans aucune éducation. Il lui avait écrit, d'une main peu assurée, au crayon à papier: « j'm'entraîne toute la nuit », car il tentait d'être engagé sur *Le Titanic* comme troisième violon.

Emploi qu'il avait réussi à obtenir! Il allait ainsi pouvoir rencontrer Swan en personne, sachant — car Swan le lui avait confié dans une de ses lettres — que sa famille et elle, après une semaine passée à Paris, partiraient d'Angleterre pour rejoindre New York à bord du *Titanic*! Il écrivait à Swan: « Est-ce-que ça vous gène? Je rêve à vous toujours quand j'm'entraîne. » Et bien d'autres bêtises, bourrées de fautes, dont Smoke se moquait en adressant d'horribles grimaces à sa sœur, imperturbable. Car Swan l'aimait bien — c'était du moins ce qu'elle prétendait — et elle continuait à lui répondre. A Noël, elle lui avait même fait parvenir sa photographie dans un petit cadre ovale en argent. Dès janvier, il lui avait envoyé une épreuve, craquelée, sale et presque jaunie. Il s'en était excusé. « Désolé, Swan, c'est ce que j'ai de mieux. Et ça ne me ressemble pas du tout : elle a été tirée il y a un an et j'ai rudement grandi depuis ! » Le jeune violoniste l'avait empaquetée dans ce grossier papier jaune d'écolier qu'il utilisait pour lui écrire. La photographie était sous-exposée et offerte sans cadre. « C'est dégoûtant ! avait dit Smoke. Quel manque de tact affligeant ! Je n'y toucherais pas avec des pincettes ! » Mais Swan était ravie de l'avoir reçue. Et elle l'avait placée dans le coin supérieur du miroir de sa coiffeuse.

Il portait le nom de Danny Bowen. Danny Terence Bowen, fils de Robert, appelé Bob, et d'Anna, née Monaghan. Son père était postier, après avoir dû renoncer à une carrière de ténor. « Papa avait une voix formidable, expliquait-il, mais il n'a jamais pu s'habituer aux livrets en langues *étranges*, et ça lui faisait mal au ventre quand il s'époumonait à prononcer correctement l'italien, alors il a laissé tomber. » Sa mère donnait des cours particuliers de violon et de piano. La photographie révélait un jeune homme aux cheveux clairs, au visage taillé à la serpe, empreint d'une profonde expression de gravité. Il était charmant, il avait l'air d'un poète, disait Swan. Pour peu qu'il s'habille, il serait beau, presque séduisant. C'était tout Swan, généreuse envers les autres, ne voyant que leurs qualités, toujours prête à les complimenter. Très coquette, très jeune fille, romantique et jouant de ses charmes. Partout où elle passait, Swan faisait battre les cœurs et elle s'en amusait. Aussitôt qu'elle les avait gagnés, elle s'enfuyait et les épinglait sur les pages de son journal intime à la tranche dorée.

Smoke était bien différente, plus sérieuse. Smoke ne montrait aucun intérêt pour les garçons, estimait ne pas avoir de temps à leur consacrer. Elle se moquait bien de la façon dont elle était habillée. C'était Mme Twigg et Swan qui décidaient en matière d'élégance. Après tout, cela lui importait peu. Une fois grande, Smoke serait capitaine au long cours, capitaine d'un navire comme l'avaient été le père de son père, et son arrière-grand-père, le fondateur du clan, l'ancêtre, le capitaine Lockholm lui-même — figure de légende et éternel sujet de remords pour la famille. Car, comme on s'accordait à le reconnaître, le Capitaine avait fait preuve d'une remarquable ingéniosité, peut-être même un peu trop pour que cela parût honnête aux yeux de tous... « Je suis intelligente, moi aussi, comme notre ancêtre, le Capitaine, et je n'ai pas bonne opinion de gens comme Danny Terence Bowen originaires des bas quartiers de Londres, avait déclaré un jour Smoke à sa jumelle. Je n'ai pas bonne opinion des gens comme lui qui écrivent à d'autres qu'ils ne connaissent pas, pour ensuite forcer leur intimité, forcer le destin. »

Swan avait simplement haussé les épaules sans répliquer, et elle avait continué à écrire au « Maître de musique Bowen », chaque mercredi soir, après que Mme Twigg leur eut lavé les cheveux. Et néanmoins — sans que personne lui ait jamais rien demandé —, Smoke persistait à penser que ce commerce secret était « une impertinence », pour reprendre un terme à Mme Twigg. Smoke, elle aussi, avait eu « un ami de plume », un garçon de Londres dont le père était sans doute lord. Tout le monde à l'école de Mme Graham avait dû correspondre: l'exercice était au programme. Mais Smoke n'avait écrit qu'une fois, demandant une réponse qu'elle avait promptement obtenue. Et un seul échange de lettres avec Dexter Poindexter Lloyd lui avait amplement suffi! Quel raseur! Elle lui avait expliqué dans le détail qu'elle aimait les navires, qu'elle espérait bien, un jour, devenir capitaine, et tout ce qu'elle avait reçu de lui, c'était trois pages couvertes de formules mathématiques!

Smoke, que la confusion avait alors gagnée, soupçonna que ce Dexter avait pensé que son correspondant était un garçon. Oh, comme Smoke détestait Dexter Poindexter Lloyd! Et elle n'espérait qu'une chose: ne jamais plus entendre parler de lui. La plupart des jcunes filles au collège de Mme Graham avaient agi de même: elles avaient mis un terme à leur correspondance dès qu'elles y avaient été autorisées. Mais ce n'était pas le cas de Swan Joséphine Lockholm. Swan avait continué d'écrire et Danny Bowen de lui répondre. Et aujourd'hui — Enfin! disait Swan —, ils allaient se rencontrer à bord du *Titanic*, lors de sa première traversée de l'Atlantique.

— C'est si romantique! disait Swan.

— C'est affreux! répondait Smoke.

Il avait été engagé comme troisième violon au Café Parisien. Elle, passagère privilégiée des première classe, avait pour père John Bayard Lockholm III qui en tant qu'associé du trust de J.P. Morgan — la Marine Commerciale Internationale

— était propriétaire de la Ligne Polaire et possédait donc *Le Titanic*. « Si bien que d'une certaine façon, je suis la fille du patron, avait-elle écrit à Danny. Père et mère occuperont une suite proche de celle de M. Ismay, ainsi pourront-ils faire plus amplement connaissance. Mais Smoke et moi aurons une cabine pour nous toutes seules, la B-41, malheureusement, Mme Twigg, notre gouvernante et chaperon, logera dans la B-35, juste à côté. »

Smoke était indignée à l'idée que sa sœur puisse fournir tous ces détails, elle trouvait que cela avait un côté déplaisant, presque grossier.

— Tu n'es même pas amoureuse de lui, ma petite Swan. Tu joues avec lui comme un chat avec une souris. C'est de la cruauté pure et simple. Tu ne peux pas aimer un homme d'un autre monde que le tien, et que tu n'as jamais rencontré. Tu cherches seulement à grossir le nombre de tes admirateurs à ses dépens : tu fais preuve de vanité et de mépris.

— Oh ! Smoke, avait répondu Swan. Tu dramatises, tout de suite ! L'idée d'avoir un admirateur durant toute la traversée est amusante, c'est tout.

Et Swan, attrapant au vol le bras de sa sœur, lui murmura :

— Ça m'aide à tenir mon journal, c'est si drôle d'en parler aux autres filles ou de le relire quand je n'ai rien d'autre à faire.

— Tu n'aimes que flirter, voilà la vérité, avait répondu Smoke.

— Et où est le mal ? Je préfère lire des lettres d'amour que tous tes bouquins sur les bateaux !

Smoke, entraînée sur le quai par sa jumelle qui la tenait fermement par la main, se dégagea soudain.

Que Swan fasse la connaissance de son ami violoniste toute seule ; Smoke n'avait aucune envie de le rencontrer. Si jamais leur mère apprenait l'existence de ce Danny Bowen, elle serait furieuse. Ce qui n'était pas, Smoke l'avouait, sans donner du piquant à l'aventure. Mais il ne ferait jamais partie de leur monde. Swan voulait tout avoir. Il ne serait qu'un colifichet pour le temps d'une traversée, un jouet sans valeur avec lequel elle s'amuserait. Tout cela avait un côté pathétique, pensait Smoke.

Délaissant sa jumelle qui traînait, Swan accéléra le pas. Un flot de passagers les séparait déjà. Swan allait de l'avant, se faufilant dans la foule sans plus se préoccuper de savoir si sa sœur la rattraperait. Elle courait, et le bas de sa robe dansait. Elle atteignit enfin la passerelle et monta l'escalier de bois quatre à quatre.

En haut, à gauche, un garçon attendait. Il était grand, une expression un peu solennelle sur son visage. Son col de chemise était raide et mal ajusté. Il ne devait pas avoir l'habitude de porter ces hauts cols empesés, pensa Smoke qui avait observé toute la scène. Ainsi se retrouvait-elle seule. Quel bonheur ! « Laissons Swan à son idylle, la bécasse ! » Elle, elle ne courrait pas après l'amour. Son seul et unique désir, c'était de découvrir le monde, l'explorer de fond en comble, et peut-être, oui, un jour peut-être, en posséder une partie. Pourquoi pas ? Si tel était son désir !

Sur le quai, observant tout et tout le monde, Smoke reconnut M. Astor, M. John Jacob Astor, le Colonel. Il était accompagné de sa nouvelle femme, Madeline, comme l'appelait mère, et il pressait contre les revers de son costume bleu pâle un chiot airedale qu'il venait de s'offrir.

— Hello, monsieur Astor!

Smoke lui fit signe de la main. Il souleva légèrement son chapeau pour la saluer, et Mme Astor, à qui Smoke n'avait pas été encore présentée, lui adressa un sourire derrière sa voilette. Après un divorce tumultueux, M. Astor s'était remarié avec une personne de condition inférieure — c'était du moins ce que Tory VanVoorst, la meilleure amie de sa mère, prétendait.

— Il a épousé à la va-vite une femme assez jeune pour être sa fille, qui n'est ni de sa condition, ni vraiment jolie.

Mais Tory Victoria VanVoorst était d'une telle beauté que peu de femmes trouvaient grâce à ses yeux, et l'on ne pouvait donc adopter ses critères implacables. Cependant, pour être juste, Smoke avait entendu dire que le Colonel — John Jacob IV, désigné ainsi par tous ceux qui n'étaient pas assez intimes avec lui pour l'appeler Jack — avait dû verser plus de mille dollars à un ministre du culte pour qu'il consente à célébrer cette union.

Mme Twigg s'était exclamée:

— Il n'y a pas de fumée sans feu.

Car Mme Twigg, qui savait tout et confiait tout sauf son âge, avait dit aux jumelles que, déjà, l'arrière-grand-père de John Jacob Astor faisait figure de scandale au sein de la bonne société. — C'était un homme peu fréquentable qui, il est vrai, n'avait pas reçu l'éducation qu'il fallait.

Au dire de Mme Twigg, ce M. Astor, qui faisait le commerce des fourrures, était l'humble fils d'un immigré allemand, boucher de son état. Et durant toute sa vie, alors qu'il avait réussi à bâtir une fortune, il avait ignoré l'usage du mouchoir.

— Il se mouchait dans ses doigts! Pensez un peu! Et quand ça lui venait, où qu'il se trouve, chez lui ou dans votre salon! M. Astor prenait ses aises, racontait Mme Twigg.

Une pareille conduite laissait Smoke Lockholm perplexe. Comment peut-on se moucher dans ses doigts? Mais les animaux, avaient-ils des mouchoirs, eux? avait demandé Swan, comme si cela expliquait tout. Toutefois, Smoke ne perdait jamais son temps à discuter avec Swan, car Swan n'était pas aussi intelligente qu'elle, et ne se laissait jamais convaincre, alors à quoi bon? Mais pourquoi créer de pareils scandales? Le premier des Astor et maintenant le quatrième... Peut-être Mme Twigg avait-elle raison, le péché était héréditaire! Une amie de sa mère, Mme Peerce, avait, elle aussi, été l'objet de la réprobation générale de tout ce petit monde bien élevé et bien fortuné. Il y avait des années de cela, deux mois après le mariage de la mère et du père de Smoke, avant le début de ce siècle. Dove Peerce était veuve, une veuve de fraîche date lorsque sa fille, Cécilia, avait décidé d'épouser un marquis anglais. Tout d'abord — et en ce temps-là, cela avait choqué — Mme Peerce n'avait pas remis la cérémonie. Ensuite, pour une femme qui devait être profondément affligée par son deuil, elle avait porté une robe d'une extrême élégance aux tons beaucoup trop clairs. Enfin, et c'était là le clou, Dove Peerce, veuve de moins d'un mois, s'était comportée comme une demoiselle d'honneur évaporée, dansant, riant et... Si, si ! Elle avait saisi de sa main parfumée le bouquet de mariage de sa fille ! Tout Newport en eut le souffle coupé. Et des années plus tard, on en parlait encore : c'était un de ces bons vieux scandales dont on se délectait avec quelques frissons, à l'heure du thé. Smoke ne pensait pas qu'elle ferait jamais un éclat de ce genre, mais il se pourrait bien que Swan, dans un de ses bons jours...

Elle aperçut la longue robe de sa jumelle se fondre dans la foule bigarrée, monter la passerelle, esquiver un beau couple d'un certain âge que Smoke reconnut avoir déjà croisé. A New York ou à Newport, à chaque fois que cela s'était produit et qu'elle avait demandé leur nom, Mme Twigg ou sa mère lui avait répondu :

— Je ne sais pas trop, chérie. Peut-être sont-ils juifs... Des amis de M. Belmont, je crois.

Mme Twigg leur avait aussi raconté qu'une fois, au cours d'une soirée de Noël à laquelle il avait été invité, M. Astor avait fait son pipi dans l'âtre devant son hôtesse. Elle s'était évanouie sur-le-champ lorsqu'elle s'était rendu compte, avec horreur, des intentions du vieil homme qui, tout en lui parlant le plus civilement du monde des risques de chute de neige, avait commencé à déboutonner sa braguette. Mais peut-être ne s'agissait-il pas du premier des Astor. Ou était-ce quelqu'un d'autre. Ou il était encore possible que cela ne soit jamais arrivé.

— Cette pauvre femme ne s'en est jamais vraiment remise, disait Mme Twigg, qui jurait que toute l'histoire était pure vérité.

Mais Smoke ne croyait pas que quiconque, fût-il

M. Astor, symbole pour Mme Twigg des mauvaises manières dont font preuve les nouveaux riches, soit capable d'une telle ignominie. Bousculer une dame sans s'excuser, oui, on rencontrait cela souvent, hélas ! Elle-même, parfois, avait oublié de dire pardon ; et Mme Twigg avait piqué une de ces colères ! Fréquenter un couple et mener une cour ardente à l'épouse qu'on convoite, oui, cela aussi devait arriver parfois. C'était toujours de ces intrigues dont parlait l'amie de sa mère, Tory Van-Voorst, de potins amoureux et de mode. Mais se soulager dans l'âtre de la cheminée de son hôtesse... Non, non, non, personne, pas même quelqu'un sans éducation comme M. Astor n'avait pu faire cela. Ce qui était sûr, en revanche, c'est qu'il n'avait jamais renoncé à courir les filles.

Smoke souriait en grimpant la passerelle sans se presser. Courir, courir les mers, c'est cela qu'elle ferait, partir à l'aventure. Tandis que Swan Joséphine, sa jumelle, ne serait jamais qu'une *coureuse*... Elle en aurait donné sa main à couper. Ce M. Astor, dans sa prime jeunesse, au cours d'un bal de débutantes, avait fait quelque chose de « vraiment détestable ». Mais Smoke avait eu beau harceler de questions Mme Twigg, celle-ci était restée muette comme une tombe.

— Vous en seriez toute retournée, avait-elle dit, ce qui décupla la curiosité de la jeune fille. Allez donc jouer ailleurs et attendez d'être plus grande pour apprendre des choses pareilles.

Smoke soupira en se rappelant ces paroles. Il lui restait tant de choses à connaître de la vie, tant de choses amusantes et terribles. Peut-être parviendrait-elle à se lier assez d'amitié avec Madeline pour qu'elle lui confie toute la vérité sur John Jacob Astor I.

Le coup de sifflet strident et prolongé du *Titanic* annonça que tout était prêt pour le départ. Smoke sursauta et regarda les flancs du navire, presque aussi hauts qu'une falaise. Les voyageurs appuyés sur la rampe de bastingage étaient pressés les uns contre les autres. Les multiples couleurs de leurs costumes, leur agitation donnaient un air de fête à toute la scène. Elle parvint à repérer sa jumelle. Swan agitait joyeusement ses deux mains gantées. Le garçon à son côté lui faisait aussi un signe de la main. Smoke écarquilla les yeux, c'était la première fois qu'elle pouvait regarder à son aise Danny Terence Bowen.

« Eh bien, ma foi, il est plutôt bel homme! Encore un coureur de dot, sans aucun doute, se dit Smoke. Pauvre Swan, elle aurait dû s'en rendre compte ! » En un instant, Smoke saisit toute l'histoire. Il séduirait Swan qui tomberait amoureuse. Et Smoke faisait le pari qu'il lui demanderait sa main avant que *Le Titanic* atteigne le port de New York, une semaine lui suffirait. Et Swan, cette bécasse, accepterait... Père et mère mettraient un terme à cette folie, et expédieraient Swan dans un couvent français pendant une bonne année. Elle serait effrayée pour le restant de ses jours.

« Swan s'est mise dans un fameux pétrin. A la nuit tombante, il lui jouera la sérénade avec son violon. Il tentera de la compromettre. Et s'il parvenait à ses fins? Au point où ils seraient contraints de se marier? Oh, pauvre Swan ! » Smoke frissonna à cette idée mais répondit au couple par un signe énergique de la main. Voilà, c'est ce genre d'ennuis qu'on finit toujours par récolter quand on se livre au jeu de l'amour. C'est exactement ce à quoi une riche héritière doit s'attendre quand elle tolère d'être poursuivie par des inconnus qui ne sont pas de son rang. « Père pourra toujours, quand le jour viendra, l'employer comme chauffeur de la famille. »

Edward John Smith, commodore du *Titanic*, se tenait droit, immobile, sur la passerelle de commandement. Satisfait de son sort. Il prenait plaisir, en marin chevronné, à observer ces derniers préparatifs de pure forme qui préludaient au départ. Préparatifs sans grandes conséquences, en vérité, car tout à bord avait été contrôlé et inspecté des jours auparavant, à Belfast. Et tous les officiers, sauf lui, avaient passé la nuit précédente à inspecter une dernière fois le navire de fond en comble. Tout était prêt et en parfait état. Et cependant, un capitaine devait faire son devoir. Le capitaine Smith avait donc lui-même, ce matin, vérifié scrupuleusement les dispositifs de sécurité, l'équipement et les vivres ; les chaudières mêmes, en fond de cale, avaient été caressées par les mains du vieux marin. Il y avait bien eu quelques problèmes, quelques petits problèmes, comme à l'habitude. Sur une unité de cette importance, il fallait s'y attendre ! Des ennuis de dernière minute auxquels on parvenait toujours à remédier. Il en était toujours ainsi, et c'était même une bonne chose. Les officiers et les matelots étaient ainsi sur la brèche, forcés de travailler ensemble, ce qui les soudait en une équipe efficace, réagissant au quart de tour. Tous les marins étaient superstitieux, et plus vite l'équipage et les officiers feraient confiance au *Titanic*, mieux ce serait.

Et pour le capitaine Smith et pour *Le Titanic*.

Car chaque fois qu'on lançait un nouveau bateau à la mer, les hommes à bord devaient l'explorer, l'évaluer, le « sentir », le connaître, comme s'ils l'aimaient, comme si le vaisseau lui-même les aimait. Le mythe sans âge du navire qui tue, qui hait son équipage et ses passagers était encore vivace chez tous les navigateurs. C'était cet équipage qui aurait à sonder le cœur du *Titanic*, qui jugerait s'il était loyal ou déloyal, capable d'affronter les mers, digne des mains expertes qui le manœuvreraient : ni l'autorité du capitaine ni la publicité qui proclamait que Dieu même ne pourrait couler ce paquebot ne pouvaient influencer les mousses et les mécaniciens qui travaillaient dans ses entrailles.

Aussi ces petites difficultés qu'on avait rencontrées encore à quai avaient-elles leur raison d'être. Déjà l'équipage mettait à l'épreuve *Le Titanic*, curieux de la façon dont il répondrait. Il y avait eu, par exemple, le petit feu dans la soute à charbon. Depuis plus d'une semaine, il couvait quelque part, au sein de la masse énorme de charbon qu'on avait chargée à Belfast — sans encore avoir été éteint. A cause de la grève, qui venait de prendre fin, pensait le capitaine Smith. Certains charbonniers mécontents du peu d'augmentation de leur paie, amers, avaient repris leur travail en tirant la patte. Mais ce foyer d'incendie n'avait causé qu'une légère irritation, sans réelle conséquence. Le capitaine Smith en avait reçu la garantie par M. Bell, l'ingénieur en chef. A l'heure présente, les chauffeurs arrosaient le charbon au jet, et à coups de pelle, formaient de nouveaux tas pour dénicher la source de chaleur. Interrogé par l'homme des assurances qui voulait savoir si lui, en tant que capitaine, « assumerait le risque », E.J., comme on l'appelait, avait répondu que oui, il prendrait le risque. La coque n'avait pas été endommagée, il l'avait vérifiée de son propre chef. Non, *Le Titanic* n'avait souffert de rien ; tout cela n'était que désagréments passagers.

Quelle plaie ! Ces charbonniers, et tous les autres travailleurs qui rendaient leurs patrons responsables de tous les malheurs, de tous leurs maux... De la fatalité elle-même ! « Essayez un peu de changer vos origines, et au bout du compte, vos origines se rappelleront à vous. Rien de nouveau sous le soleil... » C'est ce qu'il aimait à répéter.

Et puis, il y avait eu tout ce tapage au sujet de M. Lightoller. M. Ismay avait jugé bon, tout juste hier, d'engager Henry Wilde de *L'Olympic* et de le nommer officier en chef, à bord : Murdoch tombait au rang de premier lieutenant et Charles Lightoller à celui de second. Et depuis Lightoller faisait la moue ; il avait vraiment mal pris la chose. Eh bien, E.J. le comprenait ! Avec cette traversée, Lightoller aurait inauguré son uniforme de premier, et gagné du galon. C'est le désir de tout marin ambitieux... Rien de perdu pour autant, tout irait pour le mieux. M. Lightoller avait l'esprit d'un professionnel et c'était déjà un privilège de pouvoir faire partie de l'équipage du *Titanic*, peu importait le rang.

— Des blagues tout ça, mon garçon ! lui avait dit E.J. Tu es à bord, n'est-ce pas ? Donc ça colle ! Conduis-toi bien cette fois et ta carrière est assurée. Tiens ! Avant que l'année touche à sa fin, tu pourrais commander *Le Titanic*, pense un peu...

L'exercice d'alerte contre l'incendie s'était déroulé sans anicroche. Le certificat de navigabilité avait été signé. Equipage et personnel avaient embarqué, trouvé leurs couchettes, rejoint leurs postes. Tous étaient prêts et impatients de partir ; presque tous... Du haut de sa passerelle, dominant l'impeccable pont A, E.J. souriait.

Son rêve devenait réalité. Enfin. Commandant de cette splendide unité, *Le Titanic*. Jamais on ne surpasserait un pareil navire. Lord Pirrie, l'architecte, avait conçu là son chef-d'œuvre. Harland et Wolff, les constructeurs, ne pourraient jamais apporter de nouveau autant de soin à la finition. Ce vaisseau était un joyau et son règne de grand coursier des mers resterait longtemps inégalé. A lui seul, il redresserait le chiffre d'affaires de la Ligne Polaire, M. Ismay n'avait aucune crainte à avoir.

Et E.J. Smith était seul maître à bord après Dieu... Quelle fierté ! Mais c'était mérité, personne ne pouvait revenir là-dessus. « Quand on est bon, ça se sait », lui disait son père, et E.J. Smith avait fait mieux que bien durant sa longue carrière. Il avait été parfait. Vingt-cinq ans commandant et jamais le moindre accident, pas une seule tache sur son livre de bord... A l'exception de... Cette collision avec *Le Hawke*, en septembre dernier.

« Ce n'était pas ma faute, se disait-il. L'enquête m'a totalement blanchi. Ce n'est pas sur mon registre, et désormais je n'y penserai plus. » Le commandant Edward John Smith avait mérité *Le Titanic*, le plus large navire qui sillonnât les mers. Et ce bateau avait reçu le commandant qu'il méritait, le meilleur marin d'Angleterre.

Plus tôt, dans la matinée il avait regardé, pour la centième fois, ses cartes, ses chartes, ses horaires..., et pensé à son idée secrète. Le voyage inaugural du *Titanic* serait son seul voyage comme commandant ; il partirait ensuite à la retraite. Ce premier voyage du *Titanic* serait le couronnement de sa carrière, il la finirait glorieusement. On l'acclamerait, on verrait en lui un héros, un vrai maître de navigation, on parlerait de lui dans les livres d'histoire. Car il comptait bien établir un record avec son navire. On attendait *Le Titanic* en radc de New York dans sept jours. Mais E.J. Smith la lui ferait atteindre en six jours ! C'était ça son idée secrète. Il pousserait *Le Titanic* sur l'océan, pousserait ses moteurs et ses turbines au maximum. Tous verraient de quoi ce paquebot était capable ! *Le Titanic* frapperait le monde de son exploit comme la foudre ! Lui et son navire. *Le Titanic*, pour sa première traversée, pulvériserait tous les records de navigation. Lui et son navire, ensemble : ils retrancheraient un jour entier des horaires de voyage habituels.

E.J., debout sur le pont de commandement, eut un geste des bras, comme s'il saluait son bateau. Il était impatient mais savait se contrôler et demeurer calme comme il sied à un commandant. Il y avait encore des hommes d'équipage à faire monter à bord. Des gens de dernière minute, les moins brillants. Ceux qui étaient plus lents. L'équipage de troisième classe... On en rencontrait toujours sur son chemin des gens comme cela. De braves gens, parfaitement compétents. Le sel de la terre, si la vérité devait être dite. Mais ce n'était pas... le haut du panier. Et E.J. Smith ne les aimait pas. Ils n'étaient pas assez bien pour lui. Comment se confondre avec eux? « Allons, dépêchez, dépêchez-vous, fils de bons à rien! » avait-il envie de leur crier. Mais il demeurait silencieux et calme en apparence.

Il patientait, attendait comme un cheval avant le combat, le sang chaud. Il se tenait debout sur son pont, tiré à quatre épingles, sa barbe blanche coupée court à la manière des marins, ses moustaches fournies et brossées. Il aurait bientôt soixante ans mais ne paraissait pas son âge, et il ne se sentait pas vieilli. Mais au contraire en pleine forme et prêt pour le départ.

L'officier Boxhall, Joseph Boxall de Liverpool, arriva à hauteur du commandant. M. Boxhall était l'un des officiers préféré du commandant; ils avaient déjà travaillé ensemble.

— Commandant? dit Boxhall en lui tendant une tasse de thé fumante.

E.J. acquiesça et prit la tasse.

— Le train de première classe vient juste d'arriver. Aussi, sans plus de délai, nous lèverons l'ancre avant une heure. Des instructions supplémentaires, commandant?

Une requête particulière à l'orchestre? E.J. avait

demandé à l'orchestre Wallace Hartley de jouer pendant l'heure précédant le départ pour que les gens à la traîne se dépêchent d'embarquer. Quatre musiciens se tenaient, en ce moment, devant le grand escalier, jouant des rag-times tandis qu'on servait déjà le champagne sur le pont des première, sur des plateaux d'argent. Le commandant Smith n'aimait guère le rag-time. Il préférait les hymnes religieux et les marches militaires, qui fouettaient le sang ; ou encore de douces valses qui faisaient fondre les femmes. Mais si le rag-time faisait rage à Londres, et que c'était du rag-time que les passagers voulaient entendre, on en jouerait à bord du *Titanic* !

Le commandant Smith ne répondit pas à Boxhall, mais se mit à souffler sur son thé, une vieille habitude.

— Qu'en dites-vous, monsieur Boxhall, est-ce que ça sert à quelque chose, le rag-time, ou à quelqu'un ? Je vous le demande !

Et il se remit à souffler sur son thé bouillant. L'officier Boxhall se tenait droit et répondit candidement :

— J'en doute fort.

Ça lui était égal que le commandant n'ait pas répondu à sa question. Il en avait l'habitude.

E.J. était impatient de se mettre en route, ce qu'il prenait, en vieux loup de mer, pour un bon signe. Mais il aimait aussi, et prendrait le temps pour cela, pouvoir admirer les femmes à bord. Son premier coup d'œil aux nouvelles beautés. C'était rituel. Bien qu'il ait commandé de nombreux paquebots pour le compte de la Ligne Polaire, depuis des années, il appréciait toujours autant cet instant magique. Avant que tout ne recommence de nouveau : les dîners, les flirts innocents, les « danses par devoir »... Les femmes se tenaient sur les ponts, tremblantes silhouettes d'étoffes, de voilettes, de jupons que dévoilait le vent. Il prendrait bien soin d'elles. Il les imaginait siennes. Une fois qu'elles avaient pénétré dans son royaume, une fois qu'elles avaient quitté le sol ferme, ces femmes, *les femmes de première classe*, appartenaient à E.J. Et le moment était venu où il pouvait les évaluer à leur juste prix, savourer leur apparence alors qu'elles passaient devant ses yeux, se bousculaient comme d'adorables poupées sorties d'un sac de velours noir.

E.J. remit sa tasse dans les mains de l'officier Boxhall et saisit une paire de jumelles, sur un siège à côté.

— Et vous, monsieur Boxhall, aimez-vous jeter un coup d'œil sur les femmes, sur les femmes des première ?

Et il ajusta les jumelles et remplit ses poumons de l'air du quai. A quai, l'air n'était pas le même qu'en haute mer. L'air du quai n'était pas le meilleur, mais, déjà, il laissait deviner les sensations à venir, il tentait et attirait comme une femme capiteuse... Oui, tout juste comme une femme, pensait le commandant Smith alors qu'il passait au peigne fin la foule sur les ponts du *Titanic*. Et il s'interrogeait. Pluton devait s'opposer à lui... A moins qu'il ne soit sous l'influence de Vénus. Les astres ont de bien curieuses manières de présider à nos destins. Car, habituellement, il ne mettait pas autant d'attention à ce spectacle, pas autant d'intensité dans son regard. N'était-ce pas parce qu'il savait que c'était la dernière fois?

Il n'avait ni regret ni amertume. Seulement un sens de l'anticipation.

L'officier Boxhall était flatté d'être témoin des confidences du commandant. Il répondit à la question d'E.J. en s'inclinant révérencieusement à l'adresse des passagères qui passaient dans un bruissement de jupons sur le pont A, brillantes avec leurs plumes d'autruche au chapeau, riant avec ou sans leurs maris au bras.

— Les princesses de première classe, je les laisse à un homme tel que vous, monsieur. Vous avez le maintien, la figure, l'autorité qui conviennent pour les séduire. Moi, je me contenterai des moins hautaines.

— Allez-y, monsieur Boxhall, expliquez-vous, dit le commandant tout en surveillant la foule avec ses jumelles.

Il y avait une femme rousse, sculpturale et cependant voluptueuse. Habillée en bleu nuit, avec un voile — une tenue de veuve. Elle était splendide et attira immédiatement son regard. Mais elle était beaucoup trop jeune.

— Eh bien, monsieur, ce sont les filles un peu faciles, agiles que je préfère. Des filles au statut moindre. Des filles qui n'en veulent pas à un homme de prendre une pinte ou deux quand le soleil se couche. Des filles qui ne sont pas à un baiser près, qui peuvent donner même davantage. Vos dames de première classe, je vous demande pardon, monsieur, ce sont des reines de glace. Elles ne savent pas se détendre avec un homme, jouer avec lui, elles lui tiennent la dragée haute. C'est du moins mon expérience qui parle, monsieur.

Avec ses jumelles, E.J. avait repéré une vision en lavande et gris. Il pensa qu'il n'avait vu de sa vie une femme aussi belle. Une douce chaleur l'envahit. Elle était mince et élancée, un port aristocratique. Une silhouette longue et droite.

« Elle ressemble à un parterre de lis, pensa-t-il. Si je lui prends la main, elle fleurira sous ma caresse. »

Sa taille était souple et mettait en valeur sa poitrine magnifique. Son visage, qu'il voyait de trois quarts, était ombragé par un chapeau aux larges bords, en renard de Russie. Mais rien ne pouvait ternir l'éclat de son teint. Ses cheveux ramassés, blancs comme neige, lui parurent aussi beaux que l'imposante Voie lactée que tous les marins connaissent bien. Et son visage, tourné vers lui, à présent... Ah ! Elle venait de le remarquer ! Bien qu'elle dût être d'un certain âge, elle avait tout d'un ange. Des traits parfaits, avec une expression gracieuse et une peau de pêche. Sans rides.

Le commandant se trouva troublé, excité. L'inconnue se tenait, au centre du pont A, près de la beauté rayonnante aux cheveux roux. C'était le genre de femme auquel E.J. avait l'habitude de rêver, de désirer, et pour lequel il sanglotait dans son lit, comme un gosse. Autrefois, quand il était plus jeune... Avant son mariage avec Eleanor. Et secrètement après, longtemps, durant des années. Rien de mal, s'excusait-il, à rêver seul dans sa cabine entre deux continents. Oui, il rêvait à une femme comme elle ! Peut-être à cette femme, précisément, à cette inconnue qui venait de lui apparaître.

Oui, c'était cette femme précisément que son désir avait poursuivie, nuit après nuit depuis des années ! Dans ses rêves, il la rencontrait, toujours au large, loin des restrictions que la terre ferme impose à l'homme... Dans ses rêves, elle était dégagée de toute obligation, une femme de grande fortune. Dans ses rêves, ils tombaient prodigieusement amoureux l'un de l'autre. Ce n'était jamais arrivé, bien sûr. A son honneur, il n'avait pas poursuivi dans la vie ce que les gémissements de la nuit appelaient de façon illicite. C'était un homme moral, un brave homme. Une fois marié à Eleanor, plus de rêves. Sa fille avait maintenant douze ans, la petite Hélène, nommée ainsi d'après la beauté qui avait mis à la mer plus de mille navires grecs. Hélène adorait son père, jamais il ne ferait quoi que ce soit qui puisse la peiner. Et cependant, il avait eu l'habitude de rêver et avait aimé ses rêves... Il ne pouvait se souvenir, maintenant, depuis quand, exactement, il y avait renoncé, et avait arrêté de rêver. Mais cela faisait un moment déjà, un bon moment.

Et aujourd'hui, elle se tenait sous ses yeux, acceptant une flûte de champagne, souriant aux fumées noires du *Titanic* qui semblaient s'incliner comme des chapeaux hauts de forme pour lui souhaiter la bienvenue. Elle apparaissait, vivante, palpitante, sans mari à son bras, à bord pour le dernier voyage de E.J. Smith. « Saisis ta chance ! » lui criait une voix intérieure, si fort que ses mains qui tenaient les jumelles se mirent à trembler. Il abaissa son regard et ferma les yeux. Mais toujours une voix lui criait : « C'est la femme de tes rêves. Qu'attends-tu ? » A voix haute, il répondit finalement à Boxhall de façon calme, comme s'il avait la faculté d'oublier, un instant, les émois de son cœur.

— Je vois ce que vous voulez dire, monsieur Boxhall, mais dans mon esprit, c'est là justement qu'est l'enjeu. J'aime faire frémir une femme, la faire fondre comme la cire d'une bougie. Hein ? Pensez un peu à cela, Joe. Enfin chacun ses goûts... Mais vous voyez cette femme, là — celle qui porte un chapeau de renard blanc. Vous la voyez ? Belle comme le diable...

L'officier Boxhall admirait des femmes de chambre du navire ou des bonnes irlandaises qui voyageaient en troisième classe en partance pour l'Amérique. Parfois, elles montaient à bord sans famille, parfois même sans une amie. Et la plupart du temps, elles ne demandaient pas mieux que de prendre un peu de plaisir pour un peu d'argent. Elles étaient très belles, les Irlandaises, et très chaleureuses. Et dans l'obscurité, elles offraient leur poitrine, leur corps, avec l'urgence de celles qui entrent dans le cœur sauvage de la vie. Elles embarquaient à Queenstown, le dernier port avant la longue traversée de l'océan... On attendait *Le Titanic* à Queenstown pour demain midi. Avec des pensées si tendres, Joseph Boxhall remarqua la beauté d'un certain âge qui avait attiré l'attention de son commandant. Il dit galamment :

— Ah ! Elle est splendide, monsieur. Beaucoup

trop racée pour moi. A vous l'honneur. Elle vous rendra le voyage agréable !

Le commandant Smith soupira. Il aimait bien Joe Boxhall ; c'était un sacré bon garçon.

Soudain, le premier officier Murdoch fonça sur lui, des papiers à la main. E.J. se détourna de Boxhall, le renvoya d'un geste de la main, mais pensait encore à quel merveilleux homme c'était. Sans aucun doute de la trempe d'un premier officier. Dès l'année prochaine pourrait-il avoir de l'avancement ? E.J., à son retour à Southampton, le recommanderait.

— Oui, Murdoch, de quoi s'agit-il ?

Mais dans son esprit, déjà, il tournait une phrase pour inviter à dîner la mystérieuse femme qui avait embarqué seule...

Qu'arriverait-il si, plus tard dans ses quartiers, bien plus tard, après dîner, entouré de l'océan, toute terre perduede vue, il devait saisir son corps élégant et impudique dans ses bras nus et faire l'amour jusqu'à ce que les étoiles pâlissent et qu'ensemble, ils frappent aux portes du ciel ?

— Oui, Murdoch, qu'est-ce, à présent ?

— Nous attendons vos ordres, monsieur, pour lever l'ancre.

# 2.

Smoke Lockholm se tenait debout, dix-huit mètres au-dessus du quai de Southampton, sur le pont A, assistant au spectacle bruyant de l'embarquement des derniers passagers. Sa mère était parmi les retardataires, ce qui n'était pas dans ses habitudes. Elle tenait la main de son père. Mme Twigg était juste derrière elle. Ils parlaient à Jack Thayer et Harry Widener, deux parmi les jeunes célibataires new-yorkais. Smoke se moquait éperdument de Jack et d'Harry. Swan, en revanche, aurait pu s'en soucier, pensait-elle. *Aurait pu*, seulement, avant sa rencontre avec Danny Bowen. Comme elle aurait souhaité que sa jumelle soit avec elle, et non pas avec son poète, son ami de plume qui était assez beau garçon, vu à distance, mais dont les dents était probablement gâtées!

Smoke grimaça. Personne ne le remarqua. Elle occupait d'ailleurs une position stratégique et pouvait ainsi tout observer. Toute la foule qui disait au revoir avec la main, agitant mouchoirs et foulards multicolores en direction de ceux, moins fortunés, qui restaient à terre, ceux qui ne partaient pas pour l'aventure. Certains des passagers étaient déjà bien éméchés par le champagne qui circulait sur des plateaux d'argent, servi par un personnel en smoking. D'autres, accoudés au bastingage, plus calmes, admiraient la petite et paisible ville anglaise où ils n'étaient arrivés que pour en partir.

Mais Smoke était impatiente du départ. Cap à l'ouest et pas un regard en arrière ! Là-bas, le lit de la rivière tournait et s'ouvrait au furieux océan. Ce serait alors son vrai « baptême de mer », sans terre en vue, toute terre perdue de vue pour des jours et des jours...

Et puis, plus tard, elle commanderait un bateau, un navire certainement plus petit que *Le Titanic*, mais tout aussi bien, à sa façon. Alors elle serait commandant et libérée de ses dentelles et de ses devoirs de petite fille ! De quoi elle avait l'air dans sa robe trop étroite après toutes les friandises qu'elle avait mangées à peine arrivée à bord — deux d'un coup à chaque fois qu'on lui présentait un plateau ? Elle n'aurait plus à serrer ses cheveux en chignon, comme Mme Twigg insistait que les jumelles le fassent durant la journée. Quand elle serait commandant, sa chevelure flotterait librement, recevant les embruns, le sel de la mer, jamais tout à fait peignée. Et elle ne porterait plus cette lourde robe de velours qui lui tombait sur les chevilles et qui flottait au vent en entravant sa marche. Elle ne porterait que des vêtements d'hommes, une chemise large, des pantalons amples et elle marcherait à grandes foulées, sauterait et grimperait aux mâts aussi vite que les autres. Elle se ferait percer l'oreille gauche par un rituel secret, et un sculpteur d'une de ces îles sauvages, au large, lui ferait une boucle d'oreille dans une défense de morse. Elle la porterait comme un talisman, et naviguerait, la tête rejetée en arrière, le cou nu, inébranlable dans les orages.

L'orchestre — sans Danny Bowen aux dents gâtées — jouait une valse d'adieu. Et des hommes à terre lâchaient les bouts tandis que l'équipage les enroulait sur le pont inférieur. Un dernier couple montait à bord, des amis de sa mère, Tory et Burton VanVoorst. Tory était bien enceinte de huit mois mais toujours aussi « femme fatale ». Sa robe avait un décolleté prononcé, qui n'était pas de mise avant cinq heures alors qu'il n'était pas encore midi. On levait la passerelle bien huilée. Les passagers jetaient des fleurs. A terre, les enfants sautaient de joie. Des chrysanthèmes blancs, des roses rouges, des œillets se répandirent sur les eaux émeraude. Agacées, des mouettes battaient des ailes, criaient et fuyaient au loin.

C'était le départ ! Smoke se sentit frémir. *Le Titanic* commençait à gronder. Un bruit sourd, qui enfla très vite, monta de ses mystérieuses entrailles mécaniques. Les moteurs se mettaient en marche.

Et alors, l'orchestre se mit à jouer plus vite, plus fort. Les musiciens étaient rouges, en sueur. On vit soudain quelques couples se mettre à danser. Le navire s'ébranla avec une infinie lenteur. Il glissa doucement, si silencieux et encore si lentement. Mais oui ! Le quai de Southampton s'éloignait, et une fumée pâle s'échappait de trois des quatre cheminées du *Titanic*.

Une brise nouvelle, plus fraîche, plus vive, se leva et vint, presque avec tendresse, bousculer la chevelure dorée de Smoke.

*Le Titanic* n'était pas libre encore de tous liens. On le remorquait à marée descendante jusqu'à un point décisif sur la rivière. Il y eut alors un léger délai, une attente où le navire entier parut retenir son souffle. Des hommes d'équipage sautèrent dans un des remorqueurs, *Le Vulcain*. C'était des « extra », disait un homme appuyé sur la rambarde, des hommes qui avaient signé ce matin au cas où ceux préalablement engagés ne se présenteraient pas. Et alors... Les filins qui le reliaient aux remorqueurs furent lâchés, et le grand *Titanic*, le majestueux Titanic aussi imposant qu'une montagne, se mit en marche. Seul.

Il était si silencieux que la foule à bord et sur le quai s'était tue pour écouter. Il parcourut la longueur d'un navire, puis d'un autre...

Smoke ferma les yeux de joie et de ferveur.

Une joie qui fut brutalement interrompue. On criait près d'elle, des cris de panique. Elle ouvrit les yeux pour voir la rivière, la calme rivière Southampton, il y a un moment encore calme et grise sous eux, se déchaîner. L'eau s'agitait de partout, la rivière était partagée, des vagues s'écrasaient lourdement. Dans leurs cales, au quai, deux navires, encore amarrés, tiraient sur leurs longes comme des coursiers entravés. Ils montaient et descendaient. Deux bateaux, *L'Oceanic* et *Le New York*. De haut en bas, de droite à gauche, *Le New York* bondissait comme s'il était monté sur ressorts. Sans équipage, il luttait contre ses attaches... Il s'échappait. Trois haussières avaient lâché et *Le New York* s'éloignait, tourbillonnant dans les remous. Comme un gredin, il se précipitait sur les hauts flancs du *Titanic*.

C'était l'appel d'eau du *Titanic* qui avait provoqué toute cette agitation, son énorme tirant d'eau. Ce fut comme un raz de marée, soudain et sauvage, qui attirait *Le New York* droit sur le flanc du *Titanic*... Accrochée au bastingage, Smoke suivait la scène, les yeux écarquillés alors que le navire sans équipage semblait s'incliner respectueusement pour l'instant d'après rejaillir plus haut que jamais, se rapprochant à chaque fois plus dangereusement du *Titanic*...

Et de Smoke qui allait tomber. Il régnait un soleil éblouissant sur les flots agités. Et chaque rayon étincelant aveuglait la jeune fille. Le transatlantique glissait. Mais elle allait tomber entre les deux falaises des bateaux au moment où ils se rencontreraient.

— En arrière toute ! cria une voix au micro.

« En arrière toute ! » résonna la même voix dans l'esprit vide de Smoke. Elle chancela et sentit une légère brise passer sur son visage...

Soudain, de larges mains la saisirent. Sous sa poitrine, de fortes mains, aux grosses articulations, *des mains de paysan* lui serraient la taille, la tiraient en arrière.

*Le New York* était au près. Sa poupe dansait à présent sans danger pour *Le Titanic*, dans des eaux plus calmes. Le courant l'entraînait sur la rivière. Smoke se dégagea des mains qui l'enserraient. C'était des mains osseuses, aussi fortes que des tenailles. Comment osait-on mettre les mains sur elle de cette façon aussi grossière ? Elle était la fille du propriétaire ! Elle se retourna pour corriger comme il se doit l'inconnu.

C'était un jeune homme gauche, maladroit. il n'avait pas encore forci. Il portait un uniforme bleu marine foncé, trop étroit aux épaules, avec un col droit, boutonné de noir, sans galon. Ses yeux, couleur d'algue, s'harmonisaient avec l'océan.

Sa sœur, Swan, était près de lui.

— Espèce d'idiote, petite idiote ! Incroyable idiote !

Il s'était incliné.

— C'est vrai, nous aurions pu vous perdre, dit-il.

De près, ses dents n'étaient nullement gâtées.

Audrey Lockholm, la belle blonde Mme John Bayard Lockholm III de New York et Newport, « l'effrayée » Mme Lockholm s'arrêta un instant sur le pont promenade en se rendant sur le pont B pour déjeuner. Elle voulait être seule pour observer les splendeurs du *Titanic* avant de rejoindre Tory, Burt et Cécilia et Dove. Elle avait tout son temps ; Bay ne serait pas là. Bay était en conférence, à un déjeuner privé avec le commandant et Bruce Ismay. Il l'avait bien prévenue qu'il en serait ainsi : ce voyage était pour lui un voyage d'affaires. D'affaires importantes.

— Désolé, mon ange.

Il le lui avait dit encore la nuit dernière à Dentoncroft. La nuit dernière avant le dîner, à la maison de campagne de Cécilia. Et sans y prêter garde, avec une tendresse naturelle, il avait déposé un cadeau dans les belles mains d'Audrey, comme s'il avait lâché un simple œillet rouge. Un cadeau enveloppé dans un papier bleu ciel et plié de telle sorte qu'il ressemblait à un hortensia, la fleur favorite de Newport. La fleur de Bay. Cher, très cher Bay... Et, comme d'habitude, Audrey avait été surprise, même choquée par les perles. Un collier de cinq rangs retenus par une lune d'ivoire. C'était, comme toujours, trop coûteux, extravagant. Et avec les perles se trouvait une lune dont la gitane avait parlé !

Audrey avait déjà plus de perles qu'elle n'en pouvait porter. Parfois, en les regardant toutes, elle faisait l'inventaire de ses bijoux, en les changeant de coffret comme à chaque fois qu'ils partaient pour une nouvelle résidence, à chaque saison. Audrey pensait qu'elle avait toutes les perles du monde. Car elle possédait les perles de la famille Lockholm, un trésor légendaire qu'elle négligeait. Elle qui, bien que mariée depuis dix-sept ans à une énorme fortune, était née pauvre ; bien que choyée et gâtée depuis des années, elle éprouvait encore une certaine honte devant tant d'extravagances. Bien qu'elle eût beaucoup changé ! Mme John Bayard Lockholm III n'était plus cette jeune fille gauche et mal à l'aise, aux yeux écarquillés, le cœur battant, presque effrayée par l'opulence qu'elle n'avait pas connue, avant Bay [1].

A trente-six ans, aujourd'hui, au zénith de sa beauté, elle avait bien fini par s'habituer au luxe et à se sentir à l'aise avec les gens de son milieu, à se

1. Voir du même auteur, *La chambre au secret*, dans la même collection.

faire à l'obséquiosité des serviteurs et au respect des marchands. Mais à voir la lune briller parmi les perles, elle avait été terrifiée... Elle n'avait rien dit, ayant appris, depuis bien longtemps maintenant, à ne pas lui dire qu'il lui donnait trop. Il s'était penché sur elle qui souriait pour lui ajuster le collier. La lune vint se nicher dans le creux de sa gorge. Elle l'avait laissé la dévêtir de sa chemise de nuit et l'emmener doucement au lit. Ils avaient feint la hâte car ils auraient dû se préparer pour le dîner. Lui dans son smoking en mohair noir avec des boutons en améthyste, elle dans un crêpe rouge tomate, une bande de satin pour corsage, un châle de voile transparent sur ses épaules nues.

Bay lui avait fait l'amour. Elle n'avait pas pu, tout d'abord, se décontracter, à cause de ce que la gitane lui avait dit... Audrey avait essayé de chasser l'image de l'horrible vieille femme pour ne penser qu'à Bay, à ses caresses brûlantes. Mais la lune brillante appuyait sur sa gorge, l'oppressait d'un poids mystérieux.

— Du cognac, avait-elle murmuré à son oreille.

Il lui apporta un cognac dans une tasse de porcelaine. Et alors, comme il le faisait auparavant, avant que le poids de l'argent des Lockholm n'eût quelque peu éteint sa passion, Bay s'était enflammé, avait dissipé la peur de sa femme. Et la nuit qui étreignait le cœur de la jeune femme avait reculé.

Quand ils avaient descendu l'escalier, un peu plus tard, ils avaient fait comme si rien de merveilleux ne s'était produit entre eux, outre le fait — insignifiant dans leur milieu — qu'Audrey Lockholm portait un nouveau collier de perles qui ainsi s'ajoutait à sa collection infinie. Aussi avait-on dîné tardivement chez Cécilia.

A présent, jetant un coup d'œil à l'étage des troisième classe, Audrey vit de nouveau la gitane. La vieille fixait Audrey avec des yeux comme des trous. Mais non... C'était impossible. Mme Romany était à Manhattan, dans cette sale chambre exiguë aux murs poisseux, une de celles qu'on loue à la journée. En tremblant, Audrey pensa : « Je dois me tromper. Des femmes comme elle, de pauvres femmes, elles s'habillent toutes pareilles, elles ont toutes le même air. »

Elle était entièrement vêtue de noir, ce qui allait avec ses cheveux teints en noir. Elle fixait Audrey depuis le bas et lui faisait signe. Qu'est-ce que cette femme pouvait bien lui vouloir ?

C'était Tory qui lui avait conseillé d'aller la voir.

— C'est du solide, mon chou. Elle a prédit le divorce des Cumming. Muriel a essayé de plaider l'accumulation de fausses preuves, tu t'en souviens ?

Audrey ne se rappelait pas le divorce de Muriel Cumming, elle n'avait jamais connu Muriel Cumming et ne voulait pas la connaître. Mais, malgré tout, elle était allée trouver la gitane... A cause de Bay ! Bay, son mari, sa grande passion. Très cher Bay, déchiré aujourd'hui par ses ennuis... Il avait lié sa fortune au groupe Morgan M.C.I., la Marine Commerciale Internationale de M. Morgan, fondée pour se saisir de l'industrie de navigation mondiale, mais qui, en réalité, tirait le diable par la queue — pour employer les termes de Bay. Un des problème de taille, c'était la Ligne

Cunard, qui ne s'effondrerait pas, qui n'avait pas rejoint le groupe de M. Morgan et restait ainsi une rivale à respecter, à craindre. La Ligne Polaire, « venue à Morgan », utilisait des méthodes surannées, sans regarder d'assez près les comptes, sans faire preuve de sens pratique et d'innovation.

— Quelque chose comme un dinosaure, avait dit Bay.

Et la Ligne Polaire était dirigée par un homme en qui M. Morgan n'avait pas confiance : M. J. Bruce Ismay, le fils des fondateurs de la ligne. Un descendant de navigateurs capitalistes, tout comme Bay. Un homme aristocratique, tout comme Bay. L'homme que Bay était venu rencontrer en Angleterre pour apprendre à le connaître. La raison aussi pour laquelle ils naviguaient tous sur *Le Titanic*, en route pour l'Amérique... Bay était venu secrètement pour surveiller Bruce Ismay tandis que *Le Titanic*, orgueil de la Ligne Polaire et de la M.C.I., accomplissait sa première traversée. C'était quitte ou double ! Car Bay et M. Morgan, et aussi M. Ismay, réussiraient ou seraient perdus.

Des problèmes d'hommes, après tout, songeait Audrey. Conquérir ou mourir. Et Bay était plongé au milieu de tout cela. Et Audrey avait peur, peur que Bay *perde*... Pire, il ne lui confierait rien. Elle n'avait pas à se faire du souci, disait-il, tout irait pour le mieux. Mais il avait maigri, paraissait plus vieux et beaucoup plus nerveux. Et plus fatigué qu'il n'aurait dû l'être ; à cinquante-trois ans, il était tout de même dans la fleur de l'âge.

Voilà pourquoi elle avait décidé de rencontrer la vieille gitane, malgré sa peur. La femme était aussi vieille que Carabosse, et sale. Il y avait quelque chose de terrifiant, *quelque chose de familier* dans ses yeux, l'un glauque, avec une taie, aveugle, et l'autre perçant, un œil de voyante, d'un noir d'encre. Audrey avait déjà rencontré ce regard. Une fois...

Peut-être était-ce en rêve. Ou bien était-elle encore enfant, rassurée, donnant la main à son père, au centre de la fête foraine, près du cirque qui était venu à Newport. On avait prédit l'avenir à Joséphine, la mère d'Audrey. Audrey se rappelait la scène avec eux trois, elle sur les genoux de sa mère, rassemblés autour d'une boule de verre opaque. Mais elle ne se rappelait plus du tout la gitane. Elle se rappelait du rire de sa mère et que son père était content.

— Mon mari a des ennuis de travail, avait dit Audrey Lockholm à Mme Romany.

— *Il y aura une lune*, avait dit la miséreuse femme en agitant ses mains noircies, sèches. Un croissant de lune froid et blanc. Alors vous saurez. Une lune d'argent qui flotte et une femme — vous voyez qui je veux dire — avec des cheveux roux, très roux. Il y a du blanc autour de vous, peut-être des diamants, ma petite chérie, ou des rangées d'étoiles. Peut-être une fête, un bal de minuit. Ça me fait mal de vous dire cela, mais votre mari est en train de vous dire au revoir.

— Que voulez-vous dire? Que voulez-vous dire?

Tout avait été si soudain qu'il lui fut très difficile de respirer.

— Il y a peut-être une façon..., avait dit la vieille, avec sa bouche ridée, toute édentée.

Elle montra du doigt la belle robe d'Audrey, son beau manteau jeté sur une simple chaise.

— C'est difficile d'y voir clair.

Ses lèvres étaient grotesquement maquillées et il y avait une sorte d'avidité dans ses épaules jetées en avant et une froideur dans son œil vaillant, noir. Audrey le devina : la gitane *voulait* parler, en dire plus encore.

— Encore vingt dollars et nous verrons ce que nous pourrons faire, gémit la vieille en agitant les breloques à ses poignets. Eh bien, ma bonne dame, je vais vous dire la vérité. Faites attention à vos biens. Les fortunes se font et se défont. Protégez-vous, vous n'aurez plus votre mari longtemps.

Audrey sortit l'argent et se précipita dehors. C'était le mois dernier. Elle n'avait rien dit à personne, pas même à Tory qui était allée plus tôt voir la vieille et avait été ravie.

— Elle m'a dit que mon bébé deviendrait président, Audrey mon chou, et que Burty m'adorerait toujours !

Non, Audrey n'avait pas voulu confier à quelqu'un d'autre la mise en garde de la gitane.

Ses prédictions venaient de se réaliser. C'était un effrayant début.

La nuit dernière, on lui avait offert cette lune d'ivoire chez Cécilia, Cécilia *aux cheveux roux, très roux*.

Et Mme Romany était, à présent, en bas, parmi les troisième classe, levant le regard et faisant signe à Audrey de descendre, de descendre... Comment pouvait-elle se trouver là ?

Dove Peerce, la mère de Cécilia, était venue rejoindre Audrey à la rambarde.

— Je suis si contente de te trouver. Allons-y ensemble, d'accord ? Si nous sommes toutes les deux tard à table, Cécilia ne dira rien, dit Dove.

Avec reconnaissance, Audrey se détourna de cette vision sombre plus bas, dans l'« enfer », et serra le bras couvert de bracelets de Dove.

— Allons-y, Dove chérie, j'ai une faim de loup.

Sa voix sonnait faux. Elle avait un timbre fêlé par la peur.

— Tu es la seule femme que je connaisse qui ait bon appétit, ma chère. Ça t'a rendue célèbre mais je ne t'envie pas, bien que ça n'ait aucunement altéré ton visage, du moins pas encore. L'inconvénient viendra quand une hôtesse jaugera du mérite de son cuisinier au vu de ce que mangent les gens à table. Alors tu auras des ennuis.

Audrey écoutait à peine.

— Alors je suivrai ton exemple, chère Dove, dit-elle en s'efforçant de paraître insouciante, et ne mangerai plus une miette à chaque fois que je sors.

— S'il en est ainsi, tu devras commencer aujourd'hui même, à ce repas, et je te mets en garde : le chef du *Titanic* a servi à Buckingham Palace, et son mouton grillé était le déjeuner favori de sa Majesté.

Dove était demeurée chez sa fille, dans sa maison de campagne, depuis août, quand Cécilia Lady Pomeroy revint à Dentoncroft du Kenya, et y revint veuve de fraîche date. Hier, au thé, Audrey l'avait revue pour la première fois depuis une année, et l'avait trouvée vieillie ; encore très bien, certes, mais vieillie. Mais aujourd'hui, elle était particulièrement ravissante. Elle portait, comme à l'accoutumée, sa couleur de marque, un fin tailleur de laine grise qui intensifiait la blancheur de ses cheveux et le bleu de ses yeux. A la lumière des bougies, elle pouvait paraître avoir trente-cinq ans. Ses cheveux blancs, depuis qu'Audrey la connaissait, encadraient avec grâce un visage encore parfait, aux lignes pures. Ses robes, toujours coupées d'une manière exquise, avaient un je-ne-sais-quoi d'excentrique et de classe à la fois qui faisait d'elle une grande élégante. Il y avait longtemps, même quand elle débutait dans le monde, Suzanne Reed Peerce, qui devint rapidement Dove, avait entrepris une course à la perfection. Elle voulait briller dans tous les salons, et il y avait longtemps qu'elle avait atteint son but. Ces temps derniers, elle se disait volontiers moins obsédée par le souci de plaire et de paraître, mais les habitudes prises la maintenaient dans une forme éblouissante. Le revers de cette belle médaille, gagnée de haute main, c'était la rumeur : une moralité douteuse, bien que personne d'autre qu'elle et l'homme en question, à l'exception d'un autre homme, n'aurait pu dire quoi que ce soit. Et cet homme avait gardé le secret sur l'affaire, Dove savait trop bien pourquoi... Elle avait aimé ce relâchement de ses mœurs. Cette façon triviale de tromper son monde..., et du « beau monde » encore ! Percy, son mari, était parti, parti à jamais. Dove était libre. « Je n'ai rien à prouver et rien à perdre, pensait-elle tout bas à chaque fois qu'une tentation se présentait. En ce moment, je cours après le plaisir, le divertissement. Dieu que c'est bon de savoir qu'on est encore pour quelque temps une femme dangereuse. »

Mais pour Audrey, Dove était toujours une source d'inspiration, une femme plus âgée, au grand charme, une femme pour qui elle avait infiniment de respect. Audrey savait que Dove et Cécilia ne s'entendaient pas très bien. C'était une sorte de compétition entre la mère et la fille. Une jalousie. Avant que Cécilia ne tombe amoureuse de Rolf, Dove se désespérait, disait-elle, de ne jamais marier Cécilia. Elle avait été un vilain petit canard, disait la mère en parlant de sa fille, qui était devenue « la plus belle femme sur les deux continents ». Une enfant sauvage et têtue, disait encore sa mère, qui était désormais recherchée, courtisée, *voulue*. Seront-elles plus à l'aise, à présent? se demandait Audrey alors qu'avec Dove, elle se dirigeait vers la petite salle à manger. Cécilia est veuve, elle aussi... Mère et fille pourraient vivre ensemble au manoir. Elles se rapprocheraient, apprendraient à s'aimer.

— Regarde, dit Dove en donnant à Audrey une épaisse feuille de papier. Regarde, mais ne dis rien. Et il m'a aussi fait parvenir des roses. Une douzaine de roses blanches, à peine écloses, si belles!

Le papier avait pour en-tête gravé le signe du *Titanic*. Il portait le nom du commandant Edward John Smith. Et c'était une invitation à se rendre à sa table pour dîner ce soir.

« S'il vous plaît, faites-moi l'honneur de vous asseoir à ma droite, rien ne me serait plus agréable », pouvait-on lire.

— Eh bien! ma chérie! s'exclama Audrey, sachant qu'il n'y avait rien qui fasse plus plaisir à Dove que l'attention que les hommes pouvaient lui porter. Déjà du mystère et des soupirs autour de toi ! Tu es une femme extraordinaire. Comment fais-tu ?

— Nous sommes toutes comme ça, Audrey mon ange. Mais en effet, ajouta-t-elle avec une pointe de coquetterie, certaines y parviennent mieux que d'autres.

— Pas moi, dit Audrey sincèrement, pas moi.

Le rire de Dove fut très léger et trahit une pointe de satisfaction.

Elles descendirent le grand escalier. On les contempla, avec admiration. Quelle belle traversée ils feraient !

# 3.

Tory VanVoorst était assise à la grande table ronde de la salle à manger du *Titanic*, immobile, comme frappée par la foudre.

Son *destin* venait d'apparaître, au beau milieu de cette salle.

Elle avait toujours su — ou craint, ce qui revient au même en l'occurrence — qu'un jour cela arriverait. Elle rencontrerait son passé, et serait projetée dans un désastre sans nom.

Elle serait reconnue, démasquée.

Son secret serait découvert, on lui retirerait tout, tout ce qu'elle était, tout ce qu'elle avait, tout ce qu'elle aimait...

Elle s'efforçait de rester droite sur son siège, droite et calme. Elle savait feindre, savait vivre un mensonge, l'incarner. Tory resterait donc assise auprès de Burty comme si elle était simplement fatiguée, fragile, à son septième mois de grossesse, souffrant, peut-être, du mal de mer, bien que *Le Titanic* fût si stable que c'est à peine si on pouvait dire qu'on était en pleine mer. Aussi vite qu'elle le pourrait, elle s'excuserait et se retirerait dans sa cabine, s'allongerait..., et ne pourrait trouver le repos!

Elle avait des cristaux de cyanide dans sa trousse à pharmacie. Ça faisait longtemps qu'elle les avait. Depuis des années et des années, elle avait gardé l'ampoule bleue près d'elle, où qu'elle se rende, comme un dernier recours. Si jamais la petite Alma June Brown revenait à la vie... Et devait être *tuée* de nouveau. Cette fois, définitivement.

A l'autre extrémité de la pièce, Théodore Royce s'émerveillait de la voir. « Il y a certaines femmes, pensait-il, peu importe combien de temps s'est écoulé, qu'on n'oublie jamais. Et ça doit faire, au bas mot, vingt ans sans que j'aie eu le plaisir de revoir Alma June. Je me rappelle quand elle n'était qu'une négrillonne aux gros seins qui devait chanter pour manger et qui ne mangeait pas tous les jours à sa faim. Je me rappelle qu'Alma June devait vendre tout et n'importe quoi pour s'acheter un sandwich au thon. Mais ç'a toujours été une flamme, toujours une beauté. Et même aujourd'hui, mariée, avec son petit chéri, pâle avec son gros ventre, elle reste belle, *sinistrement* belle, sculptée par le diable en personne pour tenter l'humanité entière. Je la verrai plus tard, seule, je lui dirai bonjour. Je lui dirai: "Eh, Alma June, tu te souviens de Teddy Royce? Eh oui, je l'avoue, puisque tu le demandes, je joue toujours. Je vis toujours de mon jeu..." »

Tory avait si chaud, assise entre Burty et Cécilia Lady Pomeroy, au milieu d'une table ronde assez grande pour huit personnes. Ils n'avaient pas encore commandé. Cécilia lisait un télégramme qu'on venait de lui donner, elle le lisait avec une expression solennelle. Et Burty était assis avec un gin-tonic et attendait que le reste des invités se présentât, martelant du doigt son assiette à pain au milieu d'un déploiement de linge de table neuf et de cinq places arrangées avec soin, et vides. Tory aperçut Audrey et Dove Peerce entrer. Pas de Bay. Il était occupé avec M. Ismay, enfermé dans quelque suite privée. Et les jumelles avec Mme Twigg en train d'essayer le petit café dehors, contemplant le paysage marin, les vagues, l'horizon. Sous la table, Tory prit la main de son mari.

Elle était tombée enceinte, comme une oie blanche, quand elle s'était juré que ça n'arriverait pas, quand elle s'était promis qu'elle mourrait plutôt. Elle aurait quarante-deux ans à son prochain anniversaire. Et il y avait des années de cela, elle avait convaincu Burty qu'elle était stérile. Il s'était fait à l'idée de vieillir sans enfants. Quelques saisons encore et c'est ce qui se serait passé... Mais, par amour, car c'était aussi simple que cela, par amour pour Burty, à qui elle s'était mariée pourtant non par amour mais pour le plaisir, elle avait cédé. Sans qu'elle y prenne garde, elle était tombée amoureuse de son mari et avait alors éprouvé une vive douleur à la pensée qu'il pourrait être terriblement amer et déçu de n'avoir pas été père. L'amour fut le plus fort. Contre l'avis de tous. Contre la rumeur. Elle n'en voulait qu'à sa fortune, disaient-ils.

— Elle peut me prendre toute ma fortune. Quelle importance ? J'en reconstruirai une autre et elle pourra l'avoir encore, si elle veut ! avait répondu Burty.

— Cet amour te perdra, chéri, avaient objecté ses parents.

Le père était mort depuis, renversé par un camion de fleuriste à Broadway, en bas de Manhattan, pas loin d'où vivait sa chipie.

— Elle vient de nulle part, c'est une moins que rien...

Les origines de Tory, c'était pire que nulle part. Elle était issue du cœur de la Louisiane, et avait débuté sur les planches de Time Square. Mais Burty l'avait épousée.

— Je me moque de ses origines!

Il l'avait épousée et installée sur un grand pied, avenue de Bellevue à Newport, et sur la Cinquième Avenue à New York. Joyeusement, à la seule force de ses bras, il avait sorti l'ardente petite Tory de la rue, et lui avait fait renoncé aux planches en la plaçant parmi le gratin au sang bleu. Elle avait, à leurs débuts, joué la comédie du mariage pour tout ce que cela lui rapportait, et mentant constamment.

Autrefois, il y avait bien longtemps, à La Nouvelle-Orléans, son premier souvenir était un mensonge. Elle s'était tue quand la sœur Minni, aussi noire que du charbon, l'avait regardée dans sa petite robe rose, avec des nœuds roses dans les cheveux et lui avait demandé:

— Qu'est-ce tu fais ici, mon enfant, dans une église de Nègres? T'es perdue? Tu devrais faire un peu de chemin, te rendre dans une église pour Blancs. Ta place n'est pas ici, dans la ville nègre.

Alma June Brown n'avait alors pas de nom. Elle devait avoir trois ou quatre ans, et un teint — oh, si pâle — caramel léger. Ce dimanche — ça devait être un dimanche à cause de l'église —, elle ouvrit ses yeux verts et contempla sœur Minni, roula des yeux apitoyés... Ces yeux verts étaient son salut. Les Nègres n'ont pas les yeux verts. Les yeux d'Alma June étaient verts de cupidité dans son visage aux hautes pommettes, avec un teint couleur caramel, verts comme des dollars.

Même à cet âge, à trois ou quatre ans, Alma June savait, savait que c'était mieux d'être blanche que noire, et qu'elle pourrait « passer la frontière » quand elle le voudrait. Ce dimanche, elle était restée avec sœur Minni. Mais, très vite, elle avait couru vers l'Est, était devenue blanche.

— Qu'est-ce que tu prendras, ma chérie?

Audrey et Dove avaient pris place. On avait dû échanger des salutations, commander des cocktails. Tory avait tout manqué, perdue dans ses secrets. Burty lui tenait la carte. Le logo de la Ligne Polaire, un drapeau avec une seule étoile blanche, semblait s'agiter gaiement sous ses yeux.

— Un consommé jardinière, dit-elle.

— Pourquoi pas une langouste froide ou le ragoût de crevettes, pour moi? Les deux, garçon, et si c'est bon, je commanderai peut-être un troisième plat.

— C'est délicieux, monsieur, dit le garçon.

— Je suis en vacances, ma Tory chérie.

Il avait dit cela comme pour excuser le plaisir qui se lisait jusque dans ses gestes, son bonheur d'exister. Et il lui embrassa la main avec un empressement maladroit. Tory frémit sous le baiser. Il était trop exubérant, ces temps derniers. Ce n'était pas un bel homme, mais il avait un certain charme. Les yeux pétillants, et toujours le sourire à la bouche, avec naturel. Il devenait un véritable dandy. Pour le voyage, il s'était acheté un nouveau pardessus avec un col en mouton doré. L'épingle sur son revers de veston était de rubis et de platine et s'accordait à son épingle de cravate. C'était une élégance à peine trop étudiée qui devenait un peu trop voyante. Et ces attentions luxueuses à sa personne avaient un petit quelque chose de désespérant, de dérisoire, qui étreignait le cœur de sa femme. Il faudrait qu'elle y mette son grain de sel, qu'elle parle à son valet de chambre, Elgin...

Tory avait un cou gracile et une chevelure noir corbeau, le visage d'une madone sur un corps de courtisane. Sa plus grande fierté, c'était sa peau, sans rides, couleur caramel blond. « Une peau d'Espagnole », expliquait-elle vaguement.

— Ma mère était castillane, elle mourut à ma naissance.

Fauve à la peau de pêche, Tory resplendissait.

— Elle est superbe, blaguait Burty, et en toutes circonstances !

Certains avaient eu la chance de s'en apercevoir avant lui. Il y avait bien longtemps... C'était ainsi qu'elle avait connu Burty, Burton Kingsley Van-Voorst, self-made man et millionnaire. Quand on est danseuse de cabaret, on doit parfois retirer une pièce de vêtement ou deux pour mettre de l'entrain... Dieu merci, Teddy Royce était assis plus loin, elle n'aurait pas pu le supporter autrement.

Il était seul à une table pour deux et mangeait en silence. Teddy et sa chance aux dés. C'était un joueur, un escroc, collectionneur du cœur de ces dames. Beau garçon aujourd'hui, plus beau que de coutume. Comme il avait changé... Et grandi, minci. Sa silhouette avait gagné en élégance. Ainsi, il était entré dans le grand monde, tout comme elle, et tirait sur ses bottes et les faisait briller... Il lui adressa un sourire, leva une cuillère en guise de signe de reconnaissance. Elle l'ignora.

*Pour elle, il incarnait la figure de la vengeance. Il venait signer son arrêt de mort.*

— Est-ce que ça va, Tory? demanda soudain Audrey. Tu ne sembles plus la même.

Oh! que ces mots étaient involontairement cruels! Cécilia l'observait aussi, inquiète. Cécilia qui, autant que pouvait le savoir Tory, ne se souciait que d'elle-même. Cécilia, l'aigle, avec son regard conquérant, qui les dominait de son mépris. Tory appuya sur son ventre en guise d'excuse. Impatiente de tout dire à Cécilia et à Audrey. Dieu merci, Burty était tout proche, sans cela elle aurait avoué.

« Une nuit, les filles, tandis que je chantonnais dans ma baignoire en marbre, du marbre gris et blanc de Carrare, mes chéries, Burty passa la tête par l'entrebâillement de la porte. Je m'attendais à ce que Burty me jette un regard brûlant de désir mais il bâilla tout simplement. Il venait me présenter ses excuses, il allait directement au lit... J'ai mis du temps à le suivre. Je me suis sentie soudain ignorée. J'ai pris un léger alcool. C'est pour cela, les filles, que je suis enceinte aujourd'hui. Je l'aime maintenant, vous voyez, à la façon dont il m'a aimée, et j'ai peur de le perdre. C'est cela la vraie raison, Audrey, mon chou, qui fait que je suis allée voir la gitane sur la Quatrième Rue. Je me suis vue comme une divorcée d'un certain âge à qui, peu importe son train de vie, peu importe le charme, on aurait reproché — on l'aurait dit et redit, je le sais — d'avoir dansé le shimmy et qui aurait eu de la veine. Je vous ai vues, Audrey et toi, Cécilia, et toutes les autres femmes qui sont gentilles avec Mme Burton Kingsley VanVoorst, leurs têtes rapprochées, chuchotant à propos de ma mésaventure. Je vous ai vues embrasser la nouvelle femme de Burty — mon Dieu, je me demande qui cela pourrait bien être! Et vous diriez toutes combien sa nouvelle femme allait mieux avec lui que moi, qui n'étais qu'un sang chaud... avec une goutte de sang noir dans les veines. Voici, les filles, Tory voulait hurler, maintenant, vous savez. J'ai vidé mon secret, je peux me détendre. » Si Burty n'avait pas été là, solide près d'elle, Tory aurait pu exploser et aurait tout révélé. Elle avait hâte de la délivrance du bébé, qu'il vive par lui-même.

« Je veux retrouver mon corps, avait-elle hâte de leur dire, les lèvres pincées pour garder son secret, la vérité. Je veux retrouver mon corps de panthère, ma poitrine opulente, ma taille souple. Je veux danser sous les lumières de nouveau, je veux me balancer, mon chou, je veux entendre le soupir des hommes autour de moi. »

Teddy Royce était le diable! Il lui avait rappelé tout ça. Tous ces souvenirs enfouis. Elle poussa sa chaise.

— Je pense que je vais m'étendre un peu, vous voudrez bien m'excuser. Je suis un peu étourdie, peut-être le mal de mer.

— Je t'accompagne, ma charmante, lui dit Burty au bon cœur, un joyau d'homme.

Elle mit une main sur son épaule.

— Non, chéri, s'il te plaît. Mange tes crevettes, elles ont l'air délicieuses. Peut-être que demain je prendrai moi-même des crevettes. Je pense que je vais marcher un peu, prendre l'air frais, me dégourdir les jambes. Je vais faire un grand tour, prendre mon temps et puis je ferai la sieste jusqu'au dîner. Je serai bien... Ne te dérange pas.

— Il y a des souvenirs chez le coiffeur. Achète-toi quelque chose, achète-moi quelque chose, achète quelque chose...

Dérisoire litanie. Mais il mangeait de nouveau. Tory prit une dernière cuillerée de pudding au riz. C'était froid et sucré, et cela lui rappela chez elle. Pas Gilt Hill à Newport, pas la Cinquième Avenue à New York... Vraiment chez elle. Le bayou du Mississippi et Granny Brown qui marchait derrière sa cahute parlant chaque jour avec le « mait' ». Chez elle où on était un peu saoul avec du vin de pêche, vieux de trois semaines, où l'on chantait des blues dans une pièce remplie de fumée avec un saxophone à la voix brisée, et une grosse caisse de savons pour battre la mesure, la sueur qui dégoulinait, qui faisait briller ses seins. Elle cachait ses jambes sous sa longue jupe de coton jusqu'à ce qu'elle la relève jusqu'aux fesses et que les hommes tombent les uns sur les autres, fous comme des chiots, en riant, en hurlant.

Tory se leva, gracieuse en dépit de son ventre. Et Teddy Royce l'imita. Un large sourire aux lèvres. Le sol semblait flotter, paresseux comme ce bon vieux Mississippi en août, mais elle ne s'évanouirait pas, ne trébucherait pas. Un pied devant l'autre, et elle était sortie de la salle à manger et montait le grand escalier vers le pont A. Elle n'utilisa pas la rampe, elle *flottait* comme si c'était la chose au monde la plus facile à faire. Sur le pont A, les promenades, à bâbord comme à tribord, étaient protégées par des baies vitrées, aussi peu importait le temps, les passagers de première du *Titanic* pouvaient jouir de la vue, pouvaient jouir d'une promenade, jouir d'eux-mêmes en train de se prélasser. Tory continua à grimper sur le pont supérieur, le plus haut du *Titanic*. Là, sur la passerelle, se trouvait le pont du commandant. Là, au milieu du bateau, se trouvait une promenade ouverte. Elle l'atteignit, une légère vapeur rouge à la tête, un nœud à l'estomac. Tout était calme. Une étrange paix. Le vent était coupant et revigorant, cela apaisa son esprit. Le soleil brillait sur les côtes françaises d'où l'on approchait. Elle parvint à la rambarde. S'appuya... et attendit. En bas, tout en bas, l'écume bouillonnait contre les flancs noirs du *Titanic*. Le grand navire, aussi solide qu'un manoir de Newport, sous un ciel calme, plein de nuages, faisait route vers Cherbourg... Même si, d'une certaine manière, elle avait pu empêcher Teddy Royce de cracher son secret, elle ne pouvait s'en sortir. Elle s'était donnée, s'était détruite elle-même ; c'était clair à présent.

Pourquoi avoir voulu attendre un bébé ? C'était de la folie. La peur de le perdre l'avait fait prendre un risque inouï, c'était stupide, stupide. Ça le briserait, lui. Et il la tuerait... si le bébé était noir.

— Alma June ! Voilà bien longtemps... Tu m'as manqué, mon chou.

Teddy Royce l'avait rejointe. Il faisait claquer le bout de sa canne sur le pont.

# 4.

Ses vêtements joyeusement chiffonnés, Swan Joséphine Lockholm était assise sur la paillasse de Danny Bowen, dans sa cabine, sur le pont E, près des chaudières. Avec la porte close, la pièce était sombre, très petite, chaude et sentait le renfermé. Il n'y avait pas de hublot. Une petite lampe électrique et, en faisant attention à la chandelle, il y avait tout juste de la place pour une personne. On ne pouvait ni danser, ni recevoir. Une seconde personne devait s'asseoir sur le petit lit, ou sur le lit superposé. Swan n'avait jamais rien vu de pareil.

— C'est misérable! s'écria-t-elle avec l'innocence méprisante des riches. Je me suis toujours demandé comment on pouvait vivre avec si peu d'espace, si peu de confort!

Elle frottait l'un contre l'autre le bout de ses chaussures.

— Oh non, ça c'est tout à fait correct, dit Danny, assis à côté d'elle, sa tunique ouverte, une bouteille de champagne à la main.

Il l'avait prise sur l'un des plateaux quand il avait eu fini de jouer.

— Célébrons notre rencontre, dit-il.

Et il l'embrassa, sans penser à mal. Elle était si belle, il l'avait aimée tout de suite.

Un bruit sourd envahissait la cabine. Ils se trouvaient près du cœur du *Titanic*. Derrière le mur, les pistons noirs du navire, dans l'huile et la poussière, effectuaient inlassablement leur travail de forge.

— Vous avez été sensationnel de sauver ma jumelle. Smoke était folle, avez-vous remarqué ?

— Elle vous ressemble tellement que ça me donne le frisson. Je pensais que je vous tenais dans mes bras. Je n'ai pas vu qu'elle était folle.

— Oh, elle vous déteste. Elle est jalouse.

— Embrassez-moi encore, murmura-t-il.

Il posa la main droite sur ses seins. Elle ne protesta pas.

— Je vais me cacher ici, en bas, avec vous, pour la plus grande partie du voyage. Aimeriez-vous cela ? Bien qu'il faille que je monte de temps à autre pour voir ce qui se passe. Ce n'est que la deuxième fois que je traverse l'océan, et je ne veux rien manquer. Aussi je dois voir avec Mme Twigg — c'est notre gouvernante et chaperon. Il nous faut faire attention à Mme Twigg tout le temps car elle pourrait parler à mère. Dimanche, Smoke et moi aurons seize ans. Chers seize ans, je pense que c'est merveilleux. Mère donne une fête en notre honneur, je vous demanderai d'être l'un des musiciens. On aura droit à deux, seulement deux. Mais vous serez l'un d'entre eux. De cette manière, même si vous ne dansez pas avec moi, vous aurez votre part de gâteau, comme on dit.

— Prenez Jock et moi, dit-il en déposant une pluie de baisers dans sa chevelure.

— Qui est Jock ?
— C'est mon compagnon de cabine.
— Un compagnon, ce n'est pas possible ! Dans un espace si petit !
— Vous auriez aimé le remplacer ?
— Oh, vous ne devez pas dire cela ou même le penser. Il faudrait que je m'enfuie si vous y songiez.
Il n'avait pas ôté sa main. Il embrassa son épaule tendue de velours.
— D'accord, je ne le dirai plus si c'est votre désir. Mais Jock est mon compagnon de cabine. Vous ne l'avez pas encore rencontré... Il porte des lunettes et il est grand comme moi. Nous ferons la paire de violonistes à votre fête, comme des chevaux de cab.
— Boulet et Peet, nos chevaux noirs. Vous les aimeriez ! On les garde à Whale's Turning, à Newport.
— Vous n'avez pas de voiture ?
— Oh, bien sûr que si !
Swan admirait ses cheveux, châtain clair, plus longs qu'il n'aurait fallu.
— Nous avons une Ford à New York. Père a dit que cet été il nous apprendrait, à nous et à notre mère, à conduire. Mais honnêtement, on ne s'en sert que rarement.
— Ainsi, Swan, vous êtes d'un tout autre monde. Trop riche pour moi...
La bouteille de champagne était vide. Il siffla un air dans le goulot. C'était une vague romance hongroise. La jeune fille soupira.
— Et si c'était vrai ? Nous pourrions tout de même avoir une aventure le temps de la traversée, pas vrai ?

— Embrassez-moi pendant que je ferme les yeux, dit-elle. Peut-être que Smoke aimera Jock... Non, Smoke ne l'aimera pas. Elle n'aime pas beaucoup les garçons. C'est un garçon manqué.

Il l'embrassa doucement et lui tendit son verre à moitié rempli. Elle le vida d'un trait avec satisfaction.

— Oh, rassurez-vous, ma sœur n'est pas vraiment une suffragette, mais elle veut devenir commandant. Elle possède un livre plein de navires, de bateaux à voile, de yachts.

Il ne l'écoutait déjà plus et rêvait à voix haute.

— Quelle stabilité ce bateau! Nous pourrions être dans un de vos petits salons ou au sommet d'une colline, murmura-t-il contre sa joue.

— Oui, ce serait merveilleux, dit-elle en refermant les yeux.

Elle était belle, très belle. Il ne pouvait pas croire à sa chance. Il l'embrassa de nouveau sur la bouche aussi fort qu'il put. Elle lui retourna son baiser, avec ardeur, les paupières frémissantes.

On cogna soudain à la porte de la cabine. C'était Smoke. Swan se redressa bien vite.

— Qu'est-ce que tu veux?

Smoke entra, l'air maussade.

— Je savais que je te trouverais ici. Bon Dieu, c'est une infection!

— Tu n'as pas honte!

— Viens maintenant. C'est l'heure du déjeuner.

— Fais des excuses pour moi. Ne dis pas où je me trouve, c'est tout, répondit Swan en lissant sa robe de velours.

— Viens avec moi!

Swan rit tout fort.

— Si c'était toi, tu viendrais?

Smoke regarda Danny Bowen qui ramenait ses cheveux en avant et finissait une dernière goutte de champagne. Il n'était pas ennuyé qu'elle soit là. Il n'était pas même surpris. Il lui souriait, un long sourire interrogateur.

— Non, Smokey, je ne viendrai pas maintenant, dit Swan.

Et du bout vernis de sa chaussure, elle claqua la porte au nez de sa jumelle. Smoke courut alors, escalier après escalier, jusqu'au pont A. Elle se recroquevilla sur un transat, sous une couverture. Elle ne supportait pas que sa sœur jumelle lui fasse du mal, lui réponde méchamment. Et si elle racontait cela à mère? Mère irait alors voir Mme Twigg. Et Swan serait consignée à sa cabine pour toute la traversée, sauf peut-être pour la fête d'anniversaire et le dernier dîner. Et Smoke, juste pour faire enrager Swan, s'assoirait avec Danny Bowen et peut-être même l'embrasserait-elle... Non. Smoke ne pourrait pas rapporter à leur mère. Elle n'allait d'ailleurs jamais voir sa mère parce que sa mère ne venait jamais à elle.

« Mère ne m'aime pas. Et c'est un sentiment réciproque, aussi ne te mets pas à pleurer. Mère se préoccupe rarement de ses filles. Elle n'a d'yeux que pour papa. »

Son père était gentil quand on pouvait attirer son attention, mais il ne comprenait jamais de quoi il en retournait. Et on lui avait dit et redit que ce voyage était un voyage d'affaires pour son père, aussi essayerait-elle de ne pas être un « souci » supplémentaire — le mot exact de Mme Twigg chaque soir pendant les sept jours qu'ils passèrent à Paris sous les ondées de printemps.

Elle manquait son repas de midi. Mais elle s'était bourrée de petits canapés durant la fête du départ, elle n'avait pas faim. Elle avait exploré la plus grande partie du *Titanic*, avait vu le fumoir et le gymnase et avait pris rendez-vous pour une leçon de tennis. Elle avait essayé les appareils de musculation. Ils étaient plus durs ici qu'à la baie de Narrangansett. Elle avait sorti un livre de la bibliothèque, un livre policier, et écrit une carte postale à ses grands-parents maternels, M. et Mme Lawrence Smoke, de Newport, U.S.A. On l'avait sortie du bureau des télégrammes. Elle y avait mis son nez pour voir comment ça fonctionnait et avait vu un jeune homme, pas beaucoup plus vieux qu'elle, qui parlait dans un tube plus vite qu'elle ne pouvait jouer au piano.

— Je suis la fille du patron, avait-elle annoncé.

Mais John Philips, c'était son nom, avait dit que *Le Titanic* appartenait à la Ligne Polaire et qu'il était occupé et qu'il fallait qu'elle parte.

— Mon père possède la Ligne Polaire, avait-elle répondu.

Elle s'était assise sur une chaise, avait croisé les jambes comme si elle allait demeurer là toute la journée. Le commandant Smith avait alors passé la tête par l'entrebâillement de la porte et l'avait renvoyée, en lui disant qu'elle ne devait pas pénétrer dans les « quartiers de travail » sans permission, quel que soit son nom. John Philips avait averti que Lady Pomeroy venait de recevoir un autre message du commandant du *Californie*, un paquebot à trois jours d'ici. Smoke les informa qu'elle connaissait la marquise et qu'elle pourrait lui communiquer le message si le commandant était d'accord. Le rustre préféra appeler un steward et lui remettre le message. Smoke devait s'éloigner et ne plus rester dans leurs pattes.

Elle ne put apprendre ainsi ce que ce commandant voulait à Cécilia.

C'est à la suite de cette mésaventure qu'elle était partie à la recherche de sa jumelle. Comme elle le soupçonnait, elle la découvrit chez Danny Bowen, dans son *pathétique* placard à balais, près d'une chaudière, en bas sur le pont E, et puant comme un vieux torchon sale. Il n'y avait pas de fenêtre et il faisait sombre. Swan était étendue sur la couche de Danny Bowen et il avait posé une main sur un de ses seins ! Smoke n'avait jamais été aussi choquée.

Lui n'avait rien dit. Son regard avait effectué de longs et curieux va-et-vient entre les deux jeunes sœurs comme s'il essayait de les distinguer, et que cela eût une importance capitale et soudaine à ses yeux. « C'est facile une fois qu'on nous connaît, pensait Smoke. On est si différentes ! »

Il ne faisait pas pauvre dans son habit de musicien, c'était tout simplement un beau garçon. Et Smoke pouvait encore sentir ses mains sur sa taille. Avec la spontanéité qui caractérisait son imagination, elle se surprit même à souhaiter qu il l'entoure de ses bras une fois encore. Et soudain, alors que *Le Titanic* glissait doucement vers Cherbourg, elle se mit à pleurer et ne put s'arrêter.

Elle allait se cacher sous la couverture quand

apparut Tory qui marchait sur la promenade. « Elle est venue nous chercher, pensa Smoke en s'enfonçant davantage dans le transat. Tout le monde doit être inquiet, on aura probablement lancé les recherches sur le navire ! »

Mais non, Tory admirait simplement la vue, contemplait les feux du soleil sur la mer.

« Oh ! Un bel étranger s'approche de la dame. » Smoke les vit échanger des murmures comme s'ils étaient de vieux amis. Rien d'étonnant à cela, Tory VanVoorst connaissait pratiquement tout le monde. Pourtant cet homme n'avait pas l'air d'être de Newport ou de New York. C'était un gentilhomme du Sud, bronzé, dans un superbe costume blanc sur une belle chemise cannelle avec des boutons de nacre, une canne en bois précieux à la main.

Il venait de dire quelque chose, quelque chose de doux et de tendre, et Tory se retourna, posa les mains sur son torse.

C'était donc cela ! Un rendez-vous galant... Tout le monde ne pensait donc qu'à ça ! « Quel égout cette traversée ! » se dit amèrement la jeune fille.

Et puis, soudain, Smoke eut l'impression que Tory voulait crier mais qu'il l'en empêchait. Elle devait se tromper dans son interprétation des gestes de Tory. Après tout, Mme Tory VanVoorst était enceinte de plus de sept mois ; elle ne pouvait tromper son mari, quand bien même l'aurait-elle voulu.

Pauline Elisa Twigg était furieuse. Ça lui avait été égal et plutôt agréable de manger seule au Café Parisien. Habituellement, les filles Lockholm se chamaillaient tout le temps et la prenaient à partie. Et ce n'est pas qu'elle crût qu'elles n'étaient pas à bord. Elle les avait vues toutes les deux, il y avait à peine une heure, peu après l'embarquement, mais elle n'avait pu les rattraper avant qu'elles ne disparaissent. Avec toute cette cohue ! Et puis elle avait été occupée à faire parvenir leurs malles dans les cabines et à s'installer dans la sienne. Mais elles n'avaient pas à échapper à la surveillance de Pauline Elisa Twigg ! C'était leurs vacances, certes, mais ça ne les affranchissait pas plus pour autant. Et voilà qu'alors que *Le Titanic* approchait du quai de Cherbourg — la rade étant trop petite pour que de gros navires puissent y entrer, *Le Titanic* devait mouiller au large et attendre que des annexes fassent embarquer les passagers français —, on ne pouvait trouver trace de Smoke et de Swan nulle part. Quand elle les rattraperait, elles auraient leur compte. Et elle allait trouver dès maintenant Mme Lockholm et se plaindre à elle. Oh oui, elle allait tirer les choses au clair sur-le-champ, rien de tel que d'étouffer une rébellion dans l'œuf !

Mme Twigg, descendant vers le pont B pour rejoindre la suite des Lockholm, s'arrêta en chemin devant un miroir pour se rassurer sur l'état de sa coiffure. La cinquantaine la guettait, et elle commençait à s'inquiéter de son « début d'embonpoint », un souci quotidien car elle aimait bien goûter une pâtisserie ou deux à son petit déjeuner et un bol de crème anglaise à la fin de la journée. « Je ne suis pas si mal », pensait-elle, pas pour la première fois d'ailleurs, faisant fi de ses joues conséquentes et naturellement rouges, de ses yeux bruns pétillant derrière de curieux petits lorgnons qui pendaient aussi parfois sur un corsage opulent. Elle veillait à ne pas être tournée en ridicule par cette « distraction féminine », selon ses mots, qui faisait oublier à certaines femmes de serrer suffisamment leur corset pour empêcher leur poitrine de rebondir au moindre mouvement et de risquer ainsi « d'exciter les hommes ». Une soirée, de temps à autre, elle permettait à sa robe « une provocation subtile d'exposition délicate », ce qui avait pour conséquence de lui relever le moral et, elle aimait à le penser, à entretenir celui des hommes qui l'invitaient à danser. Une déception éternelle chez elle était qu'elle n'avait pas de monogramme. Elle pensait que des initiales brodées sur les mouchoirs et sur son sac — ou gravées sur les bagages quand on voyage, comme c'était le cas, aujourd'hui — conféraient une importance mystérieuse. Mais personne n'avait jamais pensé à lui offrir des mouchoirs brodés, et certaines dames du monde, à qui elle s'était bien imprudemment confiée, lui avaient fait comprendre qu'un tel désir n'était pas de sa condition. Eh bien, tout le monde ne pouvait tout avoir... Elle était assez gracieuse, comme il convenait à une tutrice de jeunes filles, pas plus, et c'était « une encyclopédie ambulante », dotée d'un maintien parfait. Le moindre petit incident quotidien, la moindre banalité ne la trouvait jamais au dépourvu : elle avait toujours une recette de sagesse qui tirait la leçon de l'événement et transformait, pour les deux demoiselles dont elle avait la charge, chaque heure du jour en leçon laborieuse et insipide. « Ce qui est juste est juste, ce qui est faux n'est rien », disait-elle aux jumelles. Elle réciterait ce sage constat probablement jusque dans sa tombe !

Avec fermeté, Mme Twigg frappa sur la porte d'acajou marquée B-51. La suite B-51-53-55 était l'une des deux meilleures du *Titanic*. Audrey et Bay avait la chambre 53, les VanVoorst la 55 — elles communiquaient, de l'autre côté de la salle de bains — et en B-51, c'était le salon. Mme Twigg l'avait visité, sur l'invitation d'Audrey Lockholm, et fut émerveillée. Audrey Lockholm ouvrit la porte. Elle n'avait pas emmené sa femme de chambre. Mme Twigg s'était portée volontaire pour l'aider, si nécessaire, c'était la moindre des choses puisqu'on lui avait donné sa cabine de première, et elle pouvait se joindre à eux sur un même pied quand cela lui ferait plaisir, avait dit Mme Lockholm. Mais les choses, comme les gens, devaient garder leur place pour Mme Twigg. « Je ne voudrais être à la place d'aucune d'entre elles, pensait Mme Twigg en songeant à toutes les grandes dames à bord du *Titanic*. Je peux me débarrasser de mes souliers quand ça me plaît et je n'ai pas à changer constamment de toilettes ni à faire la fière pour manier l'aiguille. Je me débrouille très bien avec mes affaires, j'en ai assez qui me vont bien et si je veux prendre une crêpe suzette après dîner, il n'y a pas de couturier pour me faire honte ou d'homme pour me faire une remarque désobligeante ! »

Mme Lockholm portait une robe d'intérieur en soie sur son ensemble.

— Oh, madame Twigg, qu'y a-t-il ?

— Puis-je entrer un instant?

Et Mme Twigg entra en refermant la porte derrière elle. Des panneaux crème ornaient les murs de la chambre, aussi grande que la chambre de Mme Twigg chez les Lockholm sur la Cinquième Avenue. Sur le sol, s'étendait un large tapis gris. Une bûche flambait dans la cheminée au linteau de marbre, une baie vitrée s'ouvrait sur une promenade privée d'où une légère brise soufflait sur le feu. De semblables promenades privées, *Le Titanic* n'en offrait que deux seulement. M. Ismay, on l'avait dit à Mme Twigg, avait obtenu l'autre, à bâbord. « Mais les riches obtiennent ce qu'ils veulent. Les désirs des riches ne sont pas les désirs des pauvres... », remarquait-elle avec sagesse.

Audrey Lockholm venait de prendre un bain. Elle était pâle, sans maquillage, mais sa longue chevelure citronnée n'avait jamais foncé, et son visage était beau, un peu plus délié que celui des jumelles. « Pas de cadeau à la fin de la journée, pensa Mme Twigg avec sympathie ; et si vous étiez belle, c'était un fardeau pour vous, toute votre vie. » Mme Twigg n'avait pas été une beauté, et ne s'était pas mariée, et cela ne lui manquait pas. Tout le monde n'a pas besoin d'un homme dans sa vie, c'était là son explication. Elle se faisait appeler Mme Twigg car c'était plus doux que « mademoiselle » à son âge. Et puis, elle avait horreur des hommes, en général. Mais elle disait toujours que ce n'était pas leur faute, mais celle du Créateur. Elle y voyait comme le dessein obscur d'un châtiment qui ne devait s'éclairer qu'au jugement dernier.

— Madame Twigg, qu'est-ce que c'est? demanda de nouveau Audrey.

— Oh, madame, vous savez que je vous ne dérangerais pas si je n'y étais forcée, mais il s'agit des jumelles. Je ne peux mettre la main sur aucune d'entre elles. Elles n'étaient pas avec vous à la salle à manger, et elles n'étaient pas avec moi au café. J'ai dû manger ma côtelette seule. Elles n'étaient pas non plus dans leur chambre, et j'ai vérifié partout sur le pont B. J'ai pensé qu'elles se trouvaient peut-être avec vous ou que vous sauriez où elles pouvaient être... Hum, quand ce n'est pas une chose, c'en est une autre avec elles! Elles sont pires que deux garçons: on n'est jamais en paix.

— Oh, s'il vous plaît, madame Twigg, ne vous tourmentez pas. Je suis sûre qu'elles ne se sont pas perdues. Avez-vous essayé le gymnase?

— Bien sûr, dit Mme Twigg, les mains serrées à la taille.

Elle admirait la mère des jumelles pour bien des raisons, mais Audrey Lockholm n'était pas la plus dévouée des mères! Mme Twigg le lui avait dit en face.

Audrey essaya de nouveau:

— Peut-être sont-elles avec Dove et Cécilia, B-16, madame Twigg.

— Nous verrons. J'en doute, dit sombrement Mme Twigg.

En vérité, Mme Lockholm lui donnait une complète autorité sur ses filles, ce qui était dans les règles, mais elle aurait souhaité que parfois Mme Lockholm puisse l'aider un peu. Elle fit un pas en arrière, elle allait sortir.

— Ce n'est pas bien, madame, vous ne savez pas, je ne sais pas. Bien sûr que si vous le savez!

Audrey acquiesça.

— Je compte sur vous, madame Twigg. Et ne vous faites pas de souci, je suis sûre qu'elles vont bien.

— Elles prennent des libertés, madame Lockholm. Je l'ai bien vu chez M. Poiret, la semaine dernière. Vous leur avez permis trop de robes et trop de gâteaux au thé. Vous aviez dit quatre robes de saison, et elles sont sorties après en avoir commandé sept chacune. J'ai pensé que c'était scandaleux, je vous ai dit que sept c'était bien trop. Ça les gâte. Et ensuite, vous leur donnez la permission pour deux gâteaux lors du thé. Des jeunes filles qui ne sont pas mariées ne peuvent pas, je le répète, madame Lockholm, ne peuvent pas manger deux gâteaux pour le thé.

— J'ai pensé... Pour une fois. Leur première visite à Paris, chez un couturier si connu...

— Autant de raisons pour davantage de discipline, madame, si je puis me permettre. Et voudriez-vous savoir ce que fit Smoke de votre relâchement? Elle cacha des petits pains dans ses poches — et des petits pains énormes! J'ai retrouvé des miettes dans son lit, le lendemain matin, et davantage encore dans sa robe. Elle aura grossi avant qu'elle reçoive ses nouvelles robes, je vous le dis.

Audrey soupira.

— Je m'excuse, madame Twigg. Je n'aurais pas dû leur permettre.

— Elles vous retireraient le pain de la bouche, si on les laissait faire. Vous vous rappelez que j'ai dit ça. Et aujourd'hui, voyez où nous en sommes. D'abord Smoke, c'est une chahuteuse, et à présent, la chère petite Swan, trop gentille pour dire non à sa sœur. Elle n'en font qu'à leur tête sur ce bateau, et ça ne fait pas un jour qu'on est embarqué. Que dites-vous de cela?

Audrey espérait que Mme Twigg la laisserait tranquille.

— Je vous les laisse, madame Twigg. S'il vous plaît, trouvez-les et dites-leur bien de rester avec vous durant toute cette traversée.

— Merci, dit Mme Twigg.

Audrey ouvrait déjà la porte.

— Je ne prendrai plus de telles libertés avec elles, madame Twigg, sans mettre les choses au clair préalablement. Vous savez qu'il y a une fête de prévue pour elles, dimanche.

La poitrine de Mme Twigg se souleva rien qu'à y penser.

— Je sais, une chose après l'autre... Dois-je vous prévenir quand je les aurai trouvées?

— Non, merci. Prévenez-moi seulement si vous ne les trouvez pas.

— Je vois...

Mme Twigg était dehors, furieuse. « Pauvres petits agneaux, pensait-elle, personne pour s'occuper d'elles sauf leur brave Twigg. » Leur mère ne pensait qu'à elle et à son mari, jouant encore aux jeunes mariés alors que leurs filles étaient presque grandes et en âge à leur tour d'être mariées! Louant son bon sens, elle se dit tout bas qu'elle ne deviendrait jamais riche, même si on devait la payer pour cela!

Elle ferait appeler les jumelles. Sa décision était prise. Elle irait droit chez le commissaire de bord et les ferait appeler au micro. Et quand elles se présenteraient, elle leur appliquerait trois claques. Ah, on allait voir ce qu'on allait voir !

Audrey s'assit sur le sofa un moment, pour souffler après les remontrances de Mme Twigg, et avant de finir de s'habiller. Un douloureux sentiment de culpabilité l'accablait. Elle n'était pas une bonne mère... Oh, comme Joséphine, sa propre mère, devait être malheureuse, si elle savait... Mais les jumelles n'avaient pas besoin d'elle de la manière dont elle avait eu besoin de Joséphine, eu besoin et perdue trop tôt. Les jumelles avaient Mme Twigg. Des enfants de rêve. Chacun s'accordait pour le dire. L'accouchement fut terrible : la première, Smoke, très fragile, dut être placée en couveuse le premier jour. Et la seconde ne voulait pas venir. Un temps, le Dr Lake avait désespéré de la sauver. Mais alors la sage-femme était intervenue, Mildred Falk, elle avait graissé son long bras osseux... Audrey ferma les yeux. Ça faisait si longtemps. Tout était presque oublié. Audrey s'en était remise petit à petit, mais elle n'enfanterait plus. Pas de fils pour Bay... Il lui avait dit que ça ne faisait rien. Quand elles étaient bébés, Audrey rêvait que Smoke, plus vieille de cinq heures que Swan, avait été échangée, un bébé échangé par les fées alors que tout le monde dormait. Bien sûr, ce n'était qu'un fantasme. Les jumelles étaient identiques. Mais une fois qu'on les connaissait, on ne les confondait plus, même lorsqu'elles étaient habillées de la même façon.

C'était de très belles filles. D'Audrey, elles tenaient la grâce de leur visage et les cheveux dorés. La nuance de leurs yeux leur appartenait, un mélange du gris orage de leur père et des célèbres yeux bleu nuit d'Audrey. Elles avaient un profond regard d'un vif turquoise, la couleur d'une eau calme quand le soleil donne comme sur un miroir. Mais leurs bouches, bien dessinées, démentaient ce calme : c'était un dessin très légèrement charnu qui trahissait une exigence, un violent désir de vivre.

Audrey chassa toutes ces pensées, et s'habilla le plus simplement possible.

Elle allait descendre en troisième classe... Maintenant que l'agitation mondaine marquait une pause, avant le dîner. Avant que Bay revienne.

Elle devait parler à la gitane.

# 5.

En fin de compte, les nuages s'étaient dissipés. Le soleil orange avait peu de temps embrasé l'horizon, incendiant les flots sombres sous *Le Titanic*, tandis que le dessin violacé de la petite rade de Cherbourg se devinait au loin.

Sur le pont A, Cécilia Lady Pomeroy, marquise de Denton, et sa mère, Dove Peerce, étaient assises dans des transats contemplaient avec une paresse coquette, diablement féminine, les nouveaux passagers qui embarquaient. Cécilia, chaudement vêtue d'un manteau en zibeline, admirait la palette du crépuscule, les rubans jaunes dans le ciel, les sillons vert perroquet, les nappes tendres de magenta. Sa mère, emmitouflée dans un renard argenté, dégustait une boisson au rhum et causait.

— M. Morgan, le sais-tu, ne voyagera pas avec nous, au bout du compte.

Cécilia, qui n'avait jamais partagé l'intérêt de sa mère pour les potins mondains, feignit de s'y intéresser.

— Ah oui, et pourquoi cela?

— Il semble qu'il est malheureusement retenu à Aix-les-Bains par une charmante Parisienne, dit Dove de cette voix légère et innocente qu'elle affectait quand elle vous tenait sous sa coupe.

— Oh Dove, dit Cécilia qui depuis le jour de son mariage ne l'appelait plus jamais « mère », comment avez-vous pu apprendre cela, nous qui sommes si isolées sur ce fichu bateau?

— C'était dans un télégramme à Bayard Lockholm. Je l'ai rencontré avec Bruce Ismay quand je suis venue te rejoindre ici. J'ai dû un moment entrer au fumoir pour m'excuser auprès du colonel Gracie qui avait demandé à dîner avec moi, ce soir. Bay disait à Bruce, et il me l'a dit aussi, que J.P. devait embarquer ici avec Frances, mais il ne le fera pas et restera cloîtré... Pauvre Frances. Elle sait que J.P. est un plaisantin. Belle Green vit presque avec elle, chez elle!

Cécilia était calme, elle pensait à Rolf, Lord Pomeroy... Elle n'était plus sûre que *Le Titanic*, en l'emmenant en Amérique, lui permettrait de refaire sa vie... Sa vie, celle avec Rolf, celle qui comptait, avait pris fin l'été dernier au Kenya. Cette chasse au rhinocéros si longuement attendue, si longuement préparée par Rolf. Ça faisait trois jours qu'ils étaient partis, tous un peu fatigués, éreintés, pas habitués aux efforts d'un safari. Mais ne l'admettant pas et soucieux de ne pas gâcher l'amusement des autres. Ainsi Cécilia Lady Pomeroy n'avait rien dit.

— Restons dans la tente aujourd'hui, Rolf, qu'en dis-tu? Donnons à l'équipe un peu de bon temps, aimons-nous. Demain nous pourrons chasser de nouveau.

Pourquoi n'avait-elle pas osé prononcer ces paroles qui l'auraient sauvé ? C'était pitoyable. Ce fut un long cheminement à travers le veld, pour découvrir la rivière, tout en haut, baignée dans l'or africain. Un beau rhinocéros mâle, aux flancs massifs, aux longues cornes, faisait la sentinelle sur la rive, balançant sa tête noire et hideuse de monstre préhistorique, essayant d'identifier ce qui arrivait, quel *hitari* approchait… *Hitari* pour « danger » en dialecte local. Rolf ne tenait plus en place. Il avait mis genou à terre et visait le monstre. C'est alors que des buissons — même les guetteurs ne l'avait vu que trop tard —, l'herbe verte et haute fut écartée en silence. Et un sanglier sauvage chargea, costaud, au poil rugueux, une de ses défenses jaunes rompue, l'autre vaillante et acérée contre l'écorce et les roches. Cécilia, près de son amour, tint bon quand le sanglier attaqua. Elle enfonça ses talons et tira, le fusil bloqué sur la hanche. Mais le sanglier était plus déterminé que Cécilia, plus déterminé que Rolf. Et la bête sauvage détruisit leur amour d'un coup de corne qui éventra le chasseur, le déchiqueta, sépara presque la tête des épaules.

Et quand le soleil s'estompa, au loin, sur la belle ligne de fuite des montagnes, le rhinocéros mâle était parti. Le sanglier sauvage était mort, il avait fallu douze balles. Et Rolf Lord Pomeroy, le marquis de Denton — l'amour de Cécilia — était mort lui aussi. Cécilia, la courageuse Cécilia, se retrouvait veuve. L'été dernier, soudain au Kenya, un jour, au crépuscule… Et ce soir, en se rappelant, elle pleurait de nouveau. La main de sa mère légèrement posée sur son avant-bras.

— Chérie, chérie ! Rolf m'a dit cela un jour, je ne l'oublierai jamais. Il a dit que tu changerais le monde.

« Oui, songea Cécilia. Ma mère a sa manière, une manière toute particulière. Je l'ai toujours admirée, elle m'a toujours méprisée. Et encore aujourd'hui, alors que je me croyais libre de son charme, quand je croyais que j'étais assez vieille, assez grande pour ne dépendre que de moi, voilà qu'elle m'humilie de nouveau. Je me sens *indigne* d'elle... Je dois *vaincre* ce ridicule sentiment. »

Cécilia sécha ses larmes.

— Il y avait un homme au Kenya..., dit-elle.

Mais Cécilia ne voulait pas en parler à sa mère, et pourtant quelqu'un devait entendre cette confidence. Elle n'était pas assez proche d'Audrey Lockholm et de Tory VanVoorst. Cécilia et Audrey s'étaient mariées le même été, Tory celui d'avant, 1894, mais alors Cécilia avait voyagé pour l'Angleterre, pour Denton... Pour la petite ferme de Denton. Et parfois elle se rendait à New York et à Newport, elle voyait Audrey et Tory, bonnes amies à présent. Cécilia était toujours la visiteuse, la voyageuse. Et Cécilia possédait une fortune personnelle, ce qui la démarquait des autres. Pensez, une des femmes les plus riches du monde ! La fortune de Percival Peerce égalait celle des Astor et il l'avait léguée presque en totalité à sa seule fille. Sa veuve, Dove, avait assez en partage : vingt millions de dollars c'était plus qu'assez pour quiconque ; et Rolf, ce Rolf riche de sa seule terre, Rolf qui avait un titre, *ce cher* Rolf n'avait pas eu à dire un mot.

Aussi, à présent, Cécilia était-elle la moins à l'aise avec le petit groupe, mais peu lui importait.

— Il y avait un homme au Kenya, Dove. Il appartenait à notre groupe, introduit par les Windsor, je pense. Son nom était Stanley Lord. Il n'était pas tout à fait de notre classe...

— Oh, regarde, Cécilia, voilà Benny Guggenheim, accueilli par les Strauss... Tu les connais ?

— Pas M. Guggenheim. J'ai rencontré Isidor et Ida une fois à Rome. Ils étaient très gentils, mais Ida est timide avec des gens comme nous, et pas chic pour un sou, vous ne l'aimeriez pas. Elle vit pour son mari.

Les riches juifs ne se mêlaient pas au reste des passagers. « Plutôt dommage », pensait Dove. Des différences apportaient du piquant aux réunions, et certains des hommes juifs étaient si brillants intellectuellement. Et il y avait des rumeurs pour dire qu'ils étaient de vrais *célibataires* au lit !

— Oh, je suis désolée, ma chérie, je t'ai de nouveau interrompue. Je viens juste de penser... M. Guggenheim est seul à bord, sauf pour son serviteur.

— Je ne peux t'expliquer pourquoi, Dove, dit Cécilia avec un soupir de lassitude.

Dove Peerce portait du mauve ce soir. La robe s'ouvrait à mi-mollet, froufroutait sur le mollet. Sa chevelure faisait comme un halo autour de son visage, et elle portait des diamants aux oreilles ainsi qu'un bracelet de cinq rangées de diamants à son poignet. Son renard glissa d'une épaule.

— Tu es très belle, lui dit sa fille.

— C'est plus facile de nuit, à mon âge, ma chérie, d'être belle. Rappelle-toi cela quand viendra ton tour. Après que la nuit est tombée, dans la pénombre, nous, les beautés plus âgées, pouvons encore vous en remontrer.

Intelligente mère, époustouflante mère. Le père de Cécilia avait l'habitude de dire que Dove avait la perfection de ses quatre lettres : « dove », la colombe, en anglais.

Et puis il y avait eu la petite Cécilia aux grosses cuisses et aux taches de rousseur, assise dans un trop grand fauteuil dans la chambre de sa mère tandis que Dove se regardait dans le miroir et frémissait à la vue de sa fille.

— C'est ton tour maintenant, je ne t'interromprai pas, à moins que le bateau coule.

— Oh, dit-elle, prête à abandonner son histoire.

— S'il te plaît, Cécilia, je me suis excusée.

— Oui. Je veux te dire ; mais c'est difficile à exprimer, dit sa fille.

— Un homme, répondant au nom de Lord, avec vous pour le safari... avec vous et Rolf.

Elle avait dit son nom si doucement. Cécilia apprécia.

— C'est un commandant de navire, des bateaux qui font du fret, des allers et venues entre l'Angleterre et les Etats-Unis. Pas de notre classe, vous savez, mais il était au safari avec nous autres. Et il me poursuivait de ses avances. Je n'étais, bien sûr, pas intéressée, folle de Rolf comme toujours. Mais cet homme disait qu'il était tombé éperdument amoureux de moi et ne pouvait s'empêcher de me faire la cour avec passion, et que je devais lui pardonner, c'était sûrement maladif, une maladie qu'il n'accueillait pas mieux que moi.

— Ma chérie, comme c'est romantique, dit Dove qui aurait été enchantée d'une telle situation.

Dove aimait tant qu'on la courtise.

— Non. Non, ce n'était pas romantique, c'était affreux. Plus encore après, après ce qui est arrivé...

La voix de Cécilia n'était plus qu'un murmure. Dove était calme. Elle attendait, mais Cécilia restait silencieuse, se tordant sur sa chaise.

— Allez, Cécilia, un effort, débarrasse-t'en. Je ne te jugerai pas.

« Comme la nuit est belle, pensa stupidement Cécilia. *Le Titanic* est une planète par lui-même, grand, noir et étincelant de lumière d'argent, du mât à la ligne de flottaison, de l'étrave à la proue. » Puis elle ajouta doucement à voix haute :

— Oh non, ce n'était rien de semblable.

— Vraiment ? Et si cela était ? dit Dove qui était rusée et sage.

— J'étais bouleversée. Vous l'auriez été, aussi. C'était si soudain, la mort de Rolf, si brutal et sauvage.

— Bien sûr, chérie, bien sûr. Mon Dieu, aucun d'entre nous n'a encore surmonté le choc.

— Cet homme, Lord, est venu à mon secours immédiatement, après la tragédie. Il a été galant et patient, et il m'a aidée, Dove, il m'a vraiment aidée.

— Bien sûr, bien sûr. C'était un brave homme, il a fait ce qu'il a pu.

— Oh, *mère* !

Voilà que ce mot lui avait échappé ! Mais Dove ne réagit d'aucune manière, et Cécilia Lady Pomeroy continua. Si elle s'arrêtait maintenant elle n'en aurait jamais fini, cela reviendrait pendant des années, dans des cauchemars, et elle voulait en être libérée.

— Avec le corps déchiqueté de Rolf enveloppé dans du tissu local, à l'intérieur de ma tente.

Un flot de larmes la submergea, et elle ressentait encore une boule de douleur nouer sa gorge et son estomac.

— Oh, Cécilia, Cécilia...

— Je... je...

— Ne dis rien si tu ne peux pas, chérie. Je pense que je comprends.

Dove aurait bien pris sa fille dans ses bras si elle avait su comment s'y prendre. Mais Cécilia était plus grande qu'elle, et elle n'avait pas tenu sa fille dans ses bras depuis que Cécilia était toute petite, donnée à d'autres pour s'en occuper et qu'elle fût instruite. Pas au jour de son mariage, même pas à la nouvelle de la mort de Percy.

Dove n'avait jamais aimé sa seule enfant, si franche, si têtue. Cécilia avait presque été affreuse jeune, et Dove, la belle Dove avait été honteuse. Mais depuis, sa fille était une beauté, luxuriante, avec des cheveux de feu, une déesse en satin de deuil, avec un corps de liane, une souplesse ronde et élancée à la fois.

Et Dove ne sut même pas toucher, par sympathie, la main où Cécilia avait pleuré.

— Comment peut-on comprendre quand on n'a jamais trompé son mari ? Et vous aimiez père moins que moi Rolf, je le sais. Mais j'ai laissé cet homme faire, venir à moi cette nuit-là, je l'ai laissé en avoir pour son compte. Je me suis donnée à lui comme une catin. Et c'était merveilleux, mère, *merveilleux*. Ça n'avait jamais été aussi bien avec Rolf. Voilà.

La douleur dans sa poitrine s'était enfuie, à chaque battement de son cœur. Voilà, elle l'avait avoué. La voix de sa mère devint tendre dans l'obscurité.

— Pardonne-toi quand tu pourras, ma fille, ma fière fille. Tu étais une femme libre alors, une veuve noire, si tu veux. Tu avais besoin d'être réconfortée, et c'est la façon dont un homme conforte le mieux, et la plupart d'entre eux le savent bien. Nous sommes toutes, parfois, Cécilia, des veuves noires, des mantes religieuses. C'est l'énigme de la femme. Agirons-nous en suivant la nature, ou serons-nous... respectables ? Nous, femmes, tant que nous vivons, sommes toujours un peu en danger... Et un peu dangereuses. C'est notre lot, chérie, et notre gloire. Vous avez échappé à la plupart des charges de la condition féminine, mais même vous, ma marquise, vous ne pouvez échapper à toutes.

— En ce moment, il me télégraphie, dit Cécilia, sa voix étouffée par un mouchoir. Il me télégraphie ici avec des propositions de mariage.

Elle tendit à Dove un télégramme chiffonné. Dove le déchira dans le noir de la nuit, une fois, deux fois, trois fois. Elle se leva de sa chaise et parvint au bastingage. Les petits bouts de papier, des confettis jaunes, s'échappèrent de ses doigts, flottèrent sur le bâbord du *Titanic*... Et disparurent.

— L'aimes-tu ?

Cécilia voyait sa mère comme une ombre dans la nuit.

— Je l'abhorre. J'ai télégraphié à son navire et le lui ai dit. Il est quelque part sur l'Atlantique maintenant, où nous serons demain. Il est ici avec moi sur la mer. « Je suis venu pour vous enlever du *Titanic*. Je suis venu pour vous ramener en Angleterre avec moi », écrit-il.

— Il n'y a pas d'espoir pour lui, pas une petite braise dans ton cœur pour lui, Cécilia ? Un homme qui traverse les océans, les continents pour venir auprès de toi ? Il paraît sincère dans sa passion, même s'il est abrupt et impatient.

— Qu'ai-je à faire de sa passion ? Je souhaiterais pouvoir défaire le lien qui s'est noué ce soir-là. Je souhaiterais l'avoir laissé mort en Afrique avec les hyènes pour le dévorer.

— La respectabilité s'accroche à vous comme un bronzage, n'est-ce pas ? Vous pouvez vous frotter jusqu'à l'os avec de la pulpe de citron et ne pas pouvoir vous en débarrasser complètement.

Dove revint s'asseoir, ajusta son renard.

— Il fallait que je le dise à quelqu'un. J'enrage de haine de moi, de honte de moi.

— Oh, nous ne sommes pas des anges, Cécilia. On fait le mieux qu'on peut, la plupart du temps, et la plupart du temps, on s'en arrange très bien. Oublie cette nuit, c'était de la sauvagerie, rien de plus, rien de moins. Tu étais triste et un étranger t'a caressée un moment. C'est tout ce qui s'est passé. Pas un grand péché, chérie. Tu te prends trop au sérieux. Allez, remets-toi, finis ton verre et arrange-toi les yeux !

A l'aide d'un petit compact de poudre, Cécilia s'essuya les larmes.

— Oh, regarde, voilà Tory et Burt et un autre homme. Hum, il fait sombre, mais il a l'air plutôt pas mal. Tu le connais ? Tu le vois, là, en bas ?

Cécilia se leva, resserrant frileusement son manteau en zibeline. Un trio venait à elles. Il y avait Tory, toujours si belle, plus pâle qu'elle n'était au déjeuner et tenant son ventre comme s'il s'était mis soudainement à lui peser ; un geste que Cécilia ne l'avait pas encore vue faire. Et il y avait Burton VanVoorst, facilement reconnaissable à sa démarche, rejetant les pieds de côté en avançant, un peu sur la droite, un peu sur la gauche, souriant dans son habit de soirée. Cécilia remarqua le sourire de Burty parce que le visage de Tory était tiré et fatigué. On aurait dit qu'elle avait vu un fantôme... Avec eux, se trouvait un homme large d'épaules dont la chevelure brune se soulevait au vent du large. Il avait un visage bronzé ; même par les douces lumières des coursives dans la nuit, elle pouvait voir le doré de ses joues et de son front. Il portait un costume blanc et faisait claquer une canne noire sur le pont. Ce devait être un sportif, pensa Cécilia.

— Teddy Royce, dit-il d'une voix grave.

Et il y avait de la malice dans ses yeux.

— Et vous, madame, vous êtes une reine ! Valserez-vous avec moi, ce soir ?

Hardi, il lui prit la main entre les siennes, et l'embrassa, glissant ses pouces contre ses bagues d'émeraudes. Cécilia rit, retira sa main, ne lui répondit pas.

— Descendons ensemble, voulez-vous? dit-elle à Tory et à Burt.

— Je crois que le bébé cogne. Il a fait quelque chose, il s'est retourné ou il a frappé. Que puis-je faire? demanda Tory.

— Faire? répliqua Burty. Dansez, madone. Un de ces jours, tu seras la mère d'un président.

— Idiot.

Tory tenait fermement le bras de Burty.

— Idiot? Pas du tout! J'y consacrerais ma vie. Junior sera président, je le prédis.

— Et il le croit!

— Et, madone, ne t'oublie pas. Tu es le meilleur investissement que j'aie jamais fait.

Teddy Royce offrit son bras à Dove. Elle le prit, disant avec une ombre de regret:

— Je dîne à la table du commandant, ce soir. Mais peut-être pourriez-vous prendre ma place auprès de Lady Pomeroy. J'apprécierais si vous le faisiez.

L'étranger offrit son autre bras à Cécilia. Elle le refusa, se mit à marcher derrière. « Il possède un feu étrange dans les yeux, pensait-elle. Un feu semblable au mien, semblable à celui de Rolf. Qu'il soit ou non un vrai gentleman, c'est mon type d'homme ; des façons d'aigle, habitué à chasser seul. »

A l'endroit qu'ils désertaient, des petits bouts de télégramme traînaient encore près d'un conduit de cheminée. Et au pied du grand escalier, sur le pont B, M.P.W. Fletcher, le joueur de clairon du bateau, entonnait « Le rosbif de la vieille Angleterre » dans un joyeux appel à dîner.

# 6.

Habillée simplement de noir, afin de ne pas attirer l'attention sur elle, ses cheveux blonds ramassés sous un chapeau cloche, bien serré, Audrey Lockholm errait sur le pont promenade des troisième classe, à la recherche de la femme qui était appuyée là, quelques heures plus tôt, qui avait élevé le regard sur elle en lui ordonnant de descendre... De descendre toujours plus bas.

Audrey n'était pas sûre d'elle-même, bien que le dollar qu'elle avait offert au steward ait permis que s'ouvrent rapidement les portes.

— Je cherche une vieille amie, avait-elle dit.

Et le steward, obséquieux, l'avait fait descendre par l'ascenseur et l'avait trop respectueusement saluée. Elle avait pensé qu'elle pourrait encore marcher comme dans les rues de Newport et passer inaperçue. Mais elle se rendait compte à présent, entourée par ces visages étranges et familiers que ce ne serait plus possible. Audrey lockholm, Mme John Bayard Lockholm III, n'était plus Audrey Smoke, la fille du charpentier. Elle ne l'était plus depuis longtemps. De quelque façon qu'elle s'habille, où qu'elle aille, les années d'opulence l'avaient métamorphosée. Et de nouveau, elle avait, sans qu'elle pût s'en empêcher, la pensée qu'elle était arrivée au bout de quelque chose, sans le savoir. Elle avait grimpé une colline, tourné et, oubliant de regarder derrière elle, n'avait pas su — jusqu'à maintenant — que le chemin du retour avait été détruit.

Elle frissonna et ramena sa cape autour d'elle. C'était une simple cape, un fin satin noir, cousu main, coupée pour elle, ce qu'elle avait de plus simple. Mais c'était une cape qui devait être portée sur la soie des équipages et des voitures ouvertes, une cape pour l'opéra, le théâtre et les soupers sur des pelouses qui plongeaient sur la mer. C'était une chose simple mais délicate, pas comme ces vêtements en laine rugueuse qu'on portait ici sur le pont D, de lourds manteaux qui rabattaient les épaules, des manteaux qui n'étaient jamais lavés d'une saison à l'autre parce que, lorsqu'on n'en a qu'un, il faut toujours le porter.

L'heure du dîner approchait et le pont ici, en bas, n'était pas ausssi encombré qu'Audrey avait cru. Avec nervosité, elle passa en revue les étranges visages, les visages ouverts et excités. Les femmes ici étaient plus âgées et sans maquillage, sans fard aucun. C'était une vérité crue et blessante. Les visages des hommes, souvent calmes, abritaient de lourdes tempêtes. Et l'on trouvait des enfants qui criaient et pleuraient. Qu'est-ce que cette belle dame était venue faire ici, sur le pont D ? Qu'est-ce qu'elle pouvait vouloir *ici*, cette femme brillante, aux belles bottines de cuir fin ? Etait-elle venue pour voir, pour comparer ? Par jeu.

Un homme s'arrêta devant elle, son regard insolent était à lui tout seul toutes ces questions posées. Un simple passager, son chapeau sans forme sur le front pour que les rafales de vent ne l'emportent pas. Il avait des poches sous les yeux et des rides profondes sur les joues bien qu'Audrey pût deviner qu'il devait à peu près être de son âge. Il tenait par la main des petits enfants. Deux petits enfants au menton pointu, leurs bouches salies de mauvais sucre.

— Je recherche une vieille amie, dit Audrey.

— Moi aussi. Je suis en seconde classe et vous venez évidemment des première. Mon nom est Miller. Si je peux vous aider…

— Merci, c'est très gentil. Est-ce qu'il y a une liste des passagers de troisième?

L'homme haussa les épaules.

— Je suis sûr qu'il doit y en avoir une. Nous pouvons demander au commissaire de bord.

Il regarda autour de lui comme pour le repérer.

— Coucou, dit l'enfant à la droite de l'homme, une petite fille.

Le garçon, lui, suçait son pouce et s'accrochait au pantalon de son père. C'était un large pantalon, élimé, qui faisait des poches aux genoux.

— Coucou, répondit Audrey en souriant.

Mais elle éprouva comme une crainte. Elle ne voulait pas repousser l'enfant ou la blesser, elle ne voulait pas non plus la toucher car elle n'était pas propre.

— En regardant d'en haut…, commença Audrey en montrant les étages du *Titanic*.

— Oui, dit l'homme, patient, tenant toujours les enfants par la main.

— J'ai pensé que je reconnaissais une vieille amie accoudée au bastingage. C'était à Southampton, au départ, dit Audrey.

— Pouvez-vous me dire son nom?

L'homme regardait toujours autour de lui à la recherche d'un officier. La petite fille se dégagea de ses mains et tendit ses bras vers Audrey comme si elle voulait l'embrasser.

— Vous êtes si jolie, dit l'enfant.

Et elle attendit avec quelque chose de brillant dans le regard qui effraya Audrey.

— Allons, Keely, dit l'homme.

— Quel est votre nom? demanda l'enfant.

Elle laissa tomber ses bras et se mit à gratter une croûte sur son genou. Un instant, Audrey ne sut quoi répondre. Puis elle s'inclina et mit une main, c'est-à-dire sa main gantée de noir, sur les frêles épaules de l'enfant.

— Je m'appelle Audrey. Et toi?

— Cath'rine. J'ai six ans et je veux devenir vétérinaire quand je serai grande. Vous savez ce qu'est un vétérinaire? dit-elle avec dignité, en prononçant parfaitement toutes les syllabes du mot comme si elle l'avait appris ce matin en classe de grammaire et l'avait trouvé à son goût.

— Dis-moi, dit Audrey.

— Il prend soin des animaux, dit le garçon.

Il tendit le bras et toucha la cape d'Audrey.

— Oh, touche un peu, Keely.

Il retira sa main et se cacha derrière la jambe de l'homme avec juste sa tête qui dépassait et regardait Audrey avec ses longs cils.

— Puis-je avoir un penny?

— Ça suffit comme ça, cria l'homme en le frappant.

Audrey n'avait pas apporté son sac avec elle. Elle montra ses paumes vides.

— Je n'ai pas d'argent, dit-elle. Pas ici.

— Ça ne fait rien... Vous êtes mariée ? demanda la petite fille.

Il lui manquait deux dents.

— Oui, dit Audrey en riant.

— Allez-vous-en, leur dit l'homme en remuant ses jambes comme pour s'en libérer.

Le petit garçon prit la main de la fille, serra les doigts.

— Viens...

La petite fille prit la main du garçon mais continuait à fixer Audrey.

— Maman nous a quittés, ajouta-t-elle.

Puis les enfants coururent. Ils portaient tous deux de nouvelles et robustes chaussures dont on voyait les coutures. Ils coururent sans but en décrivant des cercles grossiers vers le milieu du bateau. L'homme ne prit pas garde aux enfants.

— Je connais mon amie sous le nom de Mme Romany, dit Audrey en se tenant de nouveau droite.

Elle referma sa cape jusqu'à la base de son cou.

— Mais je ne suis pas sûre qu'elle aura embarqué sous ce nom.

Elle aperçut un steward à quelques pas.

— Excusez-moi !

Elle partit rejoindre le steward, abandonnant l'homme debout, les mains dans les poches.

— Oui, madame, que puis-je pour votre service ?

Il était jeune et fringant. Comme Audrey se demandait si elle allait oser se renseigner ou se retirer, elle vit du coin de l'œil la femme qu'elle cherchait.

Mme Romany montait l'escalier du pont E. Audrey retint sa respiration, se retourna. Oui, la femme lui faisait signe de la tête, une vieille femme avec un œil aveugle, dans un immense châle noir. Un tissu aux couleurs criardes lui servait de turban.

— J'ai trouvé qui je cherchais, dit Audrey.

Et elle s'éloigna. Elle courut suivre Mme Romany.

— Ah, ma bonne dame. Vous avez été sage de venir si vite.

Il faisait nuit. Cherbourg offrait une fête de petites lumières disséminées sur les collines. Au cœur du navire, la salle à manger du pont D répandait une chaude lumière, et bien au-dessus, là où était le monde auquel appartenait Audrey, des enfilades de lumières décoraient les haubans du *Titanic* et remplaçaient les étoiles. Audrey aurait voulu être déjà repartie, voulait être *là-haut*, avec Bay. Elle voulait être à l'aise, avec tous ses amis, au dîner, avec un bon appétit.

— Qu'est-ce que vous me voulez ? demanda Audrey. Pourquoi êtes-vous ici, sur ce navire ? Pourquoi faites-vous partie du voyage ? C'est à cause de moi ? Soyez rapide et dites-moi. J'ai mes problèmes, ils ne vous regardent pas ! Et s'il le faut, je vous écarterai.

Audrey avait peur. Elle ne voulait pas être sur le pont D, ou E ou F, ou un étage plus bas, toujours plus bas, vers l'enfer... Sa place était là-haut, près de l'orchestre qui jouait après dîner, où les femmes étaient, comme elle, habillées de soie et d'organdi. Où les enfants avaient des gouvernantes pour s'occuper d'eux et ne tendaient pas pathétiquement leurs bras vers des étrangers. Des petits bras sales et chétifs, des bras trop petits pour étreindre tout le désespoir qu'ils portaient. Des enfants qui n'ont pas ces yeux si vides et si pleins à la fois.

— Il fallait que je vienne, commença la vieille femme, se cramponnant au bastingage. Ces temps derniers, je vois mieux de l'intérieur.

Et elle ferma son œil aveugle pour *effrayer*...

— Quoi d'autre ?

— Je vous dirai, madame Bayard Lockholm. Je vous dirai tout ce que je sais, tout ce que je veux, tout ce que je vois. Je suis venue pour vous, ma petite chérie, pour vous sauver, ma bonne dame, pour sauver votre mari, pour vous, et... — mais seulement en dernier — pour sauver ma fille.

— Je ne comprends pas. Si vous courez après de l'argent, j'en ai très peu. Mon mari prend soin de moi. Et si j'en avais, je ne vous le donnerais pas.

— Il n'y a nulle part où s'asseoir ici, dit la vieille femme. Et je ne vous ferais pas l'insulte de vous inviter dans ma couchette. Aussi, venez, nous trouverons un banc, pour nous deux dans la nuit, et nous parviendrons à nous entendre.

Audrey hésita. La gitane rit dans la nuit.

— Venez, madame Lockholm. Je ne vous retiendrai pas longtemps, et vous êtes venue de si loin.

Audrey la suivit. La silhouette était à la fois étrange et vaguement familière. Il y avait longtemps de cela, mais Audrey avait déjà vu cette femme. Pas en rêve...

Sur le pont F, elles trouvèrent un banc isolé. L'air doux du soir flottait autour d'elles. Audrey retira sa cloche et une légère brise agita ses boucles. Avec Bay, elle aurait été heureuse. Elle joignit les mains sur son chapeau, joua avec un des bords. Plus haut, sur les ponts illuminés, un violon seul jouait un doux air étouffé par les moteurs du *Titanic*, de grandes machines cachées, tapies comme des bêtes hideuses, ruisselantes de graisse noire, avec d'effrayants pistons qui battaient la mesure d'une marche assourdissante sur l'océan silencieux, et qui diffusaient la lumière électrique, faisaient marcher les réfrigérateurs, les ascenseurs.

Alors même qu'Audrey s'installait, une légère vibration parcourut la vaste structure métallique du *Titanic* et lui apprit qu'il partait enfin de Cherbourg.

— Maintenant, dit la gitane, mettant en place ses vieux os, ramassant sa jupe de grosse toile bise.

— S'il vous plaît, dépêchez-vous. On m'attend là-haut, répondit Audrey.

Un des yeux de la gitane était blanc. L'autre était noir et rond et enfoncé profondément dans un nid de rides. Froid, l'œil retenait Audrey captive.

— Ça vaudra le coup que vous restiez un peu avec moi, ma petite chérie. Car des ennuis vont vous atteindre, de terribles ennuis vous cernent. Vous êtes en danger grave. Je ne mens pas.

— Comment le savez-vous, comment savez-vous ce qui appartient à Dieu seul ? Je sais que vous me voulez du mal.

— Je l'ai vu dans le cristal, madame Lockholm. J'ai vu si profond et si clair que j'ai tout abandonné et que je suis venue ici. C'est ma dernière place sur cette terre. Je suis venue ici périr… Le cristal dit de vous, ma petite chérie, que vous savez attraper un homme, mais il demande : savez-vous le perdre ?

Soudain Audrey n'avait plus peur. Cette femme était ridicule. Quel fatras d'idioties ! Elle croyait donc Audrey assez naïve, assez « petite fille » pour être si aisément terrorisée et remplir un chèque à l'adresse de qui l'effrayait ?

— Vous parlez de fatalité. Je ne peux le tolérer. Expliquez-vous immédiatement. Vous commencez à m'ennuyer.

— Enlevez votre gant, s'il vous plaît. Le gant gauche qui couvre votre anneau de mariage.

— Je ne le ferai pas.

— S'il vous plaît, s'il vous plaît, pleurnicha la femme. Soyez un peu patiente. Après tout c'est vous et l'homme que vous aimez qui serez aidés par tout ceci.

— Je suis sûre que votre démarche est intéressée, madame Romany, si c'est bien là votre nom.

Audrey retira son gant, doigt après doigt, le plia à plat dans sa cloche.

La gitane tendit une main aux doigts courts, une main étrange, gonflée au poignet, ridée et veinée de noir. Ses ongles étaient longs et jaunes, recourbés comme les becs des oiseaux égyptiens. Audrey contemplait cette main… Cette main jaune aux ongles recourbés. Elle se rappela une main semblable !

C'était il y a très, très longtemps, sur une plage publique à Newport.

Comme des griffes, tendues sur un journal... Elle se rappelait une main semblable. La gitane prit la main d'Audrey, la main fraîche et blanche et parfumée d'Audrey, la paume relevée dans sa main. Audrey frémit au toucher. Délibérément, Mme Romany tourna trois fois l'anneau d'or sur le troisième doigt d'Audrey. Elle résista à l'impulsion de retirer sa main. La vieille ferma les yeux et se balança un peu sur ses hanches.

— Ah, oui, il vous aime, madame, n'ayez aucune crainte. Et vous, il remplit votre vie.

Audrey ne dit rien. Son amour pour Bay était évident. Et le sien pour elle, elle s'en délectait. Elle n'avait pas besoin d'une voleuse de gitane. Bay, plein d'amour pour elle, attendait même en ce moment que le jour était fini, attendait là-haut, sur les ponts illuminés, pour la prendre dans ses bras, pour entremêler ses jambes aux siennes et fondre leurs corps dans un feu dévorant où ils brûleraient jusqu'à l'extase.

— Vous seriez perdue sans lui. Vous devez le sauver si vous le pouvez.

Encore une fois Audrey ne répondit pas. Mme Romany semblait hypnotisée par l'éclat de l'anneau d'Audrey.

— Ah! Ça vient... Les nuages s'accumulent. Des nuées noires s'élèvent, se rapprochent, croissent. Non, je ne me trompe pas. Elle referma brutalement son étreinte sur les doigts d'Audrey, prit appui sur le lien d'or.

— Un désastre, dit-elle à la fin, avec satisfaction. Un désastre blanc d'étoiles et de glace. Un *bris de glace*, madame.

Et Audrey restait assise, calmement, sans peur. « Quelle bêtise, pensa-t-elle. Quelle effroyable absurdité ! »

Tandis que la vieille parlait, elle se rappelait, se rappelait l'été 95 quand John Bayard Lockholm était encore un étranger, mystérieux, sur une falaise dans la nuit. Il y avait de la musique autour de lui, une belle musique derrière le mur de Whale's Turning, et à son souvenir elle eut un pincement de cœur.

— Vous tombez bas, madame... Celui que vous aimez tombe. Ça je ne peux l'empêcher.

Mme Romany laissa tomber la main d'Audrey, brisa le charme qui la retenait à l'anneau-miroir, et releva le visage.

— Je ne peux pas vous dire exactement ce que signifient ces nuages de peine et cette perte. Je ne peux pas vous dire s'ils sont symboliques ou réels. Il n'y a pas de droite ou de gauche à un cercle, l'un se fond dans l'autre.

— Je me rappelle de vous, vieille femme. Dans une cabine de plage... Vous m'avez demandé mon nom alors, mais ça n'avait aucune signification pour vous et vous m'avez dit le vôtre. Pourquoi agissez-vous ainsi ? J'ai été gentille envers vous, autant qu'il m'en souvienne. Pourquoi me voulez-vous du mal ? Je ne vous souhaitais que du bien.

Les vieilles paupières tombèrent comme un masque.

— Votre nom n'était pas Lockholm alors, ma petite chérie, et je n'avais pas perdu espoir : ma fille Daphné était encore petite. Aujourd'hui, elle a trente ans et n'est pas mariée et est malheureuse.

Les Lockholm la possèdent... Ce n'est pas pour vous faire du mal, madame, que je traverse l'océan dans de pareilles conditions sur ce bateau maudit. Car *Le Titanic* est maudit ! C'est pour aider Daphné ; le cristal m'a dit de le faire. Soyez bonne de nouveau pour moi comme vous l'avez été une fois auparavant... Et sauvez par la même occasion votre mari. Repoussez-moi, et je trouverai un autre moyen, mais vous serez veuve.

Audrey se redressa vivement, s'élança vers le bastingage et tourna son visage au loin, dans la nuit. Son sang lui battait aux tempes, courait follement dans ses veines. Elle respira profondément, contrôla sa rage... Elle entendit le clairon sonner le dîner. Il y avait peu de lumière où elles se trouvaient. En tremblant, sans être vue, elle remit son gant, se caressa les cheveux et ajusta sa cloche.

— Dites-moi à présent. Dites-moi ce que diable vous voulez, dit-elle d'un ton tranchant.

Assise, la vieille avait l'aspect d'un tas de chiffons ternes, aussi sombre que de l'eau stagnante. Son œil blanc semblait luire au fur et à mesure que la nuit s'approfondissait, luire comme une boule opaque miniature : *une boule de cristal*... L'autre œil était fixe, comme un œil de poisson, clignant rarement. Audrey voulait s'enfuir mais tint bon.

— De l'argent. Dix mille dollars. Pour les passer à Daphné ! Elle connaît l'alchimie de la beauté et veut commencer un commerce. Elle appelle ça des cosmétiques. Donnez-lui sa chance. Laissez-la devenir comme vous, quelqu'un d'important... Elle dit qu'elle fera de rares onguents, presque magiques. Ils garderont les joues fermes et fraîches au-delà des années. Elle mélangera des huiles pour teindre les lèvres cramoisies, et des acides pour éclaircir les cheveux d'une femme. C'est une boîte de Pandore que tu ouvres, je lui ai dit. Si toutes les femmes sont belles sans qu'on puisse leur résister, le monde deviendra fou. Mais Daphné veut avoir sa chance, je ne lui refuserai pas. Donnez-lui sa chance, madame Lockholm, une femme mourante vous implore...

« Comme elle est épouvantable, pensa Audrey. Pourquoi suis-je descendue ici ? »

— J'ai des filles dont il faut que je m'occupe. C'est mal de me demander de m'occuper de la vôtre.

— Ah, mais vous voyez, ma chérie, les Lockholm possèdent Daphné. La mère de Bayard Lockholm détourna l'affection de mon mari — vous le savez — et vola ainsi le père de Daphné. Oh ! ça fait longtemps qu'il a disparu, et la mère est morte à présent. Mais la dette demeure impayée. La dette est passée à vous, madame Lockholm. A votre mari et à vous. Payez, acquittez-vous, et je ferai un marché avec le diable. Je ne peux arrêter le désastre, je ne peux empêcher la chute de votre mari, mais je donnerai ma vie pour qu'il puisse vivre.

Mme Romany souleva une lame d'acier sous ses vêtements.

— Votre mari vit pour traverser cet océan et restera bien portant dans sa propre maison pour mourir à un âge avancé. Que dites-vous de cela ? *Je donnerai ma vie pour que cela arrive*... Et alors nous serons quittes, quittes une bonne fois pour toutes.

Audrey aurait couru si ses jambes l'avaient portée. Mais elle était rivée par les mots et la lame du couteau qui bondissait dans la main de la vieille. Mme Romany essayerait de rendre Audrey responsable de sa dévoyée de fille en se tuant.

— Non, non, non, non...

C'était tout ce qu'Audrey réussit à murmurer. Le bout de la lame toucha une veine au poignet de la femme.

— Dix mille dollars. C'est peu pour quelqu'un d'aussi riche que vous. Dix mille dollars pour Daphné, et pour une saison, juste une petite saison de dix semaines, ma petite chérie, donnez votre patronage à l'entreprise de Daphné... Votre patronage et celui de vos amies. Alors les Lockholm et les Diego seront quittes pour toujours. Quoi qu'il arrive après, toutes les dettes seront payées. Je le scelle avec mon propre sang, ce soir, sur ce bateau maudit.

Et Mme Romany approcha son index de la lame et montra à Audrey le sang qui coulait.

— Là, c'est fait, dit-elle.

Elle se leva, ses vieux os raidis lui arrachèrent une grimace. La nuit était encore douce et chaude. Elle agita ses haillons.

— Oui, vous avez été gentille pour moi quand vous n'étiez personne, quand c'était facile d'être gentille. Tout ce que ça vous demandait, c'était un petit moment de pause et un petit sourire à la pauvre vieille Mexicaine qui avait réussi à franchir la frontière pour prendre votre pièce dans votre cabine de bain. Oui, c'était facile d'être vertueuse, aujourd'hui, c'est plus difficile. Ça vous coûtera dix mille dollars et une saison de protection. Assez peu, en somme, pour sauver votre mari. Eh bien, je ne vous embêterai pas davantage. Envoyez-moi votre réponse ou pas...

Audrey regardait la nuit noire déchirée par des lumières sur la rive. Elle observa, fascinée, les eaux noires, grises, avec les taches jaunes que faisaient les lumières des hublots. Et le tout-puissant *Titanic*, une île par lui-même, faisait route vers Queenstown dans le comté de Cork, en Irlande.

— Je verrai ce que je pourrai faire, dit Audrey à la femme qui déjà s'en allait. Même si je ne vois pas encore en quoi ça pourrait sauver mon mari du malheur.

— Des anges tombent. Des anges tombent, chaque jour. Pourquoi ne tomberait-il pas ? dit Mme Romany en se retournant une dernière fois.

Puis elle disparut, abandonnant Audrey à son souvenir...

L'ombre, des rideaux blancs flottant doucement dans la pièce comme des anges faits pour escorter, et un nom, le nom étrange d'un homme, sur les lèvres de la mère de Bay au moment de sa mort. Crié joyeusement... Se pouvait-il que cet homme, que ce nom — cet amour perdu — ait été réellement le mari de cette pauvre gitane ?

Bay attendait dans leur suite, avec impatience. Il se demandait où elle était, où elle avait été. Elle put lire toutes ces questions dans ses yeux quand enfin, en toute hâte, elle tourna la poignée de la porte. Elle regarda dans ses yeux, dans ses yeux gris couleur d'orage, et vit sa passion. D'un geste sec qui trahit son impatience et son désir, il éteignit le cigare, à peine consumé dans un cendrier plein.

Alors, il vint la prendre dans ses bras. Et l'embrassa avec une bouche chaude et avide qui avait le parfum âcre et doux du tabac blond de ses cigares.

— Enfin, enfin, enfin, murmura-t-il.

Il la fit asseoir, sans la laisser libre de ses mouvements. Il commença à déboutonner sa robe dans le dos, à la naissance du cou, ses doigts chauds et pressants, caressants, au creux de son dos. Et pendant tout ce temps, il ne cessait de l'embrasser, doucement. Il libéra les épaules, nues et fraîches dans l'air marin aussi troublé et agité qu'ils l'étaient.

La robe glissa sur sa taille et Bay l'embrassa suavement le long du creux de son dos nu. Tremblant, il souleva sa combinaison. Il la déposa, elle, pleine d'une sève forte et douce, blanche et tremblante aussi. Il s'arc-bouta contre ses hanches rondes. Il l'embrassa de nouveau, avec un désir païen, émouvant, sur les seins, sur son ventre et à l'endroit doré entre ses cuisses... Il embrassa ses jambes comme il retirait ses bas de soie, après avoir défait ses jarretelles rouges. Puis il la retint plus fermement contre lui. Embrassa ses fesses. Elle était nue de désir.

L'océan soupirait, le navire craquait doucement et ronronnait inlassablement, couvrant les cris de plaisir, les soupirs des deux amants.

Plus tard, Audrey téléphona pour qu'on leur apporte le souper dans leur suite et se doucha avant d'enfiler ce peignoir safran qui rehaussait la couleur citronnée de ses cheveux. Elle s'était assise au bureau pendant que Bay se reposait. Elle avait trouvé son carnet de chèques, son stylo noir à large plume qui étalait une épaisse encre noire. Ça lui était arrivé d'écrire quelques chèques en tant qu'épouse de Bay Lockholm. Leur compte était conjoint, il avait fait cela dans le premier mois de leur mariage, elle n'avait pas une pension, il ne lui refusait rien. Les factures ne venaient pas à la maison, elles étaient envoyées à son avocat, Aston Forbes, qui s'en chargeait et soumettait les comptes, quatre fois dans l'année, à la lecture attentive de Bay. Et si parfois, à Manhattan, se rendant compte qu'elle n'avait pas d'argent liquide et désirant un parfum ou une épingle à chapeau, quelque chose de trop petit pour avoir à l'adresser à l'avocat, elle faisait un chèque, on n'en parlait jamais, il était toujours honoré avec un sourire.

Elle prit donc le stylo de son mari, se pencha sur le chéquier. C'était le 10 avril 1912. Elle marqua la date. Ça paraissait si solennel sur la pâle surface du chèque numéro 17011... « Dix mille dollars, c'est le bout du monde, pensa-t-elle, même pour une femme aussi riche que moi. Dix mille dollars doivent suffire à changer la face du monde... » Bien qu'ils dépensent une telle somme, chaque année, rien que pour Whale's Turning. Ça représentait une année de vêtements pour elle et pour ses filles, mais probablement un tiers ou un cinquième de ce que Tory dépensait pour elle, ou Cécilia. Et cependant, c'était dix ans de salaire pour Mme Twigg... Dix mille dollars! C'était peu payer pour un homme comme Bay, pensa Audrey. Pour le protéger. Pour le garder des pensées mauvaises et de la haine de cette femme sur le pont inférieur, et de son enfant amère et vengeresse. C'était assez peu pour éponger cette dette qui restait depuis des générations que, vraie ou pas, on devait à cette femme et sa fille. C'était assez peu, mais ce serait tout... Elle ne paierait pas plus. Audrey écrivit largement à l'encre noire, écrivit lisiblement « 10 000 dollars ». Elle l'écrivit ensuite en lettres là où la ligne était plus longue. Puis elle signa, « Audrey Lockholm » et justifia ainsi la somme : « paiement final et complet ». Enfin elle écrivit le nom des femmes. Pas Mme Romany. Pas madame ou mademoiselle. Elle écrivit « Esmeralda Diego et/ou Daphné ». Les noms brillaient comme de l'huile. Sur le talon du chèque, elle écrivit rapidement : « Investissement d'affaires, tout est payé. »

Bay bougea dans son sommeil, sur une chaise longue sur le pont ouvert. Audrey écrivit la date sur le talon ainsi que la somme et ses initiales « A.S.L. ». « Je donnerais toute ta fortune pour toi, mon chéri, pensa-t-elle, soufflant sur l'encre pour l'aider à sécher. Ce soir seul valait bien cela, et si tu le fais de nouveau... »

Il se redressait, les muscles souples, les membres forts. Il l'appelait, car quelqu'un avait frappé à la porte et il était encore nu. Audrey referma le carnet de chèques, le mit sous le journal et alla ouvrir la porte pour le dîner.

Elle était excessivement heureuse.

# 7.

Dans la grande salle à manger, à une table pour quatre avec Mme Twigg et Swan et une chaise vide, Smoke Lockholm, beaucoup moins heureuse que sa mère, mangeait avec une voracité étrange. Elle enfourchait ses morceaux de canard, les trempait dans la compote de pommes vertes, et avalait sans presque mâcher, en repiquant aussitôt. Sa fourchette cliquetait sur son assiette en porcelaine. Elle ne souriait pas ni ne conversait.

Mme Twigg, bien sûr, l'avait grondée. Mme Twigg était en pleine forme, ce soir, pour réprimander les jumelles. Depuis leur conduite sur le bateau jusqu'à l'étiquette de la table, et leur attitude irresponsable en général, Mme Twigg était éloquente, intarissable et terrible d'ennui. Smoke avait écouté un discours sans fin sur son non-respect des convenances depuis qu'elle avait été découverte, par Mme Twigg, sur le pont. Swan était déjà prisonnière quand on découvrit Smoke, retenue par Mme Twigg par la main.

Puis les jumelles s'étaient habillées pour dîner sous l'orage des ultimatums de la gouvernante.

Elles avaient soupiré, feignant de regretter ; elles avaient digéré leur blâme en silence. Chaque jumelle, quand on leur avait demandé des explications, avait menti. Ou plutôt, Smoke avait menti et Swan l'avait appuyée. Elles avaient été explorer les ponts inférieurs, avait dit Smoke. Par intérêt pour la navigation, elles étaient descendues dans les cales du *Titanic*. Dans la chambre des machines, elles avaient vu les compartiments étanches qui — coup de génie — faisaient du *Titanic* le bateau le plus sûr qui soit à la mer. Elles s'étaient présentées aux chauffeurs. Mme Twigg était outragée. Mais elle avait tout cru, et c'était là l'essentiel. Ça tirait Swan du mauvais pas où aurait pu la mettre Danny Bowen. Car bien que Mme Twigg sache que Swan avait un ami de plume anglais, elle ne savait pas, même si elle les menaçait de sa grosse voix de les enfermer dans leur cabine si elles ne se comportaient pas mieux, que l'ami de plume de Swan était employé sur *Le Titanic* comme troisième violon ; que Danny Bowen, qui avait mis les mains sur la poitrine vierge de Swan et l'avait embrassée à travers le tissu de velours, était en ce moment en train de jouer dans le salon au-dessus, de jouer une belle sélection des *Contes d'Hoffmann*.

C'était la raison pour laquelle Swan gardait un sourire insipide à la bouche, un air satisfait, tout en jouant avec ses petits pois et ses carottes. Le manque d'intérêt de Swan pour les remontrances de Mme Twigg rendait Smoke encore plus en colère, parce qu'elle seule, à présent, recevait le plus fort de l'attaque de Mme Twigg. Mme Twigg pensait avoir vaincu Swan Lockholm et aiguillonnait la *difficile* jumelle. L'insupportable Mme Twigg tapotait la table de l'index en toussant, une de ses habitudes de vieille fille.

— Nous verrons bien ce qui arrivera, si vous n'obéissez pas *à la lettre*, mes filles. Ne vous préoccupez que de ce que je dis. Je sais que vous avez un anniversaire en vue et — j'en ai discuté avec votre mère, mes chéries — *il n'y aura pas de fête d'anniversaire* à moins que je donne le feu vert. Et je vous promets, Smoke Wysong et Swan Joséphine Lockholm, bien que vous soyez des jeunes femmes privilégiées, que si vous ne vous comportez pas en *dames* jusqu'à dimanche, il n'y aura pas de fête.

Smoke souriait d'un air narquois comme pour une rébellion silencieuse, mais Swan ne se joignit pas à elle. Swan rêvassait, les yeux baissés, une main sur le sein que Danny Bowen avait caressé. Mme Twigg adorait les yeux baissés. Elle les prenait pour un acte de capitulation. Smoke bouillait de frustration et de jalousie. « Oui, pensa-t-elle, je suis jalouse et plus que cela... »

— Ainsi, si vous ne tenez pas à votre réputation, vous, petites impertinentes, moi j'y tiens. C'est mon travail que d'y tenir. On me paye pour cela. Et vous y tiendrez aussi. Oh, oui, vous y tiendrez, quand le temps viendra. Vous serez payées de retour et alors..., vous serez désolées...

Cette dernière remarque fut annoncée pompeusement, comme Nostradamus prédisant la fin du monde, pensa Smoke. Elle donna du genou à Swan sous la table, mais sa jumelle était perdue dans ses rêves, penchée sur son assiette où elle dessinait les initiales D.B. dans ses petits pois.

— Imaginez, le toupet d'aller se promener sur les ponts inférieurs sans escorte, sans prévenir personne, sans permission. Mettre votre nez où vous n'appartenez pas — *n'appartenez pas*, dis-je —, et vous écrirez cela ce soir, après l'orchestre : « Je n'appartiens pas aux ponts inférieurs. » Une centaine de fois chacune, et pas de mauvaise écriture ou vous le recommencerez une centaine de fois supplémentaires pour chaque ligne bâclée. Oh, oui, mes petits poussins, vous en avez assez fait !

Et Mme Twigg continuait, frémissante d'une indignation ridicule dans son chemisier de crêpe bleu, avec un bon et sage rang de perles, et tout en finissant son canard. Un peu de sauce sur les commissures des lèvres. Mais Smoke pouvait supporter Mme Twigg. On pouvait lui mentir, et être plus malin qu'elle, ce qui n'était pas sorcier ! Et la « sentence » serait réduite. Le seul défaut de Mme Twigg comme gouvernante — et peut-être comme *femme* — était d'être un peu suffisante. Smoke s'en était tirée par le mensonge, en prétendant être dans la chambre des machines parce que... Ça suffisait comme ça. Swan s'en était tirée par un mensonge également. En taisant la paillasse de Danny Bowen, ses mains sur ses seins... Ces longs doigts fins, parfaits pour tenir un archet et l'incliner doucement sur des cordes tendues. Des mains pour jouer de la musique et faire l'amour... Ces mains avaient tenu les seins de Swan, cet après-midi. On avait manqué le thé à cause de cela ! Et Swan avait simplement souri. Détestable Swan qui souriait encore, mangeant du bout des lèvres ses petits pois, effaçant les initiales qu'elle y avait tracées.

Smoke sentait encore les mains larges et fortes autour de sa taille, la tirant en arrière. Il y avait tant de plaisir dans sa douleur. Il faudrait qu'elle fasse quelque chose, quelque chose de terrible. Elle ne pouvait pas, ne devait pas tomber amoureuse de Danny Bowen. Il appartenait à cette bécasse de Swan... Smoke commanda une pêche melba.

— Vous deviendrez grosse, Smoke. Vous causerez moins d'ennuis car vous serez plus facile à rattraper alors. Un éclair chocolat pour moi, garçon, un espresso et un cognac. Swan ? demanda Mme Twigg.

— Juste une limonade pour moi, madame Twigg, dit Swan.

Elle regarda Smoke dont les yeux turquoise se noyaient de larmes.

— Oh ! Ne pleure pas, Smoke. Il ne faut pas croire Mme Twigg ; nous aurons notre fête d'anniversaire.

Mme Twigg avait rarement vu Smoke pleurer. Femme au bon cœur, elle fut immédiatement désolée, se fit tout de suite plus tendre.

— Aurais-je été trop dure avec toi, ma chérie ? Je suis navrée. Bien sûr, vous aurez votre fête et ce sera une merveilleuse fête. Mais vous êtes des femmes Lockholm, mes chéries, et vous devez vous conduire en conséquence.

Smoke tendit la main et toucha la main de Mme Twigg, caressa ses phalanges.

— C'est la musique, Mme Twigg, dit-elle en reniflant, ce n'est pas vous. Vous êtes merveilleuse, la seule mère que nous ayons... C'est le violon, Mme Twigg, si délicieusement triste.

— Mais ils jouent une valse, Smoke Wysong. « Songe d'automne ». C'est enjoué et gai.

— Oh non, dit Swan comprenant soudain à la façon dont les jumelles se comprenaient toujours. Oh non, Smoke tu ne peux pas ! Je ne te laisserai pas faire.

— Qu'est-ce que je ne peux pas faire ? Je ne peux pas pleurer si j'en ai envie ? Excusez-moi !

Et d'un bond elle avait quitté sa chaise et s'était enfuie à travers la pièce à toute vitesse, remarquant au passage des amies de sa mère, à une table proche, qui avaient observé son manège et se demandaient ce qu'il en était. Mais sa mère, bien sûr, n'était pas là ; sa mère n'était jamais là quand on avait besoin d'elle. Elle était encore vautrée avec son père ! Trop d'amour, c'était dégoûtant... Ils n'avaient pas de temps à consacrer à leurs enfants.

La cabine des jumelles était sur le pont B, avant la salle à manger. Smoke marchait vite. Elle connaissait déjà son chemin. Un tournant sur la coursive, et elle était seule. Un autre tournant, le hall moquetté de rouge. Encore un, et elle serait à l'abri, cachée, elle pourrait penser.

Ce fut comme une apparition.

Devant sa cabine, il attendait, immobile, pendant sa pause de musicien, probablement. Ses lèvres esquissèrent un sourire de bienvenue secret. Il tendit les bras vers elle. Il portait un costume sombre. Avec ses cheveux blond pâle et fins, il était élégant, et n'avait pas du tout l'air d'un paysan. Près de lui, comme un lévrier bien dressé, la boîte noire du violon reposait, près de sa jambe, et comme l'épée d'un galant homme, le crin de l'archet était long et blanc. Elle aurait aimé qu'il joue de son archet sur elle, sur son corps nu. Elle aurait voulu s'arquer et se tendre sous ses doigts fins...

La jeune fille crut que *Le Titanic* vacillait, que le monde entier chancelait pour la première fois. Elle se retint de tituber et marcha, posément, droit devant lui.

« Oh, comment l'apprendraient-ils à Swan? »

Elle se laissa glisser silencieusement dans ses bras. Les manches de sa veste lui parurent rêches. De la serge bon marché! Aucune importance, aucune importance... Ses yeux, de si près, étaient doux et sombres. Ses cheveux bouclaient sur les oreilles. Les traits de son visage trahissaient une droiture exemplaire. Ses bras étaient forts et la soutenaient. Elle leva sa bouche et le jeune musicien l'embrassa, elle qui n'avait jamais été embrassée. Ce fut une sensation d'une étrange douceur. Son souffle était chaud, agréable. Elle ferma les yeux.

« Oh! Comment lui raconteraient-ils? »

— *Swan*, dit-il dans un souffle, *Swan*.

Smoke se raidit. Elle avait pensé le tromper plus longtemps, assez longtemps pour semer la confusion dans son cœur. « Oh, non, ça ne peut pas finir. »

Il s'écartait.

— Pourquoi, petite peste? Pourquoi?

Il recula d'un pas comme s'il était trop proche, comme s'il voulait fixer son visage jusqu'à ce qu'il voie la *différence* entre elle et sa jumelle afin que pour toujours il puisse distinguer Swan de Smoke.

— Tu l'as fait exprès, n'est-ce pas? Tu veux tout gâcher?

Ses joues, hâlées du travail dans le jardin de sa mère, rougirent. Ses yeux sombres s'aiguisèrent. Sa bouche, auparavant si ouverte, si chaude, si prévenante, était désormais fermée et dure.

— Je vois ce que tu as en tête. Tu veux être la seule à reconnaître Swan. Eh bien, tu ne m'auras pas de nouveau. Je l'étudierai, je l'apprendrai. Il y a une différence entre vous, je peux bien le voir maintenant.

Il prit son violon et l'archet sous ses bras, et partit à grandes enjambées. Submergée, Smoke se laissa glisser contre le mur. Les mains sur la bouche. Elle le regarda s'éloigner. Ses genoux étaient faibles, ses jambes tremblaient. Cela faisait si mal ! Rien n'avait jamais autant fait mal. Il devait exister des sensations qui n'étaient pas supportables, qui détruisaient une partie de vous-même... Elle pouvait deviner que quelque chose, en elle, s'étiolait, qui, dans ses bras, avait bondi si haut, quelque chose d'à peine né, d'à peine déployé... Elle savait, bien entendu. Elle savait qu'elle s'était fait prendre pour Swan. « Laisse-le t'embrasser une fois, lui avait murmuré une voix intérieure, et il t'aimera pour toujours. Il oubliera Swan dans ton baiser de femme. »

Mais ça n'avait pas marché. Il avait tout deviné. Et rien ne serait aussi douloureux, aussi abjectement humiliant que cela. Et cependant... N'avait-il pas su *avant* qu'ils s'embrassent ? N'avait-elle pas — à présent qu'elle y pensait douloureusement, qu'elle se rejouait la scène — n'avait-elle pas cru déceler une *reconnaissance* dans ses yeux, juste avant que sa bouche ne se referme sur la sienne ?

*Est-ce que par hasard Danny Bowen ne faisait pas lui aussi une expérience?*

Les doigts de Smoke jouaient avec sa clef dans la poche. Elle n'avait plus la force de rentrer, seule. A l'intérieur de la cabine, elle pleurerait. Il faudrait qu'elle pense et fasse quelque chose de définitif et d'irrévocable.

Tout ce qu'elle se sentait capable de faire, c'était de porter à ses lèvres douloureuses la clef afin que la froideur de l'acier calme son cœur brûlant. Elle était de nouveau debout quand Tory VanVoorst se montra, au bout du hall. Tory portait ce soir une robe de satin noir, sa peau couleur caramel ressemblait à la patine d'une pièce de monnaie espagnole. Ses épaules étaient nues, de grands nœuds noirs en guise de manches. Sa chevelure ébène dansait sur son visage. Diamants et saphirs scintillaient à sa gorge. « Ce soir, elle est si belle que toutes les femmes doivent désespérer d'elles-mêmes, pensa Smoke. Et moi la première! »

La robe de Tory bruissait.

— Excuse-moi de ne pas m'arrêter, Smoke. Mais je suis malade. Le mal de mer et l'enfant, excuse-moi encore..., dit-elle en passant.

Smoke regarda dans le vide, incapable de parler. Les mots n'étaient pas revenus à ses lèvres sèches. Ce soir, pour la première fois, elle enviait Tory, son charme, son élégance, sa vie parfaite et sans problème. Tory savait comment être une femme. Elle était aimée d'un homme qui encourageait ses dépenses — un manoir, un bijou, un bateau de course... Il lui suffisait d'ouvrir sa belle bouche et Burty exauçait les plaisirs de son amour. Et Smoke n'avait pas encore seize ans, sa vie était sens dessus dessous. Tous ses rêves s'étaient dissipés en un seul instant de duperie, parce que son insensée de sœur avait joué à la courtisane et encouragé un garçon dont elle ne pensait rien, pour qui elle n'éprouvait rien, qu'elle utilisait pour son propre amusement, sa propre ambition... Et Smoke, Smoke au cœur énergique, qui ricanait à l'amour et voulait seulement de l'aventure et de la gloire, elle venait de perdre son cœur pour ce garçon et il la repoussait. « Ce n'était qu'amour de chiots, pensa-t-elle. C'est simplement la jalousie ou l'ennui. Mais comment fait-on pour arrêter son cœur de faire si mal? »

Elle parvint à introduire la clef dans la serrure, et pénétra à l'intérieur. Une chambre aux panneaux de chêne avec deux merveilleux lits en bois de chêne. Elle se rendit dans la salle de bains et fouilla dans son sac de toilette.

Elle prit une paire de ciseaux, regardant droit devant elle, dans le miroir. Qui était-elle?

Elle leur montrerait... Elle se le prouverait. Danny Bowen ne confondra jamais plus Smoke Lockholm avec sa sœur! Le regard froid, *froid comme la boule de cristal d'une gitane*, Smoke leva les ciseaux, ouvrit grand les branches et commença à couper la chute de ses cheveux blonds.

Swan avait promis à Danny Bowen de le rencontrer sur le pont après qu'elle eut dit bonsoir, mais ce serait plus tard que prévu à cause de ces lignes stupides qu'elles avaient à écrire pour Mme Twigg, et il fallait apaiser Mme Twigg. Elle devait rester assise dans le salon et écouter la musique. « Eh bien, d'accord, pensa-t-elle, mon tour viendra. »

Sa mère et son père n'avaient pas dîné en public, au moins n'avait-elle pas de souci à se faire pour eux. Ils étaient, comme souvent les amoureux, cloîtrés ensemble. Swan prendrait une autre limonade, écouterait la musique, et puis feindrait la fatigue et s'échapperait. Danny ne jouait pas. Il était probablement sur le pont dès maintenant et l'attendait : cette pensée lui plaisait. « Laissons-le attendre jusqu'à ce que je sois prête, pensa-t-elle. Laissons-le attendre, m'attendre pour chaque seconde qui passe, laissons sa passion enfler et être insatisfaite. Puis enfin, j'apparaîtrai après que j'aurai fini mes lignes pour Mme Twigg. Je viendrai à lui, avec ma fine dentelle sous mon manteau. Je le laisserai me deviner dans l'obscurité. Je le rendrai fou. Comme c'est chouette que Smoke soit jalouse comme un crapaud ! Chère Smoke ! Elle ne sera jamais aussi fine que moi. J'aurai toujours plus d'admirateurs qu'elle, et elle ne saura jamais, jamais pourquoi ! »

Quand l'orchestre eut fini un air du *Barbier de Séville*, Danny entra et prit place sur l'estrade. Son compagnon de cabine, Jock Hume, se retira. Swan s'écrasa sur son sofa afin qu'il ne puisse la voir. Les cheveux en bataille, les joues rouges. Il l'avait cherchée, juste comme elle l'avait espéré.

— Madame Twigg ? dit Swan langoureusement en jouant avec sa paille.

— Oui, ma chérie, dit Mme Twigg comme soulagée par son solide repas et la musique.

— Il y a un homme qui s'avance vers vous. Je pense qu'il va vous demander de danser.

Mme Twigg suivit le regard de Swan. Oui, il y avait bien un homme et elle l'avait déjà remarqué. C'était le colonel Archibald Gracie. Elle l'avait entendu se présenter à Cécilia Lady Pomeroy, plus tôt dans la journée. C'était un célibataire. Veuf, sans doute. Mme Twigg l'avait observé ; elle le suspectait d'être un peu coureur. Mais il était assez bel homme et savait reconnaître les qualités d'une femme puisque, en effet, il s'approchait d'elle. Il s'inclina. L'orchestre entamait une nouvelle valse.

— Aurai-je le plaisir de cette danse ? demanda-t-il.

Il portait une longue moustache blanche et avait les joues plates et grises. Mme Twigg battit des cils et se demandait si elle oserait.

— Oh, allez-y, madame Twigg ! Je dois écrire ces cent lignes que vous nous avez données à faire et j'irai voir où en est Smoke, dit Swan, saisissant l'occasion.

— Je vous rejoindrai alors, juste après une danse, répondit Mme Twigg.

Elle songeait : « C'est le décolleté qui les accroche ! Ça marche à tous les coups. »

Et Mme Twigg s'évada dans les mains manucurées du colonel Gracie.

Swan perdit de vue Danny en observant tous les couples qui dansaient. Le commandant Smith glissait, avec Dove Peerce audacieusement lovée dans ses bras. Et Cécilia Lady Pomeroy dansait, aussi, raide dans les bras d'un gentleman du Sud. Burty VanVoorst, le mari de Tory, dansait une valse obligée avec Madeline, la nouvelle Mme Astor, tandis que Jack Astor était assis, jambes croisées, et caressait les oreilles de son chiot airedale.

C'était une très belle pièce que le salon des première du *Titanic*, large, en fer à cheval, et haute de plafond, décorée de panneaux de chêne, de vert et d'or. Et de belles personnes étaient là... Mais Swan souhaitait se retrouver seule avec Danny dans sa chambre, se balançant au gré d'un orchestre fantôme. Après plusieurs tours, elle s'étendrait sur une chaise longue tandis que lui, à genoux, la déshabillerait et rendrait hommage à sa beauté.

C'était décidé. Elle s'esquiva et se rendit à la B-41, en songeant à quel point *Le Titanic* était confortable, à quel point il ressemblait à un hôtel de la Cinquième Avenue à New York. C'était merveilleux d'avoir presque seize ans et d'avoir un flirt et de traverser l'océan, se félicitait-elle. « Comme c'est dommage que Smoke ne comprenne rien à l'amour ! Smoke est une telle nigaude. »

Elle tourna la poignée de leur porte et entra. La lumière tombait sur le lit de Smoke, elle faisait briller la chevelure de miel de Smoke, coupée très court au-dessus des épaules.

Ce n'était pas possible, bien sûr. Smoke ne pouvait être assise calmement dans son lit, écrivant : « Je n'appartiens pas aux ponts inférieurs », comme cela, comme si tout était pour le mieux. *Scalpée* ! C'était une plaisanterie... Smoke essayait de l'effrayer. C'était un jeu.

— Smoke, sors du lit et regarde-moi. Qu'as-tu fait ?

— Je ne veux plus te ressembler, Swan. Je ne veux pas que ton idiot d'ami, ce paysan, nous confonde. Il m'a embrassée dans le hall, dehors, il y a moins d'une heure, pensant que j'étais toi, avant que je n'aie pu l'arrêter. On ne peut pas se permettre cela, n'est-ce pas ? C'était horrible aussi. Il m'a glissé sa langue dans la bouche, dit Smoke calmement.

— Nom d'un chien !

Swan tira sa sœur hors du lit qui se laissa faire.

— Je m'aime bien comme cela, je n'aurai plus à me préoccuper de mes cheveux. Et nous serons des personnes à part entière désormais, on ne nous prendra plus l'une pour l'autre. Qu'en penses-tu ?

Swan tomba sur son lit en riant.

— Je les aime comme ça aussi ! Je pense que ça fait chic ! Ça rend tes traits plus fins et tu as l'air... parfaite.

— Eh bien, je t'interdis de m'imiter ! Ça réduirait à néant mes efforts pour nous différencier, dit Smoke.

— Non je ne peux pas. Au moins, jusqu'à ce qu'on ait fait escale. Mais c'est très seyant. Tu es élégante et tellement plus moderne.

Smoke se regarda dans un miroir au cadre doré.

— Oui, à présent, tu es la plus jolie mais je fais plus soignée. Mme Twigg va en mourir, je parie. Et de cette façon, quand je voyagerai sur mon bateau, je n'aurai pas de cheveux dans les yeux.

— Tu as l'air d'un charmant garçon, ce que tu as toujours voulu être... Qu'est-ce que mère en dira ?

— Mère ne remarquera sans doute même pas, dit Smoke en grimpant de nouveau dans son lit.

Swan enleva sa jupe.

— Où en es-tu de ta punition ?

— Soixante-douze lignes.

— Qu'est-ce que tu prendras pour finir les miennes? J'ai un rendez-vous avec Danny sur le pont.

Swan avait retiré son chemisier, ses chaussures et ses bas.

— Je les ferai pour rien, Swan. Parce que j'ai embrassé ton ami. Pour me racheter.

— Je ne t'en veux pas. Je pense à Danny comme à un premier amour — pour apprendre. Une fois que je serai instruite, je te le repasserai, si on a le temps.

Swan était dans son bain, l'eau coulait dans la baignoire. Elle ne vit pas Smoke trembler à l'idée d'avoir Danny à son tour. Et Smoke ne répliqua pas à sa jumelle. Elle était allongée sur ses oreillers bien rembourrés et écrivait pour la soixante-treizième fois: « Je n'appartiens pas aux ponts inférieurs. »

Quand Mme Twigg s'arrêta pour leur souhaiter le bonsoir, la lumière des jumelles était éteinte. Swan était dans une chemise de nuit abricot, coupée court au genou, jouant à l'endormie. Smoke avait fini ses lignes et celles de Swan et s'était étendue, aux aguets, avec une serviette nouée autour de sa tête. Comme la vie devenait compliquée, plus on vieillissait! Bientôt, la vie allait devenir trop compliquée pour s'en sortir...

Si les cheveux repoussaient, les cœurs brisés, eux, pouvaient-ils guérir? Une fois que les cœurs étaient déchirés, on pouvait peut-être les raccommoder. Et, parfois, ne fallait-il affamer les cœurs afin qu'ils se recroquevillent et puissent se glisser, la nuit, à travers les barreaux de leur cage? Comme Swan allait le faire dès que Mme Twigg aurait tourné les talons. Mme Twigg qui se tenait dans la demi-lumière du hall, scrutant l'obscurité de leur chambre.

— Etes-vous endormies, les filles?

Comme elle ne recevait pas de réponse, elle alluma d'un coup sec.

— Sortez du lit, toutes les deux!

— Maintenant? Mais je dormais presque, dit Swan.

— Hum! répondit Mme Twigg.

Smoke allait être découverte. Elle aurait souhaité pouvoir pleurer à la demande comme savait le faire Swan.

— Nous ne faisons rien de mal, madame Twigg, supplia sa sœur. Et nous avons fait nos lignes. Là, sur la commode.

Mme Twigg tourna son attention sur Smoke.

— Et vous, ma jeune dame, dehors? Voyons un peu ce que vous portez. Qu'est-ce que c'est que ce torchon sur la tête?

Smoke s'assit droite dans son lit.

— O.K. Twigg, tu l'auras voulu!

Et elle retira la serviette.

— Voilà. Et s'il vous plaît, ne criez pas, je m'aime bien ainsi.

Mme Twigg fixa les cheveux, ne dit rien. Elle tourna les talons et disparut.

— Elle est partie chercher mère, dit Swan.

— Oui, et peut-être père aussi, dit Smoke.

— Danny m'attend.

— Eh bien, il attendra, voilà tout.

— Oui. Je vais le laisser m'embrasser et m'embrasser toujours et partout.

— Tu détesteras cela.

— Non, pas du tout. Les hommes veulent que tu aimes ce qu'ils te font, tu sais. Ça les rend comme des chevaux sauvages quand on aime ça.

— Je me moque bien de ce que veulent les hommes. Je sais ce que je veux, moi, une vie pour moi.

— Chère Smoke, je t'admire beaucoup. Mais tu n'es qu'une bécasse.

— C'est exactement ce que je pense de toi aussi.

Elles ricanèrent avec une complicité presque nouvelle. Swan monta sur le lit de sa jumelle.

— Je serai près de toi, Smoke. Nous ferons face ensemble.

Audrey apparut, sa chevelure dorée défaite par le sommeil. Son visage était magnifique — comme leurs visages finiraient un jour par lui ressembler. C'était un visage frais, qui avait reçu l'air marin de Newport. Dans sa mince robe de chambre, elle paraissait aussi jeune qu'elles, et plus jolie. Dans ses chaussons plats, elle avait l'air plus délicate qu'elles... Et leur père paraissait plus grand, plus masculin, avec sa barbe visible sur son visage, torse nu sous sa robe de chambre de soie verte. Il avait passé un bras protecteur sur les épaules de leur mère, comme s'il voulait la protéger d'elles.

— Oh, Smoke! s'écria Audrey.

Elle s'approcha du lit où les filles se blottissaient, s'assit près d'elles et se demanda que faire, que dire.

— Oh, chérie ! Es-tu donc si malheureuse ?

Et puis, elle tendit les bras et prit Smoke contre elle, lui caressa ses cheveux coupés et l'embrassa.

— Mère, il fallait que je le fasse, dit Smoke.

Sa mère sentait le jasmin et la rose. Audrey retint le visage de sa fille.

— Pourquoi, mon ange ?

— Parce qu'il est temps que je ne ressemble à personne d'autre qu'à moi-même. Nous allons avoir seize ans, mère. Nous devons nous différencier.

Swan approuva et se poussa vers sa mère afin d'être cajolée à son tour.

— Après tout... Tu as raison. Ça te va bien, d'ailleurs.

Bay, les mains dans les poches, tirant sur son cigare, intervint.

— Je ne vois pas de quoi faire des histoires, en effet. Céleste changeait toujours sa coiffure. Elle le fait peut-être encore.

Céleste était la sœur de Bay Lockholm, dix ans plus jeune que lui. Elle vivait à Paris avec son troisième mari, Emil Hudret, qui écrivait des romans jamais publiés. Ils vivaient sur l'héritage de Céleste et menaient une vie de bohème, qu'on disait scandaleuse. La rumeur courait que Céleste prenait des amants, de temps en temps, qu'elle vivait vite et dangereusement. Son dernier mari, par exemple, était plus jeune qu'elle, « un buveur exceptionnel et un grand penseur », qu'elle avait rencontré sur la rive gauche. Céleste était séparée de son frère depuis de nombreuses années ; Bay et Audrey ne l'avait pas vue ces quinze dernières années. On ne mentionnait pas souvent son prénom dans les conversations...

Mme Twigg, qui assistait à toute la scène, ne dit rien. Ses lèvres bien serrées. Elles gardaient pour elle ses idées sur la façon dont des jeunes femmes devaient être élevées, et l'une de ses bêtes noires, c'était des parents trop permissifs. Ça serait la ruine du pays. M. Lockholm, elle pouvait lui pardonner, ce n'était qu'un homme. Mais Mme Lockholm n'avait jamais su vivre harmonieusement sa folle passion pour son mari et son amour pour les jumelles. C'était tout le problème... Et le fléau, pour Mme Twigg.

Bay et Audrey quittèrent la cabine, souriant sottement, comme s'ils ne comprenaient pas pourquoi ils avaient dû sortir du lit et qu'ils étaient trop polis pour le demander. Ils s'enlacèrent tendrement comme ils le faisaient toujours, même au milieu d'une foule. Ce qui accrut le sentiment d'isolement des jumelles et celui, aussi, de Mme Twigg. « Que Dieu me garde de la richesse et de l'oisiveté ! » marmonna la gouvernante. Ce bateau pouvait bien couler, les riches, les « heureux du monde » ne changeraient pas, ne feraient toujours pas plus attention aux autres, aux leurs ! Les mains dans les poches, ou savourant des magrets de canard aux pêches et à la liqueur de miel, écoutant un adagio de Mozart, ils se diraient au revoir distraitement, une larme sur un cil pour rendre un dernier hommage à l'éclat des lustres de Bohême ! Où est le Bien, là-dedans ?

Elle ramassa la punition des jumelles.

— Bonne nuit, les filles, dit-elle, décidée à ignorer la pathétique demande d'attention de Smoke.

A partir de ce soir, Smoke s'occuperait de sa coiffure elle-même, Mme Twigg n'y toucherait pas.

— On fera mieux demain, d'accord?

— Oui, Twigg, répondirent Smoke et Swan, encore ensemble dans le même lit. Faites de beaux rêves, madame Twigg.

La gouvernante ferma la porte de la cabine des jumelles et traversa le hall pour rejoindre la sienne.

Sur son seuil, elle découvrit une rose à longue tige. Il y avait une carte nouée avec un ruban noir.

« Merci pour cette délicieuse valse », pouvait-on lire.

« Colonel Gracie » avait été barré et remplacé par une mention manuscrite, au stylo, « Archie ». Mme Twigg utilisa le bouton de la porte pour se relever. L'étonnement et la joie remplacèrent sur son visage son expression amère. Colonel Gracie! Il avait été charmant, vraiment charmant, oui. « Je dois porter ma robe à volants, demain, au petit déjeuner, pensa-t-elle. C'est avec cette robe jaune que j'ai l'air la plus jeune. » Ainsi distraite, ainsi rêvant, Mme Twigg n'entendit pas la porte de la B-41 s'ouvrir immédiatement après qu'elle eut refermé la sienne. Elle n'entendit pas le déclic de la B-41, le pêne qui grinça, non plus que l'échappée de Swan sur la pointe des pieds, presque nue sous son manteau, se dépêchant d'atteindre le pont, à la recherche de Danny.

Le jeune musicien s'inquiétait et se sentait coupable. Qu'en serait-il si Swan se refusait à lui maintenant qu'il avait été trompé par cette enjôleuse de sœur? Qu'en serait-il si Smoke avait menti à Swan à son propos, si elle lui avait dit qu'il l'avait embrassée *délibérément*, qu'il n'était qu'un coureur de jupons ?

Il allait et venait sur le pont désert, oublieux de la douceur de l'air marin, inconscient de l'avancée du grand navire silencieux dans la nuit, n'entendant pas le doux glissement, soixante pieds plus bas, où *Le Titanic* partageait les eaux, fendait la blanche écume. Il ne voyait pas non plus, au loin à tribord, comme en un mirage, l'approche voilée des collines irlandaises, se dessinant doucement dans la pénombre. Très au-dessus de lui, dans le nid de pie, quelqu'un faisait le guet. Sur le pont du commandant, derrière lui, deux officiers maniaient les manettes de contrôle du bateau. Danny Bowen ne voyait rien. Il n'était conscient que d'une chose : que lui et Swan avaient convenu de se rencontrer ici, entre neuf et dix heures, et qu'il était minuit passé, qu'il aurait dû dormir, mais l'amour de son cœur — oui, Swan incarnait tout cela pour lui — n'était pas au rendez-vous. Il ne quitterait pas la place sans elle. Il resterait ici, sans dormir, attendant, s'il le devait, jusqu'à ce que l'aube pointe et le force à se coucher. Car il l'aimait. Swan était si gentille, si belle ! Et l'attendre était le plus doux des supplices. C'était elle qu'il voulait. Et l'attendre ainsi, il le voulait, tout comme il savait qu'elle était faite pour lui. Elle ne s'était pas complu à lui parler de sa haute naissance, et c'était une preuve. Et elle avait soupiré d'aise quand il lui avait joué du violon, dans sa cabine, en bas. Oh, c'était une adorable fille que cette Swan Lockholm, et il était fou d'elle, fou à lier. Si seulement elle pouvait venir ! Venir comme elle l'avait promis et ne pas être en colère. Il lui expliquerait à propos de sa sœur. Lui expliquerait dès qu'il la verrait...

Quelqu'un arrivait. Oui ! Des tresses dorées qui flottaient au vent sous les lumières du sombre *Titanic*, un pas rapide et délicat. Il tournoya pour la prendre, pour lui souhaiter la bienvenue dans ses bras, puis il eut un moment d'hésitation. Il devait attendre, être sûr qu'il s'agissait bien de la *bonne*.

— Swan ? demanda-t-il dans l'espace qui le séparait encore d'elle.

— Danny !

Elle s'avançait vers lui, ouvrant son manteau comme elle venait. Elle portait quelque chose de rouge et de court, et sa poitrine était délicatement découverte, la pointe de ses seins contre le tissu remuait doucement, librement sous la soie brillante.

Il se blottit sous le manteau de la fille, ses reins contre les siens. Elle ouvrait la bouche, se lovait contre lui. Il caressa ses fesses, rondes, pleines, souples, et la souleva contre lui. Elle était légère et sentait les fleurs sauvages. C'était sa chérie, si adorable, et ses bras étaient autour de son cou, serrés, pour le tirer encore à elle. Il devinait que ses seins étaient durs sur son cœur... Il la souleva un peu plus haut. Il la transporta dans l'ombre, derrière la poupe, derrière un moteur, sous les bateaux de sauvetage. Il essaya de lui dire, à propos de sa sœur, mais elle ne lui laissa pas le temps. Elle l'arrêta comme elle défaisait son déshabillé. Il n'y avait plus que sa chair, tendue, ronde et irradiante, et ses seins aussi doux que du nectar, et ses jambes blanches et son ventre plat aussi pur que l'ivoire...

Il la désirait, il voulait la posséder, la goûter. Elle aurait dû, mais elle ne lui dit pas non. Swan était étendue, offerte, devant lui. Elle pensa qu'elle aurait dû lui dire d'arrêter. Elle pensa l'avertir qu'il ne devait plus embrasser Smoke, ou quiconque, jamais, maintenant qu'il lui appartenait. Elle pensa lui dire aussi combien elle se sentait bien ; elle pensa à beaucoup de choses. Mais tout s'envola dans la nuit noire et mystérieuse de l'océan et s'évanouit dans le silence. Swan le laissait faire, elle le cajolait de ses bras et de ses jambes qui s'ouvraient et se donnaient. Ses lèvres exploraient, ses paumes caressaient, et elle lui montra, en tremblant, ses endroits secrets qui réclamaient... « Avant qu'il me prenne, pensa-t-elle, je dois le contenir. » Mais elle ne le fit pas. Elle ne le voulut pas.

Danny, alors, ne sut plus que faire. Agenouillé devant elle, incertain, il murmura :

— M'aimes-tu, Swan ? M'épouseras-tu ?

Elle répondit :

— Oui, oui, oui.

Et elle souleva son ventre contre lui.

Mais il se retira et ferma son manteau sur elle.

— Je ne peux le faire. Je dois d'abord parler à ton père. Il est possible qu'il me refuse, dit-il.

Son père le refuserait, Swan savait cela. Pas à cause de la position sociale de Danny, mais parce qu'elle allait avoir tout juste seize ans et parce qu'elle ne connaissait rien du monde, des hommes. Elle ne s'était pas encore « accomplie », comme il disait, et elle connaissait Danny Bowen depuis un jour seulement. Et cependant, elle l'aimait, elle en était sûre. La seule façon dont elle obtiendrait le consentement de son père serait de faire comme la tante Céleste, il y avait longtemps... Elle s'étira sur le pont, pudique dans son manteau. Elle croisa les jambes et contempla le ciel étoilé.

— Est-ce que tu m'aimes? demanda-t-elle, certaine de la réponse.

Il s'étira à son côté. Il embrassa ses cheveux, ses oreilles et ses yeux.

— Je t'aime plus que ma vie. Je t'aime plus que mon violon, plus que ma mère, dit-il avec une naïve solennité, le cœur sur les lèvres.

Swan soupira de contentement. Comme ils étaient beaux les mots de l'amour, combien excitantes étaient ces sensations!

— Si tu m'aimes, tu dois me posséder, Danny. Tout de suite, sous la voûte du ciel étoilé, devant la lune déclinante. Dis-moi combien je suis belle tandis que tu le fais. Dis-moi combien tu m'aimes, combien heureux nous serons.

Il était sous le charme. Il ne savait pas comment refuser. Lentement, il déboutonna son manteau... Et ils s'enlacèrent. A trente pieds au-dessus, dans le nid de pie, Frederick Fleet vit des ombres se mêler, mais il détourna son regard. Ça ne le concernait pas, et contempla en soupirant les flots calmes de l'océan.

# 8.

## Jeudi 11 avril...

Tory VanVoorst avait passé une nuit affreuse, seule. Elle n'avait pas fermé l'œil. Burty était en train de jouer au fumoir, « un tour ou deux de poker, avait-il dit, avec les gars, en fumant quelques cigares ». Elle était assise dans le noir avec sa boîte de pilules sur les genoux, obsédée par son cauchemar. Tout s'était passé comme elle avait su depuis toujours que cela arriverait, bien qu'elle l'ait oublié pendant un moment. Comme cela devait arriver un jour. Et ce jour, c'était aujourd'hui. Depuis la fin du repas, le mercredi après-midi, Teddy Royce ne l'avait pas quittée d'une semelle, lui tenant le coude et détournant son attention de ce qui se passait à l'extérieur.

Il lui dit, froidement :

— Ça m'ennuie d'avoir à te l'avouer mais je suis à court d'argent, tu ne penses pas que tu pourrais m'aider, obtenir de ton mari qu'il me fasse une petite avance, en souvenir du bon vieux temps ?

Tory ne répondit pas. Le diable apparaît sous bien des formes, pensa-t-elle, en le fixant, effarée, un sourire glacé sur les lèvres. Teddy se tenait devant elle, les épaules appuyées contre un pilier, souriant, avec son beau visage au teint chaud. Comme il avait appris à dissimuler, là-bas, dans les salles de jeu sur les bateaux descendant le Mississippi !

— Eh bien? dit-il en faisant tinter la monnaie qu'il avait dans les poches de son pantalon. Alors, *Alma June Brown*, qu'est-ce que tu penses de ça?

A cet instant, elle rassembla ses forces. « Chacal du Sud ! pensa-t-elle, j'ai frayé avec des types dans ton genre autrefois. » Elle secoua la tête pour faire danser ses boucles brunes, plissa ses yeux verts et releva le menton.

— Alors, c'est ça, du chantage en souvenir du passé ?

— Bah, avait-il murmuré en passant la main dans ses cheveux bruns. La belle vie n'a pas émoussé toutes tes griffes, n'est-ce pas ma petite ? Tu es toujours une tigresse, tu sais toujours te battre. Non, enfin, pour répondre à ta question, ce n'est pas du chantage, je pense, juste un prêt. Je me sens en veine ces temps-ci, et il y a une salle de jeu à bord. Si je gagne, je te rembourserai entièrement. Tout ce que je veux, c'est avoir de quoi faire une mise convenable.

— Fais attention, tu n'auras rien en misant sur des ragots. Souviens-toi, je peux être dangereuse.

Son visage changea, il se figea, se durcit et ses yeux étincelèrent comme des épées chauffées à blanc.

— Je peux être dangereux aussi, ma chère, dit-il suavement en se penchant sur elle.

Elle ne battit pas en retraite, portant son ventre haut, elle se campa devant lui en le défiant.

— Si tu dis des choses à propos de moi, Teddy, je te tue.

— Achète ta tranquillité, aujourd'hui, Alma June, achète-la ou je la vendrai au prix fort, dit-il doucement.

Et puis, comme par miracle, Burty vint près d'elle, rangeant quelques billets dans son portefeuille en peau d'autruche et le glissant dans la poche intérieure de sa veste de soirée. Avec Burty à côté d'elle, elle était sauvée. Avec Burty comme allié, elle n'avait aucune raison d'avoir peur de Teddy Royce. Mais Burty serait-il à son côté s'il apprenait qu'elle lui avait menti, qu'elle n'avait cessé de lui mentir durant des années et des années, depuis le début ? S'il savait qu'elle était… ce qu'elle était ?

— Coucou, dit Burty, le visage épanoui, sanguin, coloré par la bonne chère et les alcools.

Il n'avait pas le même rayonnement que Teddy Royce, mais Burty était un homme meilleur. Son visage était ordinaire, joufflu, un grand front, le nez en trompette. Ses yeux avaient des paupières lourdes, même grands ouverts ; leur couleur était indéfinissable, un mélange de brun et d'or ; des yeux de chien bâtard, leur couleur changeait selon son humeur. Dans l'amour, ses yeux scintillaient presque comme le vif-argent. Mais ce qui retenait le plus, c'était leur fixité. Les yeux de Burty Van-Voorst vous tenaient sous leur regard, vous pénétraient, vous jaugeaient. Sans crainte, ils scrutaient le monde, énergiques et hardis, manipulateurs et perspicaces. Parfois, ces yeux changeaient d'expression, quand il regardait les choses qu'il aimait. Parfois, ces yeux faisaient les innocents pendant qu'ils mesuraient précisément, calculaient, se préparant à vaincre l'obstacle qui s'élevait contre sa volonté. Burton Kingsley VanVoorst avait des yeux fascinants, et c'était loin d'être un imbécile. Il s'était élevé à la force du poignet et il était aujourd'hui, presque seul, sur un sommet. Une seule chose aurait pu le rendre vulnérable : l'amour qu'il portait à sa femme ; c'était même risible à quel point il était fou de sa femme. Comme il était à côté d'elle, en face de Teddy Royce, Tory perçut, dans l'air qui l'entourait, la puissance de sa force. Avec Burty, elle était invincible, c'était une forteresse par lui-même. Mais Tory, la fine Tory, savait aussi où était l'enjeu de son combat avec Teddy : ce n'était pas une bataille avec Burty ou contre... Mais *pour* lui. Teddy ouvrit l'offensive :

— Etes-vous joueur, monsieur VanVoorst ?

— Connaissez-vous un homme qui ne le soit pas ? dit Burty innocent et amical, mais derrière ce masque évaluant et examinant. Mais vous, monsieur, qui connaissez ma Tory depuis l'enfance, vous devez connaître La Nouvelle-Orléans. On joue beaucoup là-bas, à ce que j'ai entendu dire.

— Oui, monsieur, c'est sûr, dit Teddy Royce en faisant tinter des pièces dans sa poche.

— Bien, il y a un poker au fumoir, êtes-vous de la partie, monsieur Royce ? Ça ne te dérange pas, Tor, si je tente ma chance ?

Elle lui avait serré le bras. Aussitôt Burty avait senti par la pression de sa main que quelque chose n'allait pas. Affable, il n'en laissa rien voir, pratique aussi, il savait comment tenir une femme. Il couvrit la main de Tory avec la sienne et dit tranquillement à Teddy Royce :

— Bon, eh bien, un autre soir peut-être !

Et il se tourna pour emmener sa femme.

— Non, vas-y, chéri, dit-elle en le lâchant.

S'enfuir devant un type comme Teddy Royce, très peu pour elle. « Laisse-le courir à son malheur... » Et elle le vit déjà dans sa tombe. Et puis, si la vérité devait éclater, et elle le devait, autant que ce soit ici, en haute mer, sur le désert de l'océan, au cœur de ce microcosme social et mondain hors de toute loi, perdu sur l'infini. Qu'elle se fasse jour ici, avant que le bébé naisse !

— Royce vient juste de me demander de miser pour lui, Burtychou, en souvenir du bon vieux temps. J'ai refusé, peut-être que tu seras plus généreux, il est certain de te convaincre, dit-elle.

— Je ferai en sorte que cela en vaille la peine, dit Teddy.

Burty qui avait bravé l'inconnu autrefois, qui avait fait des millions en affrontant les autres hommes, s'inclina en direction de Teddy.

— Donnons-nous rendez-vous au bar fumoir, dans, disons, un quart d'heure...

— D'accord, dit Teddy.

Puis il partit inviter Cécilia pour une valse. Tory fut surprise de les voir danser, les cheveux de Cécilia comme des flammes contre l'épaule blanche de Teddy en veste de soirée. Prétextant le mal de mer, elle demanda la permission de se retirer, seule dans sa chambre. Et là, assise dans le noir, elle avait attendu, attendu le retour de Burty auprès d'elle. Elle avait attendu qu'il se précipite dans sa chambre, qu'il la prenne dans ses bras pour lui dire :

— Je me moque comme d'une guigne de la couleur du sang qui coule dans tes veines, Victoria. Je t'ai aimée hier, je t'aime aujourd'hui, et je t'aimerai toujours.

Mais les heures passaient et la brise sur le pont rafraîchissait, et tout était calme dans la cabine des Lockholm, à côté. Et la lune dans le ciel, comme une petite chose dérisoire, et la longue fiole de pilules bleues qui rappelait un peu cette lune ridicule, crissant sournoisement sur ses genoux. Et le bébé qui se retournait dans son ventre. « Peut-être qu'il a peur aussi, pauvre créature. » Et Burty, Burtychou qui ne venait pas. Il ne revint pas vers elle de toute la nuit.

Il était onze heures et demi du matin. Le soleil était à son zénith et le grand *Titanic* arrivait au chenal de Saint-Georges, dans le port de Cobh, s'arrêtant près du Daunt Light pour prendre à son bord un pilote qui connaissait les courants d'eau et qui guiderait le navire jusqu'à Roche's Point à Queenstown. Tory n'avait pas dormi, mais à neuf heures, elle avait fait ses exercices d'assouplissement, comme elle les faisait chaque matin ; les écourtant seulement un peu à cause du poids du bébé. Elle avait étiré, tordu, décollé vers le haut et vers le bas sa peau d'or brut, graissée avec du beurre de cacao pour prévenir les vergetures.

Puis elle irait nager, se faire masser et prendre une douche. Et après, elle mettrait un ensemble de soie claire, celui avec des boutons en bois en forme de roses, et elle irait dans la salle à manger pour le déjeuner, comme si tout allait parfaitement bien. Comme si son mari n'avait pas découvert, cette nuit, qu'elle était une *Négresse* et n'avait pas disparu. Comme si elle n'avait pas été abandonnée sans un mot… Comme si elle n'avait pas entendu, toute la nuit, les cris des Nègres morts qui remplissaient toutes les maisons de son enfance… Comme si elle n'avait pas perdu.

La porte tourna sur ses gonds. Et ce fut lui, encore mouillé par son plongeon dans la piscine, encore saoul après sa nuit. C'était bien Burty, la douleur tordant son visage d'une manière qu'elle ne lui avait jamais connue. Une rage couvait en lui qui cherchait à éclater. C'était lui, il avait pris des années en une nuit et la méchanceté en lui qui ne s'était jamais dévoilée, qu'il n'avait jamais montrée, qu'il avait cachée soigneusement, obstinément, lui gentil, doux, éclatait au grand jour. Il avait une barbe grise de trois jours, et elle ne se souvenait pas de l'avoir vu autrement que rose avec une peau de bébé, pommadé et sentant bon. Il avait des poches grises et violacées sous les yeux, ses paupières rouges et gonflées cachaient presque entièrement son regard moins vif à présent. Il était en maillot, une sortie de bain entourant mollement sa taille généreuse. Il portait des pantoufles en papier offertes à bord pour la piscine. Il vit sa femme qui le fixait, avec un visage de chien battu, un beau visage, même après une insomnie, perdu, implorant. Toute son expression disait aussi fort que possible : « Aime-moi, aime-moi malgré tout. Malgré les Nègres que l'on tuait à la tâche, malgré l'Histoire et ses fantômes de honte et de pitié... Qu'importe ce que j'ai fait, ce que j'étais, ce que je suis, peu importe mes erreurs, mes ruses, mes péchés, aime-moi parce que j'ai besoin de ton amour, parce que j'ai besoin de toi. Aime-moi donc, de toute façon, pour l'éternité, pour nous venger du malheur, du chagrin de tous, de toutes... »

Burty lut tout cela dans le visage de sa femme comme à livre ouvert. Il jeta son portefeuille en peau d'autruche sur le grand lit qui n'avait pas été défait depuis la veille.

— Tu me coûtes cinquante mille dollars, princesse. Cinquante mille dollars pour engraisser une poule, hein, mon trésor! Avec ce type à jouer, ça m'a pris toute la nuit, mais je me suis remplumé.

Elle regarda le portefeuille gonflé, s'assit sur le lit à côté. Ses cheveux lissés avec de l'huile de coco et humides de sueur, elle vida le portefeuille de ses billets, les éparpilla sur le dessus-de-lit d'un rouge éclatant. Elle leva les yeux sur son mari.

— Que t'a-t-il dit et craché, moyennant finance, sur moi?

C'est alors qu'il leva le pied.

Le cher Burtychou leva son pied chaussé de pantoufles ridicules, il leva sa jambe droite, et d'une détente rapide, la frappa au ventre, il la frappa là où le bébé remuait, « peut-être effrayé lui aussi ».

— Sale Négresse, dit-il en bredouillant, titubant.

Mais il n'était plus saoul du tout, seulement ivre de colère.

— Tu veux chanter un blues, dis ?

Il s'apprêtait à la frapper de nouveau, elle protégea son ventre avec ses mains et se tourna face contre le lit.

— Qui est-ce qui va sortir la vérité ? C'est toi ou c'est moi ? dit-il.

Et alors comme elle ne répondait pas, il dit sur le ton badin et cruel de la conversation :

— Je ne te haïssais pas, avant, pourquoi est-ce que je te déteste maintenant ? Un con de Négresse, c'est pas mauvais, je dois te le dire. Je n'aurais jamais deviné, même en cent ans.

Puis il s'allongea sur la carpette.

Et il s'endormit.

Et Tory, sur le lit, au milieu des cinquante mille dollars qu'il avait payés pour acheter son secret, se retourna longtemps et finit par s'endormir à son tour.

Elle dormit profondément et bien, un sommeil sans rêve car elle était à la fois exténuée et soulagée... Soulagée parce que son secret était enfin découvert, au grand jour. Burty savait. Il était en colère — cela, elle pouvait le comprendre — mais il était resté près d'elle. Malgré tout, il lui était revenu. Et d'une manière ou d'une autre, ils s'en sortiraient, ils s'en sortiraient...

Cécilia Lady Pomeroy, pendant ce temps, ouvrait les yeux sur une merveilleuse matinée. La mère et la fille partageaient la cabine B-16 mais Dove Peerce était une lève-tôt, quelle que soit l'heure où elle s'était couchée. Elle ouvrit donc les yeux pour s'apercevoir que *Le Titanic* était ancré à

Queenstown. Il était trop tard, à onze heures et demi, pour prendre un petit déjeuner dans la salle à manger, le service prenait fin à dix heures et demi. Cécilia commanda au service de chambre et savoura son petit déjeuner près du hublot qui donnait sur le port. Elle pouvait apercevoir au loin les larges collines vertes de l'Irlande. Elle entendait la voix des marins qui s'affairaient sur les annexes et les nouveaux passagers qui embarquaient. Elle écoutait le lourd bruit de leurs pas bottés et leurs murmures effrayés à propos de ce palace flottant à bord duquel ils marchaient. Une cornemuse, à l'arrière, jouait un air mélancolique, quelqu'un vers la poupe se sentait loin de ses collines et éprouvait la nostalgie de sa terre natale. Ces passagers, en grande partie des troisième classe, excepté quelques seconde, seraient les derniers à embarquer. Queenstown était la dernière étape.

Après le port de Cobh, la « première » du *Titanic* commençait vraiment. Ici la mer prenait le pas sur la terre, et la terre cédait. En sortant du port, après avoir contourné le dernier gardien, le phare de Old Head de Kinsale, l'océan se déployait, ondulait, se déchaînait. Hors d'ici, après avoir viré de bord, c'était le mystère, l'inconnu, le monde inexploré des grandes profondeurs. Dans une heure ou deux, au plus, *Le Titanic* pointerait sa proue vers l'ouest, à travers cette étendue marine imprévisible, la mer jaillissante, écumante. Comme une hydre immense bravant les flots verts et noirs. Et Cécilia Lady Pomeroy, qui avait déjà traversé les océans, ne leur faisait pas confiance. Les océans étaient une mort momentanée, une interruption de la terre qu'elle aimait, des prairies d'herbes grasses et hautes, des chemins bordés de foin coupé où l'on peut forcer son cheval et piquer un galop. Ou ces montagnes boisées qui invitent à l'ascension ou à la découverte, ces forêts mal peignées, toutes enchevêtrées. Ces champs en friche qui ne demandent qu'à être admirés et cultivés. Sur terre, on peut construire un château et entourer une prairie d'un muret de pierre pour le sauter à la poursuite d'un renard. Sur terre, on peut marcher ou courir, flâner selon sa volonté pour revenir et trouver la terre qui est là, attendant, reconnaissable, portant la marque de votre passage. Sur terre, il y a des vallées, des arbres avec de doux chants d'oiseaux et des feuilles qui indiquent les saisons. Sur terre, il y a des déserts, des rivages en pente douce bordés de plages où poussent les palmiers. La terre peut vous appartenir. Elle se soumet à vous. Elle produit pour vous. On peut la parcourir, relier n'importe lequel de ses points, c'est la terre ferme, solide. Mais l'océan est une chose étrange et lointaine, l'océan n'appartient qu'à lui-même. Un océan est fluide, toujours mouvant et en perpétuel changement. Il n'est jamais ce qu'il a été avant. Il était vaste et dangereux, un tapis magique que l'on doit traverser à ses risques et périls pour retrouver de nouveau la terre aimée...

Pour Cécilia Lady Pomeroy, le meilleur moment de toute traversée est celui où l'on aperçoit encore vaguement une fine bande de terre à l'horizon incertain.

Curieusement, elle se surprit à sourire, elle qui depuis une fin d'après-midi au Kenya, en août de l'année dernière, avait rarement souri sans effort. La soif de vivre ne pouvait s'éteindre en elle. Pourtant sa peine restait aiguë, son chagrin l'avait presque tuée. Mais elle voulait vivre — et espérait aimer encore. Elle aimait être amoureuse. Elle était jeune, elle voulait guérir.

Théodore Royce, appelé Teddy. « Un homme amusant, pensa-t-elle, attirant. » Ce n'était pas un gentleman, mais un homme qui marche hors des sentiers battus, par les chemins de traverse, un homme chez qui le charme s'exprime avant tout par une façon d'être originale à la fois dévergondée et stylée, un homme qui vit d'expédients et d'aventures. Sans doute un homme peu recommandable, un joueur, un jouisseur. Mais amusant malgré tout. Elle avait pris du plaisir à l'entendre raconter ses exploits, la veille, au dîner. Raconter des histoires. A Madrid, par exemple, d'où il avait été chassé par un détachement de police à cause d'un certain abus de confiance et de séduction sur la personne de la fille du maire. Et au Caire, où il avait été pris et forcé à construire une église. Une église, au Caire ! Et au Siam, ils voulaient qu'il reste, lui avait-il dit tandis qu'ils valsaient, et qu'il devienne leur sultan. Il n'était pas question de le croire, bien entendu, mais que c'était divertissant !

Et ce matin, elle se sentait vivante, palpitante, amusée. Elle pensa qu'elle pourrait mettre sa nouvelle robe saumon, un lin très souple, pour le déjeuner, elle était confortable et moulait sa silhouette... Elle rehausserait le tout en portant son collier d'émaux et de turquoises, une pièce inestimable. Et si elle était encore charmée, elle inviterait Teddy Royce à faire une partie de palet sur le pont. Alors, quand la nuit serait tombée, ils pourraient faire un petit tour dans l'ombre, et elle tâterait de cette bouche au sourire affecté, elle essayerait de voir si ces bras bronzés et musclés pouvaient lui convenir. Pourquoi pas ? Personne ne l'attendait. Elle fit couler l'eau de son bain elle-même plutôt que de sonner cette Mme Twigg — Mme Prigg, l'appelait en silence Cécilia. Cécilia n'aimait pas partager sa femme de chambre, mais la sienne avait préféré rester à Denton et ne pas venir aux Etats-Unis.

— Merci m'dame, avait répondu aussitôt Agatha Leary quand elle lui avait demandé. Merci de votre offre, mais je préfère pas, vraiment, j'ai ma mère, si je m'en vais il manquera des bras chez elle, et il y a aussi Billy, mon galant, celui du pub, vous le connaissez peut-être.

Cécilia n'avait pas insisté. Agatha avait été assez bonne pour la campagne anglaise mais n'avait pas fait ses preuves à Londres. Non, Agatha Leary demeurerait à Denton, Cécilia lui avait trouvé une place chez la jeune Lady Casmere. Cécilia ne savait pas ce qu'il lui arriverait en rentrant aux Etats-Unis. Elle savait seulement qu'elle monterait encore à cheval. Des spécialistes de chasse anglais avaient traversé l'Atlantique avant elle pour s'intaller à Peerce House, la « maison de campagne » de Newport. Aussi seraient-ils habitués à l'air, à l'herbe yankee et seraient prêts à courir dès l'arrivée de Cécilia. Peut-être ferait-elle sa résidence permanente à New York et Newport. On verrait... Son titre lui restait, mais le domaine de Denton était attaché au nom de Rolf puisqu'ils n'avaient pas eu d'enfants; et ce nom ainsi que les terres étaient revenus à un cousin de Rolf que Cécilia avait rencontré une fois, à un thé. Henry, c'était son nom; il avait des dents de cheval et un bon naturel. « Bonne chance à toi, Henry », pensa-t-elle. Et, en relevant la masse de sa chevelure auburn, elle entra dans la baignoire.

Un peu plus tard, à peine sortie du bain et épongée, on frappa à la porte. Elle s'enveloppa dans un peignoir blanc et ouvrit au garçon.

— Des fleurs pour vous, madame, et un télégramme.

Il était jeune, une vingtaine d'années à peine, les joues lisses car il ne se rasait pas encore. Mais il regarda Cécilia, encore humide de l'eau du bain, et nue sous le coton léger, d'un œil coquin. Elle prit les fleurs et l'enveloppe avant de refermer la porte en le remerciant. « Petit garçon impertinent », pensa-t-elle et elle se surprit en flagrant délit de sourire, une fois encore.

Il y avait deux roses, une chair de pêche, l'autre blanche comme l'ivoire.

« Vous et moi, la nuit dernière, Teddy. » disait le carton. Et sous la signature, il avait ajouté: « La rose blanche seulement a des épines. »

Il savait faire la cour à une femme. Elle arrangea les roses dans un vase en émail cloisonné qui se trouvait sur le secrétaire. Elles tournèrent sur elles-mêmes dans l'eau et se penchèrent l'une vers l'autre. Ravissant!

Puis elle s'intéressa au télégramme. De la part du

capitaine Stanley Lord. Elle décacheta le papier bleu et lut.

« Dimanche, *Le Californie* et moi passerons à moins d'une longueur du *Titanic*. Stop. Permettez-moi de vous envoyer une chaloupe pour vous ramener à mon bord. Stop. Par pitié, Cécilia, dites oui. Stop. Daignez m'entendre, accordez-moi votre confiance encore une fois, vous le devez. Stop. Comment pouvez-vous avoir oublié notre nuit au Kenya. Stop. Soyez juste et compatissante et ne brisez pas le cœur de celui qui vous aime plus que les mots ne pourront jamais le dire. Stop. Impatient. Stop. Brûlant. Stop. J'attends ardemment une réponse. Stop et fin. »

Elle froissa le message dans ses mains nerveuses. Deux prétendants, à présent, et c'était là la différence: un léger, fin, romantique, l'autre lourd, direct et ... *sinistre*. Elle méprisait Stanley Lord. Elle avait *péché* avec lui — comme aurait dit sa mère —, il n'avait aucun tact, l'appelant ainsi à lui comme on ramène une brebis perdue. Parlant de bonne foi, de loyauté — tous les coups étaient permis, à la guerre comme en amour! Elle allait dire à ce capitaine Stanley d'aller au diable aussi directement qu'il l'invitait à se mettre aux arrêts dans son navire. Et elle dirait au service des communications radio du *Titanic* de ne plus accepter de messages du capitaine Lord. C'était ignoble: des allusions à cette nuit de honte en Afrique, livrées à la curiosité du monde... Hors d'elle, elle trouva difficilement du papier et un stylo. Elle s'assit au bureau laissant errer son regard par le hublot en quête d'inspiration. *Le Titanic* avait levé l'ancre. Il descendait maintenant le chenal Saint-Georges. « Cochon! » écrit-elle, puis elle barra cette expression la jugeant trop familière et recommença.

« Monsieur. Stop. N'essayez plus de me contacter. Stop. Suis consternée par votre manque de délicatesse. Stop. Si vous persistez, je peux m'en remettre à la police. Stop. Allez vous faire pendre. Stop. Pomeroy marquise de Denton. Stop et fin. »

Elle reposa son stylo, se leva. Ses cheveux brusquement se dénouèrent. Cécilia regarda les dernières terres s'éloigner. *Le Titanic* était en train de prendre de la vitesse et cinglait vers le large. « Le prochain arrêt, pensa-t-elle, sera le port de New York... Et le retour chez moi. » Heureuse, elle passa une brosse dans ses cheveux. On frappa de nouveau à la porte, plus doucement cette fois-ci.

— Qui est-ce? Je ne suis pas habillée et sans femme de chambre, dit-elle.

Les coups devinrent rapides mais toujours discrets. Elle rit. Elle se vit dans le miroir doré. C'était Teddy. Ce ne pouvait être que lui, ce délicieux Royce venu réclamer un baiser en échange des roses.

— Je ne peux pas venir, murmura-t-elle contre la porte.

— Laissez-moi entrer, alors. J'étais si absorbé par votre pensée, la nuit dernière, que j'ai perdu cinquante mille dollars avec VanVoorst au poker.

— Vous êtes un pilier de tripot avec des nerfs d'acier. Je ne vous crois pas.

Cécilia soupira. Oh, oui, Teddy Royce avait du charme. Et il saurait séduire une femme! Il ne serait pas trop pressant, ni pressé, ni maladroit, ni brutal... Sauf si elle le demandait, ce qui parfois lui arrivait. Doucement, avec précaution, elle entrouvrit la porte. Il était élégant dans son costume de lin écru. Plus grand qu'elle, il se pencha dans l'embrasure de la porte. Ses cheveux sombres bouclaient sur ses tempes. Ses yeux étaient bruns, des yeux inquiets brûlant d'une passion mal contenue, mais derrière ce regard, on pouvait percevoir un éclat glacial : il devait être cruel aussi, cruel aussi bien qu'aimant. Elle aimait les hommes qui ne se plient pas aux caprices des femmes.

— Je n'ai pas les moyens de perdre cinquante mille dollars pour rien ; je réclame mon dû, j'ai payé pour ça, dit-il.

Il se glissa rapidement dans la pièce, ferma la porte derrière lui avec une dextérité diabolique. Le peignoir de Cécilia la protégeait à peine, et ses cheveux comme des torsades flamboyantes, dénoués, humides, tombaient sur ses épaules. Teddy Royce ouvrit son peignoir d'un coup sec. Il l'embrassa longtemps et elle ne remarqua pas tout de suite qu'il avait glissé ses genoux habillés entre ses cuisses nues et qu'il les avait ouvertes ainsi.

Il ne la délivra que quand elle fut comblée et qu'elle lui demanda :

— Maintenant, es-tu payé ?

— Payé, trop payé. Je perdrai avec VanVoorst encore ce soir !

Ils restaient enlacés. Elle chercha sa ceinture tombée dans la doublure de son déshabillé.

Il fit quelques pas en arrière, tint son peignoir

ouvert et l'admira. Elle était grande, avec une belle poitrine, bien galbée. Bien charpentée aussi, les muscles fermes, le ventre plat. Ses jambes étaient robustes, fortes et longues et sa peau aussi lumineuse que la nacre.

Et brutalement, il ferma son peignoir et le ceintura avec les gestes d'un marin roulant les voiles pour traverser une tempête, d'un seul mouvement de bras. Il retourna s'asseoir sur une chaise, croisa les jambes et lui sourit : un homme heureux. Elle toléra qu'il restât. Elle peigna ses cheveux devant la glace, les roula en torsades et les épingla pour les tenir en place. Mais ils ne resteraient pas coiffés, ça ne tenait jamais ! « Quand je serai de retour aux Etats-Unis, pensa-t-elle, je trouverai une femme de chambre capable de discipliner cette crinière. » Et, à cette pensée, le petit moment de joie qu'elle était en train de vivre, s'évanouit, Teddy Royce disparut et *Le Titanic* également, et Cécilia rejoignit de nouveau le passé, celui qui possédait son cœur même au-delà de la tombe. Car c'était Lord Rolf Pomeroy qui souvent, lorsque Agatha lui brossait les cheveux, se plaisait à lui rappeler, avec admiration, que c'était ces cheveux comme des flammes rampantes et rougeoyantes qui avaient conduit ce pauvre Van Gogh à la folie !

Cécilia Reed Peerce était née en 1871. En 1888, à dix-sept ans, son père et sa mère l'amenèrent à Paris. Ils avaient rencontré Vincent Van Gogh à l'appartement de son frère Théo. Théo était marchand de tableaux, et, cet été-là, Dove et Percival Peerce avaient l'intention d'acheter des aquarelles impressionnistes pour Peerce House. Vincent avait immédiatement demandé la permission de peindre leur délicieuse fille, il l'avait demandé avec une insistance outrancière, à genoux, battant le sol de ses poings et de sa tête. Fou. Il disait qu'elle ne pouvait pas lui refuser, qu'il devait la peindre ou mourir.

— Vos cheveux, voilà ce que je suis né pour peindre, ils n'ont rien à voir avec vous, ils me regardent, lui dit-il.

Il avait bu, probablement. Calme, elle lui dit qu'il pouvait peindre ses cheveux, son visage, la peindre en pied, nue ou habillée.

— Tout ce que vous voudrez, monsieur, une passion telle que la vôtre, monsieur Van Gogh, et un aussi grand talent ne peuvent laisser indifférent. Je ne serai pas la seule à ne pas les ignorer. Il avait été heureux comme un enfant.

— Vous m'avez donné l'immortalité, dit-il.

— Venez demain, à l'hôtel Crillon. Vous pouvez me peindre toute la journée, si vous voulez. J'occupe la suite 37, que M. Charles Worth a conçue à cet usage, dit Cécilia.

Il lui avait embrassé les mains en remerciement.

— Un jour, c'est tout ce dont j'ai besoin, merci, merci, mon Hélène de Troie, avait-il dit si sincèrement.

Cécilia et son père avaient tous les deux été d'accord bien que Dove objectât qu'elle se demandait si ce pauvre Van Gogh pensait sérieusement que peindre les cheveux de sa fille était une question de vie ou de mort. Il les avait quittés en applaudissant de ses mains rugueuses et en chantant.

Mais le lendemain, Théo appela pour dire que Vincent, se plaignant de ce que le soleil de Paris était trop faible pour peindre, avait disparu le matin même.

— Quelque part dans le Sud où le soleil serait plus présent. Il m'a fait promettre de vous transmettre ce message, *ma chérie*. Vincent vous écrira quand il sera installé, quand il aura trouvé la lumière idéale. Et alors vous devez aller le trouver... Tenir votre promesse et lui donner sa raison d'exister. Il vous demande expressément de ne pas refuser sa demande. Sa vie, a-t-il juré, est suspendue à ce projet.

— Dites à votre frère que je viendrai à la minute où il me le demandera, répondit-elle.

Et elle se tourna vers son père pour demander sa permission ; Percival Peerce était d'accord.

— Bien sûr, Cécilia, nous serions honorés. Nous serons prêts à l'instant même, n'est-ce pas ? Et nous achèterons quelques-unes de ses peintures pendant que nous serons là-bas pour lui permettre de continuer son travail. Qu'est-ce que tu dis de ça, Cécilia ?

Mais Vincent n'avait jamais écrit. Ou s'il l'avait fait, elle n'avait pas reçu la lettre.

Ils entendirent parler d'un accident qu'il avait eu, en Arles, et de son hospitalisation... Et qu'il s'était tiré un coup de revolver. Le soleil avait explosé.

Des années plus tard, rencontrant Rolf Lord Pomeroy, Cécilia lui avait conté cette histoire. Et longtemps après, Rolf avait l'habitude de dire de la chevelure de Cécilia qu'elle avait conduit un génie à la folie. Cécilia voulut bien croire que Rolf avait raison.

Teddy s'aperçut qu'elle était perdue dans une rêverie morose. Il s'approcha d'elle, se plaça derrière son siège devant la coiffeuse.

— Laissez-moi dompter cette flamme, dit-il en prenant des épingles et un peigne.

Avec un long soupir, Cécilia revint à l'instant présent. Elle ne lui avait pas raconté cette histoire avec Van Gogh.

— Toi, Teddy Royce ? Un homme si viril, tu brosserais les cheveux d'une femme ? dit-elle prenant sur elle pour paraître gaie.

— Seuls les forts peuvent être doux, lady Pomeroy. Seuls les bons peuvent être méchants.

Ses mains étaient adroites, expertes. Un homme intéressant, ce Teddy Royce... Elle voulait de nouveau balayer son passé, son deuil.

— Ces cheveux sont faits pour les diamants. En as-tu ?

— Tout le monde possède quelques diamants, répondit-elle légèrement avec l'insolence des riches.

— Et des émeraudes, des perles ?

Cette fois, elle ne lui répondit pas. Elle le regarda dans le miroir, ses yeux bruns baissés brillaient d'un éclat soyeux, trop tendre peut-être... « Ce n'est pas seulement moi qui l'intéresse, pensa-t-elle. Il est attiré par l'argent aussi et la position sociale. Eh bien, peut-être qu'avec Royce, je ferai plus qu'une partie de palet sur le pont. »

Elle leva les mains au-dessus de sa tête et éloigna celles de Teddy.

— Tu dois partir maintenant ; ma femme de chambre va m'habiller.

— Rejoins-moi pour le déjeuner, dit-il.

C'était un homme distingué. Il savait qu'il avait commis un impair. « C'est étonnant, pensa-t-elle, tandis qu'il la quittait sans un mot, sans un regard en arrière, ce qu'avec une rose ou deux, on peut obtenir d'une femme. L'abandon. Un baiser, un sourire, une invitation... Mais pas, se dit-elle en ouvrant l'écrin de velours pour prendre son collier de turquoises et émaux, non, pas une lettre de change de cinquante mille dollars ! »

# 9.

Le commandant E.J. Smith était inquiet. Une foule nombreuse admirait le navire à vapeur quand ils quittèrent Queenstown. Et il semblait que tout le monde avait des appareils photo pour prendre le départ du *Titanic*. Détail extravagant !

« Tout va bien », pensa le commandant Smith. Mais un manœuvre de la chaufferie était grimpé sur la quatrième cheminée, celle qui n'était pas en service, qu'on appelait postiche. Cet homme avait escaladé l'échelle à l'intérieur et pointait sa tête par l'orifice, en haut, il avait l'air idiot et monstrueux, souriant et faisant des signes aux gens sur le quai. Le commandant Smith ne voulait pas que *Le Titanic* cingle vers l'Amérique après quelques singeries pareilles !

— Maudit bonhomme ! Faites descendre cet homme immédiatement, dit-il à l'officier Boxhall qui était à son côté.

— Ouais, ouais, commandant.

Le chauffeur voulait seulement jeter un dernier coup d'œil sur sa terre natale, pensa E.J., ou cherchait à prendre une bouffée d'air frais. Peut-être que le gentil joueur de cornemuse, M. Eugène Daly, avait entraîné cet homme. Le chauffeur était sale à cause de son travail à la chaudière, et même son visage était noir. Hirsute, barbouillé, hilare, on eût dit une face sinistre et grotesque de l'Antiquité. Le commandant Smith ne voulait pas que de « sombres surprises » ou de funestes présages accompagnent *Le Titanic* au moment où celui-ci allait quitter le port pour se diriger vers sa destination. Quelques membres de l'équipage prendraient cela pour une farce mais pas tous.

C'est pour cette raison que ce chauffeur serait sévèrement puni. Ceux qui vivent leur vie avec seulement un bas flanc pour les séparer et, sur leur tête, le doux couvercle du cercueil marin, prennent tout et n'importe quoi pour des signes de malheur ou de bonheur. Et tous étaient particulièrement sensibles à cette première sortie en mer. *Damné soit cet homme* ! Après ce coup d'éclat ridicule, il travaillerait dans l'équipe de nuit, la plus dure.

Il faut dresser la populace chahuteuse ; le seul moyen de maintenir la discipline, c'était le fouet. Un autre chauffeur venait de déserter. Un dénommé John Coffey. Il s'est caché, pensa M. Boxhall, au milieu des sacs de courrier envoyés à terre par canot. « Damné soit John Coffey également ! Le monde est en train de changer, pensa le commandant Smith, de changer en pire… » Il fut un temps où un contrat de travail signé par la Ligne Polaire valait pour toute la vie d'un homme ! C'est ce qui s'était passé pour E.J. Mais à présent, un gamin s'engageait pour un court laps de temps, et puis « sautait » à terre sans prévenir, un beau jour.

« Des bons à rien », pensa le commandant Smith. Il vérifierait le nom de ce crétin sur le livre noir, s'il n'avait pas dissimulé sa véritable identité, il ne serait jamais plus engagé par la compagnie de la Ligne Polaire.

Le chauffeur, en haut, avait été rappelé à l'ordre, Boxhall en informa le commandant.

— On l'a descendu et on lui a passé un savon, et on l'a renvoyé en vitesse au boulot, commandant, il avait une petite amie à Queenstown à ce qu'il paraît.

— On a tous une femme à Queenstown, dit le commandant Smith.

Et il pensa : « En cas de bêtise, cherchez la femme, c'est toujours de la faute d'une femme. » Il se souvint de la soirée précédente, de la délicieuse Mme Peerce et lui. Il s'était comporté comme un idiot, également, mais en personne distinguée, il avait su garder cela pour lui, essayant de faire bonne impression à cette femme admirable.

Il se secoua un peu et revint au *Titanic* qu'il n'aurait pas dû oublier. Il se tenait sur le pont, à sa place de commandant, entouré par l'équipe de spécialistes du chantier naval Harland et Wolff. C'étaient eux qui connaissaient les rouages intimes du *Titanic*, toutes ses machineries, tout son mécanisme et ses possibilités techniques.

*Le Titanic* était un navire de quarante-six mille tonneaux, long de neuf cents pieds de la proue à la poupe, il supportait le poids d'un immeuble de onze étages, son bastingage était à plus de soixante pieds au-dessus de sa ligne de flottaison. Il était en mesure, selon les constructeurs, de filer à une vitesse de vingt-trois nœuds sur mer calme et probablement plus… « Et bien plus », pensa E.J. Smith ; il commencerait demain à donner à son navire l'opportunité de montrer ce dont il était capable. Les hommes de la compagnie d'assurances connaissaient tous les secrets du *Titanic*, ils savaient la place de tous les écrous, toutes les mannettes, comment ses treuils fonctionnaient et de quelle manière ses puissants moteurs faisaient évoluer ce mastodonte des mers, où couraient chacun de ses fils et tous ses tuyaux, tous ses tubes. Ils connaissaient son installation électrique par cœur, son système de refroidissement, ses quatre ascenseurs, les cinquante lignes téléphoniques à son bord et la nouvelle station radio de cinq kilowatts. Mais, plus important, le plan du cœur du navire n'avait aucun secret pour eux : les chambres de chauffe et les chaudières, sa coque à double paroi, sa turbine à triple hélice et les trois arbres de transmission. *Le Titanic* leur était une maison de verre.

L'équipe de la compagnie d'assurances avait été envoyée pour ce premier voyage dans le but d'expliquer, en cas de besoin, comment intervenir, manier, connaître, apprécier. Tout, même les choses les plus insignifiantes. Ils venaient pour montrer, pour résoudre, pour rassurer le premier équipage du *Titanic*. Et ils devaient faire un rapport à la fin de la première traversée pour fixer le prix de l'assurance en fonction des performances du navire. Accompagnant le commandant Smith et l'équipe des constructeurs, il y avait des officiers qui n'étaient pas de service, et les deux représentants des armateurs, MM. Bruce Ismay de la Ligne

Polaire et Bayard Lockholm de la M.C.I. Le commandant leur faisait faire une tournée d'inspection et donnait aux deux principaux actionnaires des raisons d'être fiers de leur nouveau paquebot de ligne. Le commandant expliquait le fonctionnement du système de sécurité: une sonnerie d'alarme de dix secondes et automatiquement les rideaux de sécurité, cinquante en tout, descendaient dans les entrailles du *Titanic* et entouraient chacune des seize chaudières. Ces rideaux cloisons isolaient chaque chaudière d'une manière étanche. Ainsi, en cas de dégâts résultant d'une collision, et de la voie d'eau qui s'ensuivrait dans une quelconque partie vitale du navire, les autres chambres de chauffe demeureraient intactes, et *Le Titanic*, après quelques dommages, quelques mésaventures ou calamités que ce soit, pourrait encore bénéficier des cinq sixièmes de sa puissance. Construit pour être, avec ce système, autosuffisant, *Le Titanic*, en cas de besoin, pourrait faire le tour du monde avec seulement la moitié, même le tiers de sa puissance habituelle.

— Ces portes peuvent être aussi actionnées à la main, individuellement, voyez-vous, messieurs, par n'importe quel membre de l'équipage si le besoin s'en faisait sentir. Mais s'il y a une avarie et que personne n'est là pour les fermer, elles descendent automatiquement, expliquait l'un des constructeurs.

— Comment cela? demanda Bay Lockholm qui cherchait à comprendre exactement le mécanisme.

— De l'eau sur le sol, monsieur, dans un quelconque compartiment va causer une perturbation enregistrée par un appareil relié au système de sécurité. Quand l'eau est assez haute, les cloisons descendent instantanément.

— Ainsi voyez-vous, dit le commandant Smith, fier lui aussi, il est impossible que ce navire sombre à la suite de quelque collision que ce soit. Une grande réussite technique, messieurs, dit-il aux ingénieurs des chantiers navals et plus spécialement à l'un d'eux.

Ils hochèrent la tête, très contents d'eux.

— C'est un joyau qui ne sera jamais égalé, jamais même dans un siècle, dit le plus fanfaron de la bande.

Bayard Lockholm, issu d'une longue lignée d'armateurs, posa des questions sur les cloisons étanches du milieu du bateau. Si à l'arrière et à l'avant les rideaux s'élevaient sur cinq niveaux au-dessus de la double paroi étanche de la coque, une autre protection, entre les chaudières six, cinq et quatre, ces cloisons de sécurité s'élevaient simplement jusqu'au niveau quatre et ne couvraient pas toute la hauteur jusqu'au pont.

— Oui, oui, mais elles couvrent, monsieur, elles s'élèvent aussi haut que nécessaire, bien au-dessus de la ligne de flottaison et beaucoup plus haut encore. Plus haut qu'il ne sera jamais nécessaire ; nous pouvons vous le garantir, dit celui de Harland et Wolff qui faisait fonction de porte-parole.

— Rien ne peut couler ce navire, monsieur Lockholm. Même Dieu lui-même ne pourrait couler *Le Titanic*, dit le benjamin de l'équipe.

— Oh ! Ne dites pas cela. C'est vraiment tenter le sort, dit Bay en réprimant un frisson.

— Vous ne voulez pas faire un pari? dit le porte-parole en souriant.

— Vous êtes en train de vous moquer de Dieu, dit Bruce Ismay d'un ton guindé.

C'étaient ses premiers mots depuis que le groupe avait commencé sa tournée d'inspection.

— N'ayez crainte, messieurs, *Le Titanic* nous survivra tous. Il est fait à la perfection, dit l'homme de la compagnie d'assurances.

— Il est merveilleux, concéda Bay.

Il n'était pourtant pas aussi rassuré que les constructeurs à propos de ces cloisons étanches... Mais son but était avant tout d'essayer de découvrir quel genre d'homme était ce Bruce Ismay. Bay avait toujours trouvé Ismay froid, d'une parfaite courtoisie, mais distant.

— Vous joindrez-vous à nous, ma femme et moi, pour l'apéritif et le déjeuner? demanda-t-il en invitant le directeur de la Ligne Polaire. Audrey ne vous a pas encore rencontré et espère bien en avoir l'occasion.

Bruce avait toute la distinction de sa classe et peu de ses charmes. Ses yeux étaient soupçonneux, il semblait constamment jauger la personne qu'il avait en face de lui; son caractère manquait de finesse et d'humour. Il s'inclina en acceptant l'invitation de Bayard Lockholm.

— Merci monsieur, je suis flatté. Mme Lockholm est une très belle femme; je suis honoré, dit-il en lissant sa fine moustache.

— Commandant Smith, vous joindrez-vous à nous? dit Bay.

Et il sentit tandis qu'il lançait cette invitation le lourd silence désapprobateur de Bruce Ismay.

— Excellent, ça me va tout à fait ; j'avais déjà invité votre femme à tenir compagnie à son amie, Mme Peerce, à ma table. Alors, je vous rejoins dans, disons, à peu près un quart d'heure.

Le commandant Smith fit un geste vers les gens qui l'entouraient.

— J'ai encore une petite tournée d'inspection à faire, passer en revue tout le navire, tous les jours, c'est le seul moyen d'éviter les problèmes. Et après je serai libre. Vous êtes le bienvenu, évidemment, pour vous faire une opinion en effectuant le tour du navire avec moi, et en parcourant les ponts inférieurs pour inspecter ces fameuses cloisons étanches, monsieur Lockholm.

Bay regarda Bruce Ismay, il venait juste de l'inviter à prendre un verre.

— Ça vous dit, monsieur ?

— J'en serai ravi, répondit Bay en passant ses mains dans ses cheveux fins, clairsemés, pour remettre ses mèches en place.

Et, dans le sillage du commandant Smith et de Bruce Ismay, il essaya de faire passer ses préoccupations de directeur de la Ligne Polaire au second plan. L'ascenseur descendant vers les chaudières s'arrêta au pont D, les portes s'ouvrirent sur deux stewards qui les attendaient.

Pendant l'arrêt, en jetant un distrait coup d'œil à l'extérieur, Bay aperçut sa femme. Elle était sur le pont D où elle n'avait rien à faire, à parler avec une affreuse femme, bossue, les cheveux ébouriffés, vêtue de sombre. Bay voulut faire un signe de la main, il était sur le point d'appeler, mais, caché par le commandant et l'homme bavard de la compagnie

Harland et Wolff, il ne put se faire remarquer. Il reconnut pourtant distinctement sa femme. Son visage paraissait désolé et défait comme il ne l'avait jamais vu durant toute leur vie commune. Les cheveux clairs, la silhouette élancée, élégante sans apprêt, dans une robe d'après-midi d'un rouge doux passé, sa femme avait les mains crispées contre sa ceinture. L'autre femme, au teint basané et, pensa Bay, à l'attitude menaçante, tenait à la main une longue enveloppe blanche qu'elle était en train de glisser dans son corsage. Audrey, son Audrey, la regardait intensément et parlait trop fort, elle était si pâle, pâle comme la mort...

« Mais comment cela est-il possible ? » La porte de l'ascenseur commençait à se refermer, la vieille femme brusquement se tourna dans sa direction comme si elle avait deviné la présence du mari. Il ne la connaissait pas. C'était une femme horrible, une sorcière, avec un œil mort et blanc et l'autre, noir et froid, qui voyait au-delà des choses et des apparences. Venant de loin, d'un horizon de ténèbres, cet œil croisa le regard de Bay au moment même où la porte de l'ascenseur se refermait sur lui. Mais cet œil comprit et reconnut. A cet instant, Bay Lockholm comprit obscurément et il eut peur.

C'était l'après-midi. Swan ouvrit les yeux sur sa première journée de femme. Elle s'étira, souple dans son lit et pensa à la douleur entre ses jambes tout en se demandant si son visage avait changé. Si c'était le cas, elle serait simplement plus belle, comme sa mère, comme Tory VanVoorst, comme Cécilia Lady Pomeroy, bien que Cécilia, pensa

Swan, soit probablement moins jolie, ces derniers temps, maintenant qu'elle était veuve. Swan n'en était pas sûre, elle ne connaissait pas très bien Cécilia Lady Pomeroy.

L'impression qu'elle avait eue, en faisant l'amour, n'avait pas été aussi extraordinaire qu'elle l'avait espéré. Cela avait été excitant, certes, mais très inconfortable. Danny avait aimé, il avait été submergé par sa passion, et avait juré qu'il l'aimerait toujours. Elle l'espérait bien. Tout cela avait été bien agréable. Mais faire l'amour devait aussi être comme autre chose, pensa-t-elle, comme apprendre à danser ou prendre des leçons de voile. Plus on a l'habitude, plus cela devient facile et agréable. Les muscles s'habituent à être étirés et l'esprit sait, le moment venu, qu'espérer. Le corps détendu, les sens embrasés...

Et c'est ainsi que des familles furent créées, que des enfants sont nés, que des fortunes ont été dilapidées, tout cela au nom de l'amour. Il y a des hommes qui se ruinent à jamais, esclaves d'une mauvaise femme. Mauvaise parce qu'elle connaît trop bien l'art de l'amour pour qu'on puisse lui résister. Mauvaise, parce que dans l'amour elle donne son corps et non son cœur. Une femme qui connaissait beaucoup d'hommes, au sens biblique, était mauvaise, et il était mauvais aussi de jouir de l'amour en dehors du mariage.

« Je préfère être mauvaise plutôt que malheureuse ! Après tout Napoléon fit de sa favorite, Joséphine, une impératrice et Henri VIII *assassina* plusieurs fois une femme honnête qu'il n'aimait plus pour en épouser une mauvaise qu'il désirait. Je voudrais être Joséphine plutôt qu'une femme comme Mme Twigg. Je préférerais être comme Joséphine que comme ma mère qui, aussi heureuse qu'elle soit, n'a connu que mon père et s'en contente ! » pensa Swan.

Elle était heureuse, elle en avait fini avec les années d'apprentissage qui avaient pour but uniquement de lui montrer la voie. Elle voulait savoir ce qu'elle était en train de faire — et ce qu'elle avait à faire — pour attraper tous les hommes qui la tenteraient et retenir ceux qu'elle voudrait garder. C'était ça le moyen d'arriver au bonheur. Comme un homme, vous vous faites un catalogue sur le vieux modèle de don Juan. Et puis vous choisissez. Swan s'étira de nouveau, soudain elle sentit sa supériorité. « J'ai des dons de séduction, pensa-t-elle, et Smoke n'en a pas. C'est aussi simple que cela. Smoke veut être un homme, je suis plus rusée. Je veux être *comme* un homme. J'aurai les deux côtés de la nature, les plaisirs et les avantages d'une femme dans la vie et les expériences d'un homme. C'est ce qu'il y a de mieux... Quelle idiote cette Smoke qui se coupe les cheveux ! »

Mais, à propos, où était-elle ? Swan voulait tout lui raconter de l'autre nuit, lui raconter ce que c'était de *faire l'amour* et ce que Danny avait dit après, et la brise du soir et les ombres. Cela la rendrait jalouse. Smoke était probablement quelque part en train de faire suer le commandant, se faisant repousser plutôt que de repousser des avances.

Et Swan bondit de son lit, jeta sa chemise de nuit et se dirigea, sans précaution, vers la douche de la cabine. Sa jumelle était sur le pont dans une chaise longue, absorbée par un roman d'aventures.

Smoke portait une robe d'après-midi blanche gansée de bleu marine, comme un costume marin, elle avait l'air d'une garçonne. Mme Twigg, à côté d'elle, conversait avec Lady Lucile Duff-Gordon, appelée Lady Lucy, celle dont la sœur, Eleanor Glyn, avait écrit un roman scandaleux qui avait brisé sa réputation : *Trois semaines*. Le titre de Lady Lucy n'était pas, selon l'opinion de Mme Twigg, du meilleur goût ; mais c'était une redoutable commère, et faute de grives, Mme Twigg était contente de s'asseoir à côté de Lady Lucy pour faire un brin de causette. Mme Twigg avait demandé à Smoke de rester à côté d'elle toute la journée et d'être sage. La jeune fille avait marmonné puis accepté, aussi soumise qu'un jeune agneau. « Le cœur brisé, sans doute, pensait Mme Twigg, car elle prend conscience de ce qu'elle s'est infligé à elle-même, tondue. »

Elles étaient bien installées sur le pont du navire, face à l'océan, pendant que la petite Swan, pensait Mme Twigg, était bien gentiment endormie dans sa cabine. Voilà comme tout le voyage devait se dérouler, songea-t-elle, réglé, paresseux et tranquille, avec de la bonne nourriture aux repas et une légère animation le soir, mais pas trop, pour ne pas surexciter les sens. Et après un petit verre, une grande nuit de sommeil, puis un nouveau jour, très semblable au précédent, avec une robe différente pour attester le temps qui passe.

— C'est moi, savez-vous, qui ai lancé le mot « chic » pour signifier une femme élégante, et il a pris merveilleusement bien, Cosmo, c'est mon cher mari, a entendu avant que nous embarquions que l'Académie française a ajouté ce mot au dictionnaire. C'est un si grand honneur, n'est-ce pas, madame Twigg ? disait Lady Lucy.

Lady Lucy était une femme entre deux âges, et les années ne l'avaient pas épargnée, mais elle faisait un régime draconien, portait un corset extrêmement serré et était très bien habillée. Jeune, elle avait été une beauté, et il en restait encore quelque chose bien que son agressive et nerveuse affectation fût ce qui frappait le plus au premier abord. Enfin, c'était du moins ce que Mme Twigg avait remarqué. Mais elle avait fait accepter un mot par l'Académie française !

— C'est un très grand honneur, Lady Lucy, j'en suis stupéfaite, dit Mme Twigg.

— Moi aussi. En toute modestie je dois dire que ce mot, je l'ai bien mérité. J'ai aussi ma propre maison de couture, le saviez-vous ? Et pour cette saison, je viens juste de faire des fentes aux jupes, dit la dame.

— Je n'étais pas au courant, je vous félicite. Mais fendre les jupes, madame, je ne vois pas la nécessité de la chose, dit Mme Twigg.

— Ah, Thelma, si vous permettez que je vous appelle ainsi, vous êtes de la vieille école, je vois. Eh bien, laissez-moi vous assurer, aussi vrai que nous traversons l'océan sur ce merveilleux paquebot neuf, le monde se prépare à effectuer une révolution.

— Révolution ? Vous me faites peur, reprit Mme Twigg sincèrement effrayée.

Et elle jeta un coup d'œil du côté de Smoke pour voir si la jeune fille avait entendu, mais elle était captivée par son roman, un récit de catastrophe maritime écrit par Morgan Robertson : *Futilité*.

— *Révolution* ! Ce n'est pas un mot trop fort. Nous, les femmes, nous aurons bientôt le droit de vote, comme cela se fait en Finlande, et comme cela ne se fait qu'en Finlande. C'est pathétique. En Angleterre le roi et le Parlement sont contre, pour leur grande honte. Mais un jour, les femmes briseront le joug de leur servitude et toutes, même vous madame Twigg, porteront une jupe fendue.

— Oh, j'ai beaucoup de difficultés à le croire, pardonnez-moi si j'ose le dire, mais cela me semble... presque indécent.

Et Mme Twigg tira sa longue jupe sur ses genoux pour appuyer ses propos.

— Bêtise que tout cela ! C'est uniquement pour faciliter la marche. Paul Poiret ne va pas obliger sempiternellement les femmes à boitiller dans des jupes entravées, je pèse mes mots. Et si mes modèles pour la femme moderne ont le bonheur de plaire aussi aux hommes, tant mieux.

Lady Lucy fit un clin d'œil à Mme Twigg en tapotant ses genoux couverts.

— Aussi vrai que je viens de le dire... *Révolution*.

Smoke se redressa et posa son livre.

— Il est une heure, madame Twigg, je vais aller sortir Swan du lit. On se retrouve au café pour manger, je n'ai pas pris de petit déjeuner.

Mme Twigg était divisée. Elle aurait voulu poser des questions à Lucy Duff-Gordon sur Hollywood, mais elle ne le fit pas, ayant peur que cela intéresse par trop Smoke. Et elle entendait maintenir la discipline chez les jumelles Lockholm, maintenant qu'elle l'avait rétablie.

— Promets-moi de ne pas être trop longue, ma chérie. Un quart d'heure au plus, dit-elle.

Smoke se gratta le coude.

— Ce livre est extraordinaire, madame Twigg. Il a été écrit il y a au moins dix ans et il parle de nous, du *Titanic*. *Le Titanic* se nomme simplement *Le Titan*. Il nous prédit des désastres, madame Twigg. A en croire Robertson, ce serait une collision avec un iceberg, dit-elle.

— Poudre aux yeux et idioties, dit Mme Twigg. Nous sommes aussi en sécurité ici qu'à la maison. Vraiment, les écrivains, de nos jours...

Mais se souvenant du métier de la sœur de Lady Lucy, elle retint sa pensée désobligeante.

— Oh, je suis captivée ! Je ne pense pas le lâcher un moment, dit Smoke.

Et elle mit le gros bouquin sous son bras et s'éloigna en flânant.

— Voilà une fille qui a du « chic ». Quelle audace de se couper les cheveux de cette façon. Cela lui va très bien.

Mme Twigg dirigea son regard vers le salon restaurant et ferma les yeux.

— Vous ne pouvez pas dire cela, Lady Lucy. La pauvre enfant a gâché son allure pour au moins deux ans, les deux années les plus importantes de son existence. C'était deux jumelles, si mignonnes voyez-vous, maintenant l'une fera tapisserie et l'autre sera fêtée, elles en pâtiront toutes deux,

Swan sera coupable de son succès, Smoke en éprouvera du ressentiment ! Elles seront débutantes l'année prochaine, elles commenceront à sortir dans le monde ; j'attendais ce moment avec tellement de plaisir, mais aujourd'hui, ça me donne envie de pleurer.

— Ma chère, reprit Lady Lucy, cette enfant est épatante. Elle sera invitée à toutes les danses. Je l'avais vue hier et je l'avais trouvée sympathique mais un peu trop « comme il faut » pour être intéressante. Mais maintenant elle fera sensation. Cela lui donne du caractère, du mystère... Il doit y avoir un bal, ce soir. Emmenez-la et lâchez-lui la bride si vous ne voulez pas me croire : asseyez-vous et observez !

— Vous ne cessez de m'étonner, dit Mme Twigg réellement dépassée par l'idée que tout le monde trouverait Smoke Lockholm attirante avec les cheveux coupés de cette façon.

— Qui vivra verra, dit Lady Lucy avec désinvolture.

Elle était habituée à choquer des femmes conventionnelles comme Mme Twigg.

— Oh, regardez, voilà Cosmo, à plus tard ma chère.

Et Lucy Duff-Gordon se leva et se précipita à la rencontre d'un homme élancé, vêtu d'un costume d'après-midi de lin blanc, qui titubait et dégageait une forte odeur de whisky sur son passage.

« Les voyages ouvrent l'esprit, comme on dit, pensa Mme Twigg, en regardant s'éloigner le célèbre couple. On est confronté à tant d'idées différentes, à toutes sortes de gens. » Lady Lucy n'était, bien évidemment, pas noble du tout. C'était une aventurière, une de ces « suffragettes » qui se battaient pour les droits de la femme. Et, par-dessus le marché, comme la plupart des gens de basse extraction qui sont « montés » dans la société, Lady Lucy était snob... « Une petite sole grillée ne me déplairait pas maintenant que j'y pense, avec des pommes duchesse bien chaudes. Un petit peu plus de pommes duchesse, garçon, s'il vous plaît, s'entraîna-t-elle à dire, juste pour calmer ma dyspepsie. »

Smoke et Swan étaient assises dans un coin retiré du salon de lecture des première classe, leurs têtes l'une contre l'autre. Pour la première fois, sans pour cela faire enrager sa jumelle, Swan avait choisi un ensemble différent de celui que portait Smoke. Celui de Swan était bleu améthyste souligné au col, aux poignets et à l'ourlet d'un parement d'un blanc éclatant. Smoke était encore en costume marin. Main dans la main, l'une chuchotant, l'autre écoutant attentive, bouche bée, elles semblaient encore le reflet l'une de l'autre. Même si l'une avait une longue tresse sur la nuque, et l'autre portait ses cheveux courts et bouclés. C'était le même contour tendre des joues, la même ligne de cou, la même bouche fine, quêteuse et tremblante. C'étaient les mêmes sourcils délicatement arqués sur les mêmes yeux d'un vert turquoise vif. En choisir une aurait été choisir l'autre, du moins en apparence. Mais quand celle qui parlait s'arrêta, et que les deux jeunes filles se levèrent, même si elles se tenaient encore la main pour sortir du salon, il y avait une différence entre elles. Une différence nouvelle et permanente. C'était une différence qui les marquerait toujours, à présent, qui ne s'effacerait jamais aussi longtemps qu'elles vivraient toutes deux. Personne ne prendrait plus Smoke Wysong Lockholm pour Swan Joséphine, et vice et versa.

Durant le déjeuner, le commandant Smith et Dove Peerce furent perdus dans la foule, ravis l'un à l'autre par la compagnie d'autres convives. Pour E.J. aujourd'hui, seule comptait cette beauté américaine, qui, la nuit précédente, fleurait la bruyère anglaise, quand il la tenait serrée dans une valse, et qui avait penché sa tête délicate sur son épaule, en murmurant, avec son haleine chaude et ardente, une invitation à plus d'intimité. Ah les femmes!

Il les admirait, leur corps délicat, leurs manières si délicieuses. Et *cette* femme, il pourrait l'aimer si elle lui en laissait le temps. La nuit dernière, elle lui avait laissé entendre que peut-être... Aussi le commandant Smith oubliait tous ses soucis, assis ainsi à sa table. Pas de problèmes professionnels! Le navire était parfait, progressant sans heurt comme un train. Et tout le monde, même Archie Butt, conseiller et ami intime du président des Etats-Unis, M. Taft, avait remarqué la stabilité et l'absence de vibration du *Titanic*. Le temps était au beau fixe, la mer calme sous un vent régulier.

Et la femme de ses rêves s'était matérialisée à ses côtés ; elle avait accepté son invitation à aller, après le déjeuner, visiter ses quartiers de commandement! Il en demeurait abasourdi. Le champagne attendait au frais dans le seau à glace. Son valet, M. Layton, avait mis des draps propres et parfumés. Le commandant n'aurait pas été absent plus d'une heure et si… Si une urgence avait requis son attention, peut-être la dame l'eût-elle attendu, un ange nu et sauvage dans son lit.

E.J. mangea avec un robuste appétit et fit des rêves de corsaires. D'autres, au repas de midi, étaient moins satisfaits. Bruce Ismay causa interminablement à propos du taux de rentabilité du *Titanic*. Il y avait trop de perte de place, disait-il, les promenades étaient trop vastes sur les ponts, et les salles de réunions excessivement trop grandes.

— On pourrait ajouter un tiers de cabines en plus, monsieur Lockholm, si nous supprimions un cinquième des aires de déplacement des passagers. J'ai essayé de faire modifier les plans en ce sens, mais on ne m'a pas écouté. Cela pourrait encore être fait, en tant que rénovation du bâtiment. Qu'en dites-vous?

Et alors, sans attendre la réponse, il continuait en critiquant la cuisine.

— Nous offrons un choix trop varié de spécialités, monsieur, à mon avis. Les réfrigérateurs nécessaires à la conservation du poisson et des sauces consomment tant d'électricité que cela vous ferait dresser les cheveux sur la tête d'en faire le compte. Et les congélateurs pèsent aussi lourd qu'une baleine, ainsi, songez, monsieur Lockholm, à ce que cela coûte de faire naviguer ce monstre du monde moderne sur l'océan!

— Je n'y avais pas pensé. J'ai tendance à me soucier en priorité à la sécurité puis au confort et enfin au plaisir des passagers. Avez-vous les chiffres des coûts, monsieur Ismay ? demanda Bay ingénument.

— Je me les procurerai pour vous. Nous pouvons épargner sur des choses qui ne se remarquent pas, vous voyez, ces choses dont personne ne se soucie. Comme les canots de sauvetage, seize c'est trop, je doute que nous en ayons besoin de plus de six. Les constructeurs — pensez donc ! — en voulaient deux fois plus. Mais, bien entendu, la loi ne stipule pas que nous devions avoir une place dans un canot de sauvetage pour chaque âme qui a embarqué. Dieu merci, aussi on ne les a pas suivis sur ce point. Un gilet de sauvetage par personne est une protection adéquate pour un type de navire comme celui-ci... Qu'en dites-vous, madame Lockholm ? demanda l'Anglais.

Ismay se tourna vers Audrey, tremblante, à côté de lui, tremblante car Bay l'avait surprise avec Mme Romany, et il attendait une explication. La vieille femme avait vu Bay avec le commandant et l'avait reconnu dans l'ascenseur, au pont D, quand les portes s'étaient ouvertes. Elle avait dit à Audrey :

— Maintenant vous êtes faits, vous et lui, ma jolie, il nous a vues, c'est sûr. Il voudra savoir pourquoi vous remettez dix mille dollars à une paysanne de troisième classe. Est-il au courant ? Et qu'est-ce que vous allez dire ? Allez-vous mentir, mon petit cœur, ou allez-vous dire la vérité et lui faire maudire Jeoffry Eckkles ?

Audrey avait pâli mais avait rétorqué :

— Vous pouvez lire l'avenir, madame Romany, alors dites-le-moi.

Mais son cœur en avait tiré les conclusions les plus noires. Bay ne lui donnerait pas l'argent s'il savait. Il télégraphierait à sa banque pour faire refuser le chèque. Il rirait d'elle, refuserait les prévisions fatales de la bohémienne et prendrait Audrey dans ses bras.

— Laisse-moi le soin des questions d'argent et du futur, mon amour.

Bay prononcerait ces mots, ses lèvres contre les siennes.

— Nous nous sommes sortis de cette vieille histoire, il y a longtemps déjà. Ne parlons plus jamais de tout cela.

Et Audrey ne serait pas capable de lui ouvrir les yeux. Rusée, la vieille femme scruta le visage d'Audrey et y lut de la peur... Une peur noire.

— Ne lui dites rien, vous le perdriez en faisant cela. Je le laisserai s'enfoncer dans les glaces, descendre au travers de la banquise, jusqu'au fond, dans sa tombe sous-marine..., avait dit la gitane.

Et son œil unique et perçant hypnotisait Audrey comme celui d'un oiseau de proie. Audrey avait répondu à la menace.

— Maintenant, écoutez ceci, si mon mari meurt, Esmeralda Diego, je vous tuerai de mes propres mains, je le jure. Je vous trouverai, je vous jetterai à l'eau et je rirai en vous voyant sombrer.

— Jolies paroles pour une si jolie petite dame, avait murmuré Mme Romany.

Cependant elle avait reculé d'un pas, son regard avait perdu de sa vivacité.

— J'espère mourir ici mais pas de votre main, charmante madame. Aussi ne dites rien, cela ne donnerait rien de bon et laissez faire le sort. Laissez votre mari vivre pour parcourir là-bas le rivage, et laissez à ma fille Daphné sa chance dans la vie. Dix mille dollars, c'est peu pour vous, mais pour ce rien, j'ai vendu mon âme.

— Vous avez votre argent, prenez-le et disparaissez. N'essayez jamais de me revoir. Quoi qu'il arrive, ne vous mettez jamais en rapport avec moi, ou je vous ferai jeter en prison, dit Audrey.

Mme Romany tendit la main.

— Nous allons prendre congé sur cela, voilà, maintenant, les dés sont jetés !

Audrey avait serré la vieille main dans la sienne, elle avait senti la chaleur et la force de l'étreinte.

— Bonne chance, je prierai pour vous, avait ajouté la voyante.

Audrey avait filé le plus vite possible. Elle s'était enfuie vers Bay... Mais dans la suite privée, Bay et elle n'avaient pas eu le temps de discuter. Il demanda à la rencontrer dans leur chambre de nouveau après le déjeuner. Son carnet de chèques était sur le bureau, ouvert à la page où le chèque qu'elle avait rédigé avait été arraché. Que dirait-elle quand Bay lui demanderait pourquoi ? Et à présent, le propriétaire anglais du navire lui avait demandé son opinion sur une futilité, et elle ne devait pas, par son mutisme, mettre Bay dans l'embarras.

— S'il vous plaît, monsieur, pouvez-vous répéter votre question ? dit-elle à Bruce Ismay.

— La sécurité, madame Lockholm, répéta Bruce Ismay en tapotant de son ongle le pied de son verre à vin.

— Pensez-vous qu'on puisse exiger qu'un transatlantique de ligne aussi superbe que celui-ci se charge de canots de sauvetage en surnombre, ceci à la grande dépense de ses propriétaires ? Ou pensez-vous qu'un gilet de sauvetage par tête serait suffisant ?

En attendant sa réponse, il se servit lui-même une autre part de poisson. Audrey jetait des coups d'œil à Bay, mais celui-ci lui souriait le plus simplement et le plus tendrement du monde, elle ne pouvait rien lire dans ses yeux. Et les autres convives la regardaient aussi souriant, en attendant sa réponse, se doutant qu'elle partagerait leur point de vue.

— Je suis plus courageuse que la plupart des gens sur un navire, monsieur Ismay, tout comme je suis une excellente nageuse, une bonne pêcheuse et je connais la navigation. Toute ma vie, j'ai aimé l'océan, étant née et ayant grandi à Newport, à Rhode Island, qui est — ou plutôt qui était un port international. Mais quand on connaît la mer, on sait aussi qu'elle est capricieuse et puissante... Je choisirais toujours la sécurité avant tout, et je vous presse, ainsi que mon cher mari, d'en faire autant.

— Bien parlé, madame Lockholm, dit Bruce Ismay.

Et il lui porta un toast. Les hommes de la compagnie d'assurances se joignirent à lui.

— Bien dit... Mais pourtant, en tant qu'homme d'affaires, je n'en suis pas persuadé.

— C'est son cahier des charges, voyez-vous, dit l'un des constructeurs.

— Taillé dans ma peau, dit Audrey.

Tout le monde rit, même Bruce Ismay et le repas

se conclut ainsi. Le commandant Smith excusa Dove et lui-même. Les hommes de la Harland et Wolff s'inclinèrent avant de se retirer. Bruce Ismay marmonna qu'il faisait toujours une sieste après le déjeuner et demanda à Audrey de lui réserver une danse, au salon, après le dîner, quand l'orchestre entamerait les premières mesures. Et Bay prit sa main et la guida vers leurs appartements.

— Très bien, je vais tout te dire... Tu dois te montrer très indulgent dans cette affaire, Bay, cela signifie tant de choses pour moi, vois-tu!

Mais comme ils obliquaient pour quitter le corridor et rejoindre leur suite, ils furent arrêtés par Burty qui sortait en titubant de sa chambre. Burty était vêtu d'une manière extravagante pour l'heure, en jaquette de soirée. A son allure chiffonnée, il était aisé de conclure qu'il portait toujours son habit du soir de la veille. Ses pans de chemise étaient sortis du pantalon et son faux col avait disparu. Ses bretelles pendaient lamentablement. Déchaussé, il portait des chaussettes de soie noire et n'était pas rasé. Les cheveux en bataille, les yeux rouges. Il était chargé de deux valises, une dans chaque main et poussait la troisième à coups de genou. Bay s'avança en hâte pour rejoindre leur ami.

— Quelque chose ne va pas? demanda Bay en s'emparant de la troisième valise. Je te la porterai jusqu'à ce que nous trouvions un steward.

— Au diable les stewards, au diable les femmes, au diable toutes ces maudites affaires! Sauf toi, Bay, tu es un chic type.

Burty chancelait comme un homme ivre. Audrey ne comprenait pas ce qui se passait.

Et puis, soudain, elle eut un éclair : « Ça commence, je ne sais pas encore ce que c'est, mais Mme Romany l'a prédit, ça commence et je ne peux rien faire pour arrêter cela... »

— Oh, Burty, qu'est-ce qui se passe, s'il te plaît, dis-moi ?

Elle laissa percer un tel accent de désespoir et de terreur que les deux hommes la regardèrent, consternés.

— Ça ne te concerne pas, Audrey, demande-*lui* si tu veux savoir, dit Burty en faisant un geste de la main vers la porte de la suite qu'il occupait avec Tory. Merci, Bay, par ici.

Il hissa ses valises, dépassa Audrey en se faufilant et partit en cognant les murs du couloir. Bay souleva la troisième valise.

— Attends-moi, Audrey, dit-il avec un baiser.

Et il suivit son ami. Audrey entra dans leur suite, traversa le salon où les deux chambres communiquaient. Elle frappa à la porte de la chambre occupée par Tory et Burty.

— Tor ? Es-tu là... ? Puis-je entrer ?

Pas de réponse. Audrey pensa que, conformément à ce qu'avait indiqué Burty, Tory était bien dans sa chambre. Mais parfois une personne préfère la solitude, elle désire rester seule avec ses pensées, ou simplement pleurer loin des yeux du monde.

Audrey sortit sur leur pont privé, s'assit sur une chaise longue, stupéfaite et glacée... Et attendit.

# 10.

La chambre était dans un désordre épouvantable. Burty avait grand ouvert les tiroirs, avait jeté ses effets et les siens, et avait bouclé maladroitement ses valises sans un mot, dans un silence de mort. Il ne lui avait adressé aucun mot tendre, aucun geste de compréhension, aucun regret. Il n'y avait pas même eu un doute dans son esprit. Raconté — vendu — par Teddy Royce, il avait tout accepté comme étant la vérité. Il ne lui avait pas demandé d'explication. Non, il n'y avait eu qu'un grondement féroce de haine et de douleur chez Burty Kingsley VanVoorst... Et puis, pour solde de tout compte, une fin médiocre. L'indifférence.

Elle ne pouvait le supporter. Elle ne le supporterait pas... Les pilules rebondissaient, joyeuses et terribles, dans sa main. Elle lui montrerait. Elle le rendrait désolé, fou de chagrin et de honte.

Serait-elle ensevelie dans la mer, entourée d'une pièce de tissu noir pour évoquer son sang? Est-ce que l'orchestre jouerait le blues de Louisiana? Du lit, elle le regardait faire ses malles, ses genoux rapprochés de son ventre rebondi, sa chevelure noire en bataille. Inconsciemment, elle frotta ses bras, ses jambes comme pour effacer la couleur, tandis que Burty dit d'une voix plate qu'il quittait leur cabine et qu'il s'établirait dans d'autres quartiers. Il verrait ses avocats à New York, elle pouvait voir les siens… Il lui ferait une pension alimentaire pour elle et l'enfant ; elle n'aurait jamais à s'inquiéter de savoir d'où proviendrait son prochain repas, dit-il.

Et puis, il était parti, juste parti, ses valises à moitié faites, mal faites, mal habillé. Il était parti sans lui dire au revoir, sans un « va au diable ! » bien senti, pas un dernier baiser en souvenir du bon vieux temps. Pas une gifle. Sans rien. Il était juste parti, roulant les yeux, l'évitant du regard, et frissonnant.

Le cœur se brise mais continue à battre. Comment peut-il continuer à battre ? Il y avait la porte, fermée entre eux deux : elle, à l'intérieur, mourant de chagrin, lui, quelque part dehors, souffrant mais dévorant la vie comme on raconte que certains chiens dévorent leur tumeur ! Effrayé, espérait-elle. Qu'il soit un peu effrayé. Mais il vivrait, irait de l'avant, en trouverait une autre…

Il était toute sa vie, l'avait toujours été depuis qu'ils s'étaient rencontrés. C'était idiot de ne pas s'en être rendu compte avant. C'était idiot d'avoir pensé, comme elle avait l'habitude de le faire, qu'elle pourrait très bien vivre sans lui, qu'elle ne l'aimait pas vraiment, cet homme entier, grassouillet, ce Burty qui était à ses pieds et l'adorait… Non, elle avait préféré qu'il croie qu'elle représentait tout pour lui, plutôt que l'inverse.

« Même les belles femmes perdent au jeu de l'amour, se dit-elle. Toutes autant que nous sommes, nous, les femmes, nous perdons au bout du compte. » Elle devrait être heureuse d'avoir obtenu ce qu'elle avait arraché à la vie ! Chanceuse... Elle n'avait aucun droit, la petite négrillonne Alma June, aucun droit de briller avec ce Blanc Burton VanVoorst. Et cependant, elle avait osé, et l'avait obtenu, la petite fille à la peau d'or brut qui pensait qu'elle était intelligente... Petite fille du ruisseau ! Elle avait grimpé haut sur une échelle dorée, chez les heureux du monde ! Oh, il en avait fallu des tromperies et des ruses — l'amour en demande toujours, ne vous y trompez pas ! Et le mensonge était devenu vérité. A force de trahisons, de servilité, de rancœur ravalée... Oui, elle avait menti. Qui ne mentait pas, venant de la lie du monde ? Pour survivre. Pour gagner. Nommez-en une. Eh oui, pour dire la vérité, quand elle rencontra Burty, elle se serait mariée à n'importe quel homme — à n'importe quel homme blanc — qui aurait eu un peu d'argent et qui l'aurait aimée pour la vie. Elle était tombée sur Burty, et il se trouvait qu'il avait beaucoup plus d'argent que la plupart.

La petite Négresse du Bayou avait eu de la chance, avait obtenu beaucoup plus qu'elle méritait, beaucoup plus qu'elle avait espéré... Ce fut un prince charmant, il avait fait de sa vie un rêve. Mais elle, pour être juste, avait essayé à son tour d'être sa fille rêvée, d'être sa Blanche-Neige. Et elle y avait presque réussi, Burty était un homme heureux jusqu'à ce que... La peste soit de ce Teddy Royce! Bien que... C'était elle la fautive dans l'affaire, pas Royce, pas Burty. Elle avait épousé son prince sous de fausses apparences et avait essayé de les conserver. Elle les avait maintenues un long, très long temps: grand bien lui en fasse. Elle avait payé de grosses sommes de *son* argent pour garder son secret, pour changer ses certificats de naissance, pour changer son nom et soutenir l'image d'un passé fabriqué de toutes pièces. Mais elle n'avait jamais essayé, au mieux de son passé, de se laver de tout cela et de lui dire la vérité.

Peut-être que si elle l'avait fait... Peut-être que si elle lui avait exposé, la tête sur sa poitrine une nuit après qu'elle l'eut bien satisfait, après qu'il eut été rassasié, assoupi et encore suant après l'amour, peut-être que si elle avait commencé à geindre, alors, sous son bras, elle lui aurait dit qu'elle avait quelque chose de honteux à révéler... Peut-être qu'il aurait dit, comme il le disait si souvent:

— Quoi que ce soit, chère Tory, je te pardonne. Sors-le à présent, dis à Burtychou, et puis nous n'y penserons plus. Vas-y...    S'il l'avait couverte de cajoleries pour lui faire avouer, en la réconfortant, en l'embrassant avec la promesse d'un autre bracelet de gemmes... Peut-être qu'il aurait été fou furieux? Il aurait pu lui pardonner alors. Et il l'aurait aidée à protéger son secret. Il aurait compris. Elle lui aurait tout avoué: pourquoi elle avait menti en lui disant qu'elle n'était pas capable d'avoir un enfant, pourquoi elle avait menti à propos de cette goutte de sang noir qui n'apparaissait pas. Il aurait compris pourquoi elle se maintenait dans une forme si éblouissante — ayant peur d'être rejetée. Il aurait compris, et il aurait *tout* pardonné... Et — pourquoi pas ? — il aurait peut-être dit les mots qu'elle avait toujours rêvé entendre.

— Je t'aime comme tu es, peu importe ce que tu es, ce que tu seras, Tory June, tu es mienne, toute mienne, et je suis à toi et je t'aime pour toujours et à jamais... A présent, souffle dans le mouchoir, ma chérie, et donne-moi un baiser. Voilà qui est mieux ! Voilà, mon ange.

Oh, il aurait pu dire ces précieux mots qu'elle avait répétés durant des années dans son cœur. Il l'aurait pu, si elle avait avoué. Mais elle n'avait pas été assez courageuse. Elle avait eu trop peur, elle avait tant à perdre. Car enfin s'il ne lui avait pas pardonné ? Et s'il avait agi comme il agissait aujourd'hui ? Il y aurait eu tant de choses dont il aurait fallu rendre compte, tant de choses à expliquer... Elle avait eu raison de mentir. Aussi dur que cela ait été de jouer la comédie, c'était plus facile. Et beaucoup plus sûr. C'était fatal.

Maintenant, il avait appris la vérité de quelqu'un d'autre. Il ne pardonnerait pas, n'oublierait pas et ne l'aimerait jamais plus. Maintenant, il avait acheté son secret pour cinquante mille dollars qu'il avait regagnés au jeu, comme on achetait là-bas les esclaves ! Ça brisait son cœur en deux. Il l'avait appelée « con de Négresse ». Lui qui avait l'habitude de l'appeler « madone » et « Septième ciel ». Comment est-ce que des ancêtres pouvaient compter autant et si peu à la fois ?

« Et alors, si j'ai un peu de sang noir ? Est-ce une

faute ? Le sang qui coule dans nos veines est toujours rouge. Et qu'est-ce qui fait votre sang est blanc, votre peau est blanche ? Mieux que la mienne, or pâle ? Et qu'est-ce qui me rend moins bonne aujourd'hui que je ne l'étais hier ? »

Tory repoussa le contrevent du petit pont et avança d'un pas pour voir le monde une dernière fois.

C'était un merveilleux après-midi. L'eau était bleue, le soleil se reflétait sur la surface agitée de l'océan. Et une dentelle de vagues couvrait la mer. Aussi solide qu'une planète et stable dans sa course, *Le Titanic* parcourait le charmant silence bleuté. Une parade de mouettes blanches, aux larges ailes, suivait le navire comme une escorte envoyée par les dieux. Avec des cris stridents, elles appelaient, glissaient et plongeaient pour monter en flèche. Tory détacha le couvercle de la fine bouteille de médicaments, étala les pilules rondes dans sa main. Elles étaient jaune pâle, comme elle. Comme elle : « bonne à rien ». Du poison, comme elle. Fatal, s'il arrivait au cœur. Tory porta six premières pilules à la bouche…

Elle devina, au loin, Audrey Lockholm la fixant, sans un mot, pétrifiée. Audrey se tenait, saisie par l'effarement, les yeux exorbités par la peur et l'indécision. Elle pleurait. Tory fit une pause, surprise, ne comprenant pas pourquoi Audrey lui apparaissait, soudain. Et durant la pause, Audrey cria et sauta. Dans un complet hébétement, Tory avala une pilule. Audrey se précipita sur Tory, la renversa, mit les doigts dans la bouche de Tory, retira la pilule. Elle secoua Tory par les épaules. Audrey cria et cria…

Et puis, elles se mirent à rire et à pleurer ensemble ; Tory laissa tomber le reste des pilules dans la poche de sa robe de chambre. Les deux femmes roulèrent ensemble dans un désordre de dentelles et de dessous de soie. Elles roulèrent comme des enfants, en riant tandis que des larmes baignaient leurs visages.

— Peu m'importe ce que tu as fait, je te pardonne ! dit Audrey.

— Je n'ai rien fait du tout, répondit Tory.

Et elles s'écroulèrent de rire l'une contre l'autre.

— Il a découvert, Audrey. Il a tout découvert à mon sujet, ce que je suis en réalité.

Audrey était assise sur le plancher du pont dans sa robe d'un rouge passé, et s'appuyait sur les mains.

— Ce que tu es en réalité est merveilleux, dit-elle en se recoiffant.

— C'est que je suis d'un sang mêlé, Audrey. Je ne suis pas espagnole, je suis... je suis...

Mais Tory n'arrivait pas à l'avouer. Elle ne pouvait pas se qualifier de négresse.

— Je suis... Je suis...

— Chut ! dit Audrey. Peu m'importe que tu sois créole, si c'est ce que tu veux me dire. Rappelle-toi quand je commençais avec Bay et que je ne savais pas comment m'y prendre, et que tu m'as aidée ? J'aimerais tant t'aider aujourd'hui, si tu me laissais faire. J'aimerais tant être capable de prouver qu'aucun d'entre nous n'y fera attention, chérie. Personne.

Tory poussa un long soupir. Elle pensa que ce soupir ne prendrait jamais fin. Elle espérait qu'il en fût ainsi, parce qu'avec ce soupir disparaissaient des années et des années de peur, de douleur et de soupçon atroce... Toute l'amertume d'une vie cachée s'en allait. Comme les mouettes, le poids du mensonge glissait, croassait sauvagement et fuyait au loin, emporté par le vent.

— Créole ! Quelle jolie façon de le dire, dit Tory en pressant fébrilement la main d'Audrey.

— Et si nous buvions un verre ? Du champagne, rien que pour nous deux, dès maintenant, au milieu de l'après-midi. Nous allons fêter ça !

Tory rougit. Elle ne pouvait parler.

— C'est d'accord ? demanda Audrey.

Elle se leva, remit sa robe en place et partit téléphoner dans la chambre de Tory. Elle commanda un magnum de champagne, bien frappé, et deux coupes. Burty avait dévalisé les tiroirs. Elle vit qu'il avait oublié ses brosses et une photo, un portrait de Tory. Il avait laissé une paire de chaussures noires et son manteau au col de mouton doré. Il avait laissé son cœur aussi, pensa Audrey, même s'il ne le savait pas. Les hommes sont d'étranges créatures. Comme les femmes, ils marchent à l'émotion. Pas comme les femmes, car ils ne l'avouent pas.

Quand Bay revint à leur suite, il trouva sa femme et Tory sur le pont. Elles buvaient du champagne, et Audrey peignait les cheveux sombres de son amie.

— Je ne peux être à toi pour le moment, Bay. Tory a besoin de moi, tu vois, dit Audrey.

— Oui, répondit Bay Lockholm. Burty m'a raconté. Il a déménagé chez Bruce Ismay. Il est bouleversé.

— Quel gros bêta, ce Burty, dit Audrey.
— Oui, je lui ai dit, dit Bay.
Il laissa les femmes ensemble et monta, seul, sur le plus haut pont du *Titanic*, regarder le soleil plonger dans l'océan.

« L'ennui quand on devient calmement saoul, pensa Burty, c'est qu'une fois que le buveur est bien parti, il lui faut de l'agitation. » Chasser Bruce Ismay de la pièce, après que cet homme lui eut proposé la chambre de libre dans sa suite, et que Burty l'eut acceptée, ce fut très drôle. Bruce Ismay était un prude et comme la plupart des prudes, il était trop curieux du péché des autres. Burty comprenait des hommes comme Bruce Ismay. C'était des hommes prudents, des hommes effrayés qui essayaient de préserver, pas de s'étendre. Ils espéraient ne rien perdre, ils n'essayaient jamais de gagner. C'était des hommes d'hier, des hommes accrochés aux traditions perdues, aux conventions, comme les hommes du commun s'accrochent à leur fusil, pour se protéger. Bruce Ismay et ses semblables avaient besoin de protection.
Mais les hommes de la race des VanVoorst ne lâchaient pas prise, ils vous dévoraient, vous broyaient et vous crachaient. Et des hommes comme Bruce Ismay soit les rejoignaient, comme de bons petits garçons, soit étaient écrasés.

— Je connaissais un type à qui s'est arrivé, dit Bruce Ismay à Burty, après que le commissaire de bord, souriant et remerciant, eut déposé le débraillé et légèrement coléreux Burty VanVoorst dans la chambre B-56 de la suite de Bruce Ismay. Il a été réduit en miettes pour un temps. Mais il a rencontré une femme ravissante et a repris son chemin. Ça fait des années qu'ils sont mariés !

— Vous permettez ? demanda Burty en roulant le cigare qu'il lui offrait dans sa paume pour l'aérer.

Bruce Ismay portait une veste de smoking en peau de faon sur un pantalon coquille d'œuf et une cravate de foulard rouge. Une veste de fumoir, pensa Burty, bien qu'il ne fumât pas.

— Allez-y, vous en avez besoin, dit-il à Burty.

« Je n'ai sûrement pas besoin de toi », pensa Burty. Et à voix haute, il déclara :

— Qu'est-ce que vous avez dit qu'il est arrivé à ce type ?

— Il a rencontré une autre femme, en moins d'un mois, une femme bien, et ça s'est passé comme sur des roulettes.

Bruce avait passé des pantoufles en velours, avec une touche de renard à leur bout. Une tête de renard avec des yeux rouges en verre. Des grenats probablement, pensa Burty. On commence par des grenats aux pieds et on finit avec des diamants dans les oreilles.

— La première femme du type n'était pas bien ?

Burty s'apprêtait à cogner Bruce Ismay, dans le nez, et puis il le battrait avec ses pantoufles à tête de renard. « Une mauviette, c'est tout ce que c'est..., pensa Burty, malgré sa femme et ses enfants. »

— Oh, cher monsieur, je ne voulais pas impliquer...

Bruce Ismay laissa sa phrase en suspens.

— Je le dis, je suis désolé, dit Bruce Ismay.

— Une Uégresse. Ma femme a du sang noir dans les veines. Avez-vous entendu?

Bruce Ismay n'était pas à l'aise. Burty apprécia. Il aimait bien voir les vers se tordre.

— Dans votre pays, la race a la même importance que la classe sociale dans le mien. Nous n'attachons pas tant d'importance à la couleur! répondit l'Anglais.

— T'épouserais une Négresse en Angleterre? persista Burty, s'amusant.

— Cela s'est vu, monsieur, cela a été fait et on s'en est tiré. Bien sûr, les enfants...

— Espèce de sale Anglais! cria Burty.

— Je vous demande pardon? dit Bruce Ismay. Vous n'êtes plus vous-même, monsieur. Je vous laisse un temps.

Il ferma la porte de communication entre eux, doucement, et Burty l'entendit qui poussait le verrou.

Il finit son verre, le remplit de nouveau de ce bon whisky, du Bailey. Précautionneusement, il fit tomber la cendre de son cigare. Ah, c'était bon d'être de nouveau célibataire! Pourtant de curieux souvenirs lui revenaient. Sa nuit de noces... Il avait tremblé quand il avait déshabillé Tory. Ils avaient pris une douche ensemble. Et alors, mouillés, « comme Adam et Eve », avait-elle dit, ils s'étaient jetés dans les bras l'un de l'autre.

Et ses seins dorés, si lourds pour son corps élancé, qui attendaient que les mains de Burty en prennent possession, et le bout rose de ses seins attendant sa bouche tremblante. Il l'avait aimée, pendant toute la nuit. Une nuit d'éternité... Et quand l'aube pointa, dans le blanc ciel canadien, « la torride Tory June » devint sa femme. Ils étaient si amoureux l'un de l'autre!

Burty but la moitié de son verre de whisky en deux gorgées. Ça lui brûla les boyaux. Ces souvenirs lui brisaient le cœur. Il devenait sentimental. Mais il but encore, une gorgée ou deux, cette fois, et essaya de chasser ces pensées par celles d'autres femmes, des nouvelles, des excitantes, des inconnues. C'était un formidable puzzle dont la figure reconnaissable ressemblait trop à Tory la Négresse! Et toutes les femmes, dans les vapeurs de l'alcool, ressemblaient à Tory! Pas aussi belles, sans cet or brut, plus belle que les pêches et la crème... A bord, il avait bien repéré Helen Churchill Candee. Il ferait faire un essai à « Candy », après dîner, ce soir... Par désespérance.

— Aimeriez-vous une balade sur le pont, madame Candee, pour regarder la lune? Ou mieux, pour rendre la lune jalouse en regardant votre lumière?

Et sur la foi de cela, ridicule « Burton Shakespeare », elle viendrait dans son lit? Il en doutait. Elle voulait un mari! Comme toutes les femmes! Non, même si elle le voulait, elle ne le ferait pas. Ça ne marcherait pas. Peut-être pourrait-il s'adresser au personnel du navire... Ou il pourrait descendre dans les seconde. Les seconde ne tenaient pas tant que cela à leur réputation. Non, on le remarquerait, et il serait dénoncé. Les seconde étaient trop proches. Mais les troisième... Ah, là il aurait peut-être sa chance. Beaucoup de jeunes

Irlandaises friponnes, en bas, dans les troisième, parties pour l'Amérique pour trouver du travail, les poches vides ! Pourquoi pas si la poupée jouait bien ses cartes ? Il pourrait en faire une femme de chambre à Godsend.

Son verre était de nouveau vide. Que dirait Tory ? Il avait toujours préféré Tory, aimé Tory. Jaune paille : c'est comme ça qu'on appelait la couleur de la peau de Tory. Eh bien, une jaune paille qui les avait bien eus ! Qui l'avait trompé pendant presque vingt ans... Diable de femme, cependant, un vrai diable !

Son cigare n'était plus qu'un mégot froid. Burty l'écrasa entre ses doigts sur le cendrier. Une sourde nausée le gagnait. Son mégot était sombre, sec, ridé... « Oh, mon Dieu, pensa Burty, le bébé ! J'ai tout oublié à propos de Burton Kinsley VanVoorst numéro deux. Bon Dieu ! »

Il se rassit brutalement. Le gosse nègre. Elle lui collerait ça sur les bras, aussi. L'aide à l'enfant, le collège, les notes de pain de maïs à ses dix-huit ans...

Il allait l'appeler. Avec des précautions d'ivrogne, il demanda à l'opératrice de le mettre en contact avec leur chambre, sa chambre à présent.

— Ah, c'est toi, dit-elle.

Sa voix était calme. On n'avait pas le sentiment qu'elle avait pleuré.

— Tory ?

— Oui, Burty.

— Est-ce que tu t'es fait du souci à propos du bébé, en pensant à quoi il allait ressembler, étant donné que tu es une Négresse ?

Il perçut toute la méchanceté de ses propres paroles.

— Dis-moi la vérité !

— Oui, ça m'a poursuivie tout le temps. Je prie, et prie encore, pour qu'il soit blanc. Il devrait. Tu es le père, et il n'y a qu'une malheureuse goutte de sang noir dans mes veines.

— Tory ?

— Oui, Burty.

— Pourquoi ne m'as-tu rien dit, toi ? Pourquoi l'as-tu laissé venir, comme ça ? Hein ?

Il pouvait presque la *voir* à l'autre bout de la ligne. Sa merveilleuse petite chérie toute dorée, avec son ventre, mais si belle ! Oh, si belle...

Elle disait :

— Parfois on laisse aller les choses parce qu'on n'arrive pas à les sortir de soi.

— On peut toujours s'arranger. Il faut juste savoir comment, quand et où.

— Au revoir, Burty. S'il te plaît, ne me rappelle plus dans cet état.

— Non, dit-il d'une voix fatiguée.

Le téléphone était comme un objet mort dans sa main. Le combiné qu'il tenait était noir — comme sa femme ! — et *humide*. Quelle drôle d'idée ! Un téléphone humide...

Mais c'est ainsi qu'il s'aperçut qu'il était en train de pleurer.

# 11.

Burton VanVoorst passa ce jeudi dans la chambre B-56 dans un état d'ébriété complet. Il n'entendit pas le clairon de P.W. Fletcher pour le dîner. Il n'entendit pas les airs doux et enjoués de l'orchestre, il ne vit pas la chute du bleu du ciel dans un gris vert scintillant.

*Le Titanic* faisait route sur la mer du Nord et se dirigeait vers le quarante-deuxième degré de latitude et quelques degrés à l'ouest.... Quand Burty s'éveilla, il faisait nuit noire, il était presque minuit, le ciel était lourd de nuages, et les hautes lumières du *Titanic* se reflétaient de façon mate sur des eaux épaisses et étranges. L'air devenait humide et immobile. Burty se tint debout sur le pont privé de Bruce Ismay, côté bâbord du navire. Sa tête lui semblait lourde, mate et sombre comme l'océan. Sa bouche sèche, sa langue chargée. Il portait encore ses vêtements de soirée de la nuit dernière, froissés au point d'en être comiques, et une barbe hirsute d'une journée.

Il étendit les bras et saisit la rambarde du bastingage. Ses mains étaient fermes comme la course du navire. Il ne sentait pas la vibration des turbines, ni les secousses des pistons, ni la pulsation des moteurs. Il y avait juste une écume blanche comme neige le long des flancs du *Titanic* pour marquer que le bateau avançait. Une brise fraîche. C'était un bon navire. Et lui, Burty, c'était un honnête homme qu'on avait abusé. Il se détourna de la nuit et de l'océan — « cette saloperie d'océan », songea-t-il. Il ne désirait rien d'autre que son bureau, ses téléphones, son club. La paix. La terre ferme, cette vieille bonne terre, voilà ce qu'il aimait, et son travail, un travail passionnant dans lequel il aimait s'oublier. Oublier tout ce bataclan de luxe, avec ces cabines quatre étoiles, ces mets délicats, ces salons de réception. Il haïssait ces endroits huppés où l'on ne rencontrait que des fantômes ! Et lui, possédait de meilleures chambres que celles du *Titanic* dans toutes ses maisons, et de meilleurs repas s'il le voulait. Le travail. Voilà ce qu'il aimait. Il voulait retourner chez lui, et pouvoir enfin se débarrasser simplement de son chapeau, ouvrir son col et se servir à boire de son whisky dans un de ses verres bleutés. Et elle, elle pouvait bien passer le restant de ses jours sur l'eau, il s'en moquait !

Burty se débarrassa de ses vêtements d'hier et sonna un steward. Nu, il lui tendit son pantalon, sa veste, sa chemise et ses chaussettes.

— Voilà tout le saint-frusquin. Arrangez tout cela, voulez-vous.

Et il commanda un pot de café noir dans sa chambre. Dans la douche, il resta longtemps sous le jet — moins puissant que ses douches, chez lui —

jusqu'à ce que son mal de crâne cesse. Il se rasa lui-même, lui qui était habituellement rasé par d'autres. Mais au diable ! Avant qu'il ne fasse son premier million de dollars, il y avait des années et des années de cela — des milliers de jours —, il se rasait lui-même avec un sabre, et faisait du bon travail, et se coiffait lui-même. Demain, il irait se faire raser par le barbier du bord, aurait les ongles manucurés et une coupe de cheveux. Il mit son second smoking — une des premières choses qu'il ait emmenées en *la* quittant —, tout en se félicitant de ne pas avoir été accompagné par Elgin durant le voyage. Son valet avait voulu partir avec lui...

— Oh, Paris au printemps, monsieur, et la campagne anglaise et le baptême de mer du *Titanic* ? Oh, mon Dieu, oui, monsieur.

— Excusez-moi. Ma femme n'amène pas Anna, aussi je ne peux vous prendre avec moi, je suis désolé. Mais je vous ramènerai quelque chose de Bond Street, Elgin... Qu'est-ce que vous aimeriez ?

Son valet avait fait claquer ses mains.

— Des gants, monsieur. Est-ce que des gants serait trop demander ? Deux paires de gants blancs, cousus à ma taille.

Burty avait les gants dans ses malles, avec les décalques en papier de ses doigts de la main gauche et de la main droite. Burty avait acheté une douzaine de paires et un casier de brosses gravées aux initiales E — une idée de Mme Twigg —, en peau de daim d'un marron chocolat. Mais attention, si Elgin était un splendide exemple d'intégrité dans sa fichue profession, les serviteurs en général étalaient au grand jour les scandales mieux qu'ils n'étalaient du beurre sur les tartines ! Et Burton VanVoorst ne voulait pas que toute la Cinquième Avenue et Gilt Hill de Newport soient au courant qu'il s'était marié à une Négresse. Il avait besoin d'un autre verre rien qu'à la pensée du jour béni qu'allait subir sa mère. Elle soulèverait ses fins sourcils et pousserait des yeux de grenouille dans ses orbites. Elle feindrait la compréhension, la sympathie.

— Oh, pauvre petit chéri, tu vois ? Ne t'avait-on pas mis en garde ? Oui, et ton pauvre défunt de père aussi. Nous te l'avons dit, chéri, mais tu ne voulais rien entendre... Les femmes. Elles vous attrapent chaque fois. Même les *mères*...

On ne pouvait échapper aux griffes des femmes. Quand le café arriva, il commanda une bouteille de gin et un seau à glace. « Il faut reprendre du poil de la bête, pensa-t-il, c'est la seule chose qui nous fasse avancer. »

Il était habillé quand le steward revint. Le steward Hunter l'aida avec ses boutons de col et ses boutons de manchettes... L'épaisseur de son portefeuille lui permettait d'entrer dans les meilleures maisons de couture. Burty pouvait avoir l'air d'un ours et se voir accorder une audience avec le roi d'Angleterre, il pouvait avoir l'air d'un éléphant et se marier à une reine. « Avec de l'argent comme j'en ai, pensa-t-il, essayant de nouveau d'ajuster son nœud en satin, je pourrais déambuler nu dans la rue principale et recouvrir mon cul nu avec de nouveaux vêtements et n'importe quelle ville dans le monde m'accueillerait avec un défilé d'honneur ! » Il laissa tomber son nœud et finit deux doigts de gin, puis quitta la chambre, prêt.

Prêt pour Teddy, prêt pour Royce, prêt pour tenter sa chance au poker avec les gars du fumoir. Ce serait ainsi qu'il organiserait le restant de son voyage. Il resterait debout toutes les nuits, chaque nuit à venir, et dormirait le jour jusqu'à l'heure des cocktails. Alors, il se lèverait et jouerait au célibataire avec les gars et éviterait la Négresse. Essayerait de l'éviter... Comment avait-elle pu lui mentir pendant toutes ces années? Comment avait-il été aussi idiot? Comment s'en était-elle tirée?

En un peu moins d'une heure, il avait reperdu plus de trente mille dollars envers Teddy Royce.

Il n'était pas en veine, et ça deviendrait vite pire. Il laissa tomber. « Mais même avec la chance contre moi, je reste redoutable », pensa-t-il, en se tenant à l'écart de la table de jeu. Royce et les deux Archie — Archibald Gracie appelé colonel A., et Archie Butt célèbre pour être le confident du président Taft, appelé major A. — le remercièrent pour le plaisir de sa compagnie et lui promirent sa chance de se renflouer demain soir. Personne ne mentionna sa femme et son changement de chambre, ou son constant appel au gin glacé. Preuve, après tout, qu'il s'agissait d'hommes du monde, et non pas d'enfants gâtés. Des « queues de pie », les appelait-il de façon dérisoire quand il était gamin. Rien entre leurs jambes, rien dans la tête.

Burty se dit qu'il se baladerait volontiers sur le pont des troisième pour se trouver une petite femme... Il donna cinq dollars, en mettant un doigt sur sa bouche, au steward de service sur le pont D. Le steward comprit immédiatement l'affaire.

C'était au cœur de la nuit. Il n'y aurait probablement personne dans les parages, pas de femme alléchée par vingt, peut-être trente dollars si elle était jolie. Burty savait être généreux. Plusieurs fois, alors qu'il était marié — « quelques rares fois », pensa-t-il — il avait trouvé réconfort près d'une autre femme. Jamais la même deux fois de suite. Toujours une femme de mauvaise vie, une fille de joie, une fois de temps en temps, quand il était solitaire dans Manhattan et que Tory était à Godsend, au loin, à Newport. C'était si facile! Elles étaient toujours seules, habillées de robes aux couleurs vives qui montraient leurs poitrines, et elles relevaient leurs robes jusqu'aux mollets quand elles étaient assises et qu'elles croisaient les jambes. Mais il n'avait jamais fait ce qu'il était en train de faire, ce soir, en compagnie d'amis, avec sa femme à bord: sortir furtivement dans un monde inférieur pour capturer un immonde trésor enfoui...

— Bonsoir...

Il s'était cogné contre elle dans la nuit. C'était une enfant de sept ou huit ans. Elle était accroupie sur ses talons, sous le bastingage, avec une serviette autour de ses épaules pour se protéger du vent. Un petit garçon à son côté. Il ne pouvait pas avoir plus de cinq ans.

— Oh, je suis désolé, dit Burty.

Il essaya de les dépasser mais la petite fille le retint par le bas de son pantalon.

— Avez-vous une pièce, monsieur?

Ce n'était pas une très belle enfant et elle était sale. Son visage maculé, la paume qu'elle tendait, noire. Le garçon était gentil. Il avait un visage doux avec de longs cils. Burty plongea la main dans sa poche pour en ressortir deux pièces dorées. Il leur en donnerait chacun une, pensa-t-il. A ces méchants petits mendiants.

— Tu dois avoir un nom?

Il sortit une poignée de monnaie.

— Oui, monsieur, dit la fille.

Les deux malheureux se mirent à ricaner, et le garçon tendit aussi la main, la paume en l'air.

— Eh bien, qu'est-ce que c'est? Le chat vous a mangé la langue?

Burty déposa une pièce dans chacune des petites mains souillées. Les doigts se refermèrent vivement sur l'argent comme des fleurs qui, la nuit tombée, se ferment, ou comme des ailes de papillon qui s'immobilisent.

— Je m'appelle Keely, c'est un diminutif pour Catherine.

— Je m'appelle Keef, dit le garçon.

— Keith, pas Keef, corrigea sa sœur.

— Keef, dit le garçon.

Et il mit son pouce et la pièce dans sa bouche.

— Tiens-toi un peu, dit Keely à son petit frère. Thibault est notre vrai nom, mais papa utilise Miller en ce moment. C'est un pseudonyme, dit papa. Vous savez ce que c'est qu'un pseudonyme?

— Ouais, dit le garçon. Nous avons été kidnappés, c'est papa qui a fait ça.

— Il fallait qu'il le fasse, dit la fille.

— Eh bien, eh bien, ce ne serait pas l'heure de dormir pour vous?

— Ouais, dit le garçon.

La fille prit la main de son frère et s'éloigna. Le garçon tira sur son short qui retombait mollement à la taille. Sans un autre mot, ils disparurent, et Burty se retrouva de nouveau seul. Il pensa un moment à son propre enfant qui mûrissait dans le ventre de Tory, un enfant « sale », lui aussi...

Il y avait quelqu'un dans l'ombre de la poupe. Burty s'approcha de la silhouette, une silhouette corpulente emmitouflée dans des vêtements noirs. Un homme donc, sans repos comme lui... Privé de la paix du monde. Non, une femme. Une femme courte sur ses jambes, et large, avec des cheveux noirs comme des ailes de chauve-souris. Il s'arrêta devant cette vision repoussante. La silhouette se tourna vers lui.

A ce moment précis, il entendit, au loin, le glas d'une cloche.

La femme était vieille, avec un œil aveugle et blanc. L'autre tressaillait de vie, agité comme si la pupille avait été une petite mouche prisonnière. Burty entendit de nouveau, très faiblement, une note grêle qui trembla dans le silence étouffé de la mer... Et puis de nouveau ce glas. La femme croisa ses bras en croix sur sa poitrine et roula l'œil qui pouvait voir vers le haut, si bien qu'il ne montrait plus que du blanc vitreux comme l'autre. Et elle se tint impassible dans l'ombre, aussi immobile que la corde qui pend d'un gibet.

Burty n'avait jamais été aussi terrifié. Il entendit la cloche — ce devait être une cloche de bouée, un point de repère dans la mer qui résonnait par forte houle. Mais ils étaient à des kilomètres de la terre, à des centaines de kilomètres de la terre ferme ! *Le*

*Titanic* voguait sur un désert liquide et noir, sans repère, où l'homme ne pouvait plus rien retenir, rien construire, mais seulement passer comme une ombre passagère... Le glas se fit plus fort, plus rapide, et la femme bougea. Sans un geste d'accueil, la tête penchée, elle se dirigea vers lui. Burty était paralysé, immobile.

La sorcière croisa son chemin. Ses bras en croix sur sa poitrine. Et puis, aussi soudainement qu'elle lui était apparue, elle disparut dans les ténèbres. Burty n'entendit plus le glas. Il tremblait de tous ses membres épuisés.

Il évita les ascenseurs. Il avait besoin de la pénombre et du temps qu'il allait mettre pour grimper les marches. Cette cloche, ce glas du destin... Et l'air, à présent, aussi doux et humide que des doigts de fées. « J'ai vu dans le futur, c'était une vision, un avertissement du ciel, se dit-il. Il faut que je sois en paix avec ce monde... » Il ne penserait pas, ne pouvait pas penser à Tory maintenant. Penser à elle lui briserait le cœur définitivement. Mais Bruce Ismay, par exemple. Il avait été impoli envers Bruce Ismay qui avait simplement été généreux pour lui, et lui avait fourni, quand il en avait besoin, un lit, une chambre, un réconfort. Burty était resté insensible.

« Je ne suis pas un mauvais gars, pensa Burty. Imparfait, certainement. Mais un homme moral qui s'est bien conduit dans ce monde... Et je vais mourir. »

Dans son esprit, il entendit de nouveau le bruit sourd et profond de la cloche mystérieuse, venant de nulle part. La cloche sinistre de l'avenir.

Il y avait de la lumière sous la porte de Bruce Ismay. Burty se rendit compte qu'il avait grimpé deux étages sans rencontrer âme qui vive. Il avait traversé la portion médiane du pont B et n'avait vu personne. Il avait passé le flanc tribord du *Titanic*, passé le hall qui conduisait à la chambre de Tory, son ancienne chambre, sans une pensée. « Les chevaux se rappellent toujours le chemin de l'étable, pensa-t-il. J'ai oublié comment me rendre chez moi en douze heures. » Tory... Il aimait Tory...

Il frappa doucement à la porte de Bruce Ismay.

— Entrez, entendit-il.

La voix ne paraissait pas surprise ou ennuyée ou endormie. Ça sonnait comme s'il avait été attendu. Mais comment pouvait-il en être ainsi après la façon dont il s'était conduit, cet après-midi ? Bruce Ismay était au lit, à lire, dans un pyjama de soie bleu. Sur sa table de nuit, un verre ballon de cognac. Comme Burty entrait, Bruce Ismay posa le livre et lui indiqua d'un geste un fauteuil en rotin.

— Entrez, monsieur VanVoorst. Je me suis demandé où vous aviez bien pu passer.

— Où j'étais ? dit Burty.

Et il écarta une mèche de son visage, distrait, ne sachant que répondre. Il ne s'attendait pas à une affection fraternelle, si simple, si naturelle.

— Eh bien, vous savez, mon vieux, on doit vous surveiller à partir de maintenant. On a refait votre lit, avec des draps frais. Votre femme ne vous avait pas vu, j'ai vérifié avec elle. Et les gars du fumoir m'ont dit que vous aviez abandonné, il y a une heure.

Burty s'enfonça dans le fauteuil. Il était fatigué, à présent. Mais il se sentait mieux dans cette chambre sèche et chaude, douillette, avec son feu de cheminée et ses appliques électriques.

— Je m'interrogeais. Un homme peut se perdre dans ce palace flottant, c'est une production formidable. Vos constructeurs ont fait un fier travail, dit Bruce Ismay.

Il sortit du lit, glissa ses pieds fins dans ses chaussons à tête de renard et s'approcha d'un bureau en merisier qui faisait office de bar.

— Un petit coup de cognac ? Vous êtes si pâle.

— Merci, j'en prendrais bien un... Je suis venu m'excuser pour ma conduite de cet après-midi.

Bruce Ismay fit crisser le bouchon de cristal dans le goulot de la carafe.

— Mon vieux, je comprends, j'ai compris sur le moment. Vous êtes passé par une véritable crise.

— Oui, c'est cela, *une véritable crise...*

Burty prit le verre ballon qu'Ismay lui offrait, fit tanguer le cognac, le regarda qui déposait un film épais en cercle dans le verre.

— Je l'aime, voyez-vous.

— Bien sûr que vous l'aimez ! C'est une véritable œuvre d'art.

Tory ? Une « œuvre d'art » ? Quelle drôle d'idée ! Mais après tout, et si la vie n'était que cela, futile et grandiose ? Comme une œuvre d'art...

Bruce Ismay revint vers son lit et s'allongea.

— Portons un toast : A Mme VanVoorst... Et à la réconciliation des époux. Souvenez-vous du précepte de saint Paul : « Maris, aimez vos épouses ! »

Burty sourit. Il but une gorgée et fut réchauffé. Grande invention que celle de l'alcool.

— Ismay…

Il allait lui demander si le propriétaire de la Ligne Polaire avait des cartes de cette partie de l'océan qu'ils traversaient aveuglément, avec une terrible insouciance. Pour savoir s'il y avait à peu de distance un bout de terrain avec un phare et peut-être une cloche d'alarme. Mais Bruce Ismay l'interrompit.

— Appelle-moi Bruce et je t'appellerai Burty, d'accord ?

Burty acquiesça. Une douce langueur l'enveloppait.

— Ah, ça c'est bon. A toi, Bruce !

Et il avala une nouvelle gorgée d'alcool. La carafe de cognac se trouvait près de lui. Ismay avait dû la déposer là, en lui passant son verre. Il se versa une autre rasade. L'odeur du cognac était plus douce qu'un parfum de femme.

— Bon Dieu que je suis fatigué, dit-il.

— Viens au lit, dit Bruce Ismay.

Et il tapota de la main l'oreiller qui était à son côté.

— Comment ?

— Viens au lit, répéta Ismay aussi facilement que la première fois.

Et de nouveau, il tapota l'oreiller. Burty était stupéfait. Quelle journée ! Ça ne s'arrêterait donc pas !

— Je viens juste de chercher une femme, dit-il en finissant son verre d'un trait.

— Et tu n'en as pas trouvé, conclut Bruce Ismay.

Burty s'endormait presque, et cependant son

esprit restait en éveil. La lumière jaune tamisée, les meubles riches bien cirés. C'était très douillet, très réconfortant, presque comme chez soi.

— Oui, pas de chance dans ce secteur.

Bruce Ismay éteignit la lumière et se glissa entre les draps.

— Ne sois pas timide. Tu peux fermer les yeux, si tu veux, et imaginer que je suis une femme, chaude, avec de beaux seins.

— Belinda, Belinda, c'est mieux, dit Burty passant une main sur son visage.

« Pourquoi pas? » songea Burty. Il était si, si fatigué... Et il avait été si, si effrayé, si perdu. Il se leva pour se déshabiller, jeta sa veste de smoking.

— Pourquoi moi? Je ne suis pas un ange. Est-ce que les gars comme toi ne les aiment pas un peu plus mignons? demanda-t-il en bâillant.

Il laissa tomber son pantalon et s'assit pour retirer ses chaussures et ses chaussettes.

C'était un lit large avec un matelas ferme et doux, en plume d'oie.

— Ah, ça fait du bien!

Burty ferma les yeux. Il plongea dans un cocon de bien-être. Le feu qui n'était plus que des braises qui brillaient rouges, jaunes et noires. C'était agréable... Très agréable.

Et il s'endormit comme un mort.

# 12.

## Vendredi 12 avril...

Sur le pont, ce vendredi matin, en dégustant un croissant avec son café, le commandant Edward John Smith savourait aussi le plus délicieux sentiment qu'il est donné à un homme de connaître : il était amoureux.

« Quelle étrange émotion », pensa-t-il. L'amour rendait un homme distrait, comme au premier jour du monde, distrait d'étonnement, d'émerveillement. Ce qui était si important, avant, devenait soudain superficiel, vain. C'était plus que de la passion, et plus sournois que la luxure. C'était un orage trouble qui passait sur les calmes courants de l'amitié et de l'admiration. Il y avait comme une chanson dans sa poitrine, un rugissement dans son cœur. Et se mettre en place, ce matin, pour coordonner les mesures des positions et de la localisation du navire — la priorité de chaque jour — lui parut soudain, et pour la première fois de sa vie et de sa carrière, une tâche morne, inutile. Ah, Dove ! Il avait trouvé, à la fin, l'amour de sa vie. C'était terrible et merveilleux à la fois. Inévitable et impossible. Pire, ou peut-être mieux, qui pouvait savoir? Ce serait de courte durée, foudroyant.

Ce serait éphémère. Ça lui briserait le cœur.

— Commandant!

C'était le second, Charles Lightoller, le correct et prudent « Chuck » Lightoller qu'E.J. respectait mais n'aimait pas vraiment. E.J. lui en voulut tout spécialement de l'interrompre à cet instant précis. Aujourd'hui encore, il la rencontrerait secrètement dans sa cabine après le déjeuner. Il danserait un doux tango d'amour... Il vérifia sa montre: encore des heures!

— Commandant!

— Oui, Chuck, qu'est-ce qu'il y a?

Rien dans la voix du commandant ne trahissait sa gêne.

— Nous avons une communication sans fil de *L'Impératrice d'Angleterre*. Elle nous félicite de notre premier voyage, nous souhaite une longue vie et nous avertit qu'il y a de la glace devant nous, entre quarante et un et quarante-deux degrés de latitude, quarante-neuf et cinquante à l'ouest. Des champs de glace, disent-ils, plutôt importants, quelques glaçons et des icebergs.

Lightoller tendit le texte.

— Ah, oui... Qu'un double soit posté pour les hommes dans les quartiers. Mais de la glace ce n'est pas inhabituel par ici, en avril, n'est-ce pas, mon garçon? dit E.J. en glissant le message dans son carnet de bord.

— Non, commandant, c'est tout à fait normal.

Lightoller ne s'était toujours pas remis d'avoir été rabaissé de premier officier à second par

M. Bruce Ismay, à la dernière minute, à Southampton. Tous avaient descendu un échelon, mais c'est Lightoller qui l'avait le plus mal pris. Touché au cœur, pensa E.J. Et il sympathisait, étant lui-même ambitieux. Mais E.J. ne pouvait pas fermer les yeux sur celui qui faisait la moue. Son principe de base était de rester un soldat, un bon soldat, peu importait les revers de fortune, il fallait faire son devoir comme un homme. E.J. passa doucement la main sur les galons de Lightoller et dit :

— Alors, comment ça marche pour vous ? Vous vous entendez bien avec M. Wilde.

Lightoller fut touché de l'attention.

— Oui, commandant, merci. C'est un bon marin et j'apprends beaucoup avec lui.

— C'est comme ça qu'il faut faire. Eh bien, y a-t-il quelque chose d'autre ? dit le commandant Smith.

Il allait bientôt procéder à une complète inspection du navire et il ne voulait pas être mis en retard. Il voulait se débarrasser de son travail de routine, en avoir fini pour le repas de midi... Afin d'être libre. Libre pour elle.

— Il y a d'autre messages sans fil, commandant, dit Lightoller en déposant une liasse sur le podium d'E.J.

— Tous à peu près la même chose. Ils vous félicitent et souhaitent longue vie au *Titanic* et signalent de la glace devant nous.

— Eh bien, postez les nouvelles. S'il y a du nouveau, faites-le-moi savoir immédiatement. Mais vous ne vous attendez pas à des ennuis ?

— Oh, non, commandant. Tout va bien. La position a été relevée et tout est clair au-devant.

E.J. consulta son carnet.

— On n'a couvert que trois cent quatre-vingt-six milles jeudi. C'est un peu lent, je pense.

— Nous allons l'accélérer, commandant. J'y veille dès à présent.

— Brave garçon, dit E.J. en le renvoyant.

Ses pensées de commandant roulaient sur la distance qui restait à couvrir. *Le Titanic* progressait à moitié de sa vitesse, il pouvait le dire par l'aisance avec laquelle il avançait et par la quantité de charbon qu'on brûlait par jour. Bruce Ismay insistait sur le fait que la vitesse n'était pas une des premières choses à prendre en considération pour un bateau de la Ligne Polaire, c'est le confort qui primait.

— Une allure douce et lente permet d'offrir aux passagers un autre repas ; une autre nuit heureuse en mer. Une réputation se construit sur le luxe et sur la sécurité ! Et le luxe c'est ce qui fait vendre les tickets... Laissez la vitesse à la Ligne Cunard, laissez-les parier sur les risques de la vitesse, avait dit Bruce Ismay.

Résultat, la Cunard battait la Ligne Polaire en matière de passagers, pensait le commandant Smith. « Le monde s'accélère, Ismay, c'est pourquoi vous avez vendu à la M.C.I. La Ligne Polaire périclitait sous vos ordres. » Bayard Lockholm, lui, semblait plus ouvert. Il était d'accord avec le commandant Smith. La vitesse, aujourd'hui, devenait un argument de vente, mais il pensait qu'il valait mieux ne pas trop insister.

— Si c'est un résultat de votre compétence, commandant, ça me plairait beaucoup, oui, et à J.

P. Morgan aussi. Mais on doit rester prudent, dans cette affaire, et ne pas sembler sacrifier la sécurité ou le confort pour battre un record de traversée. Si toutefois ce devait être le cas, si, sans le pousser, notre vaisseau traverse un océan plus vite que les autres, eh bien, ce ne serait pas à mépriser, n'est-ce pas, commandant Smith ?

Voilà exactement les directives détournées de Lockholm. Et E.J. les prit pour la permission sous-entendue d'essayer, doucement, d'amener *Le Titanic* en rade de New York dès le mardi 16 avril. Ce serait un record… Le commandant Smith entoura d'un trait rouge le parcours. Il faudrait qu'il couvre cinq cents milles aujourd'hui ! Il ramassa la liasse de Lightoller et la mit, sans l'avoir lue, entre les pages de son carnet de bord. C'était chic de la part des autres navires de célébrer le baptême du *Titanic*, pensa-t-il. Vraiment chic.

Smoke Lockholm était démoralisée. Elle était assise au Café Parisien, à une table pour deux, toute seule, finissant sans appétit une coupe de fruits. Sa jumelle était restée en bas, dans les tripes du navire, pas de retour encore de sa nuit secrète avec Danny. Et Mme Twigg prenait son « breakfast » avec de « nouveaux amis », Sir Cosmo et Lady Duff-Gordon qui avaient, pour une raison inexplicable, pris Mme Twigg sous leur protection. Colonel Archibald Gracie était à la table des Gordon également, flirtant de façon ouverte avec leur gouvernante, à la plus grande satisfaction de Twigg. « Ça me débecte, pensa Smoke, ce n'est pas des manières de dame. »

Smoke se sentait séparée de sa jumelle, plongée dans le péché et dans l'erreur, « par la connaissance de la chair », pensait Smoke. Sa sœur lui était presque devenue une étrangère. Une « femme facile », comme la tante Céleste qui vivait à Paris et dont les jumelles n'étaient pas supposées parler, tant sa vie privée était sujette à controverse. « Eh bien, pour dire la vérité, pensa Smoke, en tournant un grain de raisin noir dans le sirop, Swan et moi ne sommes plus du tout jumelles. Nous ne nous ressemblons plus, n'agissons pas de même et ne pensons plus les mêmes choses, nous ne nous habillons plus de la même manière et nous ne sommes jamais plus ensemble... » Swan avait tranché le lien mystérieux de leur gémellité, en une nuit. Smoke ne pouvait même pas haïr Swan pour ce qu'elle avait fait. La haine viendrait peut-être plus tard ; Smoke l'espérait curieusement. Mais, pour l'instant, tout n'était que douleur.

Elles avaient été si proches, comme le cœur et l'âme. Smoke, qui ne se plaignait jamais, se plaignait aujourd'hui.

Hypersensible, elle percevait une étrange agitation qui s'était ainsi emparée du navire. Tout le monde, à bord, paraissait plongé dans une crise personnelle grave, importante... *Quelque chose* de mystérieux venait de se produire, ou allait se produire... Et tout le monde ignorait Smoke. Elle était délaissée, oubliée. Tout le monde, par exemple, faisait comme si elle ne s'était pas coupé les cheveux au-dessus des épaules. Même Mme Twigg qui tournait en rond, jouant les évaporées en présence du colonel Archibald Gracie qui

— si seulement Mme Twigg pouvait s'en rendre compte — courtisait toutes les femmes célibataires de première classe, à l'exception — *bien sûr* ! — de Smoke Wysong Lockholm ! D'accord, le colonel Archibald Gracie était un homme âgé, bien trop vieux pour sourire à Smoke, mais cependant...

C'était affreux d'être ainsi ignorée. Et sa mère et son père, ils étaient impossibles, et Smoke les haïssait. Son père ne se penchait jamais sur les problèmes de ses filles. On payait Mme Twigg pour ça ! Mme Twigg avait été employée dès le début pour que les enfants ne soient pas toujours dans les jambes de leurs parents... Quand Smoke avait demandé à son père, hier, de jouer au palet, il avait répondu qu'il ne pouvait pas. Il ne faisait pourtant rien d'important, et attendait mère qui devait revenir de la chambre de Tory. Il avait dit qu'il voulait bien lui acheter une glace ou un souvenir, mais ce n'était pas de cela qu'elle voulait ! Et elle aurait pu exploser et raconter à son père que Swan couchait avec un chasseur de dot, un violoniste, en bas, sur le pont E, dans une chambre qui avait la taille d'un placard !

Et sa mère ? Mère était cloîtrée toute la sainte journée avec Tory VanVoorst qui était malade dans son lit, et pouvait perdre l'enfant, malade de sa rupture avec Burty. « Ce que je n'aurais jamais imaginé », pensa Smoke en glissant dans sa bouche un gros grain de raisin. Burty avait l'habitude d'être aux pieds de sa femme, comme un chien, tant il l'adorait. Smoke chercha une petite tranche d'ananas. Elle la piqua de sa fourchette, la souleva jusqu'à sa bouche et commença à lécher le sirop :

une insigne rupture de l'étiquette qui aurait rendu Mme Twigg folle de rage. Mais Mme Twigg ne faisait plus attention, elle souriait de quelques sornettes habiles que débitait le colonel Archibald Gracie à leur table, faisant maints gestes de la main et clignements d'yeux. Personne ne prêtait d'attention à Smoke... « Burty doit être un snob », pensa Smoke, bien qu'avant-hier elle aurait parié que non. Burty ne dessoûlait plus depuis qu'il avait découvert *le secret de Tory* ! Tout le bateau était au courant, chacun savait, et Cécilia était furieuse à l'égard de M. Royce qui, pour reprendre l'expression à Mme Twigg, avait « craché le morceau ». C'était assez excitant aussi, Cécilia dansant avec le vaurien, même après qu'elle eut su ce qu'il avait fait...

Burty avait déménagé pour la cabine de M. Bruce Ismay et qui savait, maintenant, ce qu'il allait arriver ? On disait que les VanVoorst auraient un terrible divorce. Ce serait dans les journaux — la chose la pire qui puisse arriver pour un divorce —, et Tory serait « perdue pour le monde à jamais » — une prédiction de Mme Twigg. Et alors, Burty, toujours selon Mme Twigg, ferait probablement une « grosse erreur, comme John Jacob Astor IV », et épouserait à la va-vite « une femme qui ne lui conviendrait pas ». Ceci parce que les hommes avaient besoin de sexe et que le mariage était la seule manière respectable d'assouvir cet inavouable instinct ! Eh bien, Mme Twigg avait une fixation sur les Astor ; c'était sa famille américaine préférée.

— Des folies et des triomphes, des ascensions et

des chutes, tout est là dans une généalogie, chère Smoke.

Smoke trouvait cela assommant. Elle espérait que Mme Twigg irait travailler pour un Astor un de ces jours, pour Madeline, Mme John Jacob Astor IV, la « mauvaise » qui semblait à Smoke une des femmes les plus charmantes à bord. La nouvelle Mme Astor avait dit à Smoke que sa nouvelle coupe était formidable : « moderne française ». Et elle avait laissé Smoke jouer avec le chiot airedale appelé Kitty ; Madeline avait été amicale et gentille. Travailler pour Madeline remettrait Mme Twigg à sa place ! De l'ignominie pour Twigg ; c'était ce que Smoke désirait le plus au monde en cet instant. Cette vieille rombière le méritait. Ce vieux sac qui n'avait jamais fait l'amour avec un homme, et qui, cependant, saupoudrait sa poitrine de poudre de riz pour la garder « fraîche » sur la piste de danse... Idiote de Mme Twigg ! Elle n'avait jamais rien connu de l'ivresse, du plaisir... Mais elle ricanait comme les jumelles à propos de la seule rose que le colonel Archibald Gracie lui avait fait parvenir.

Le roman qu'elle avait passé toute la journée d'hier à lire avait également accru la déprime de la jeune fille. *Futilité*, c'était un triste titre. Un vieux livre, d'ailleurs, écrit bien avant le tournant du siècle, mais il avait semblé à Smoke que c'était presque comme un journal de leur voyage à bord du *Titanic*. Excepté que, bien sûr, rien n'arrivait dans le roman qui arrivait à présent à bord, sauf que dans le roman, ils traversaient aussi l'Atlantique en avril et qu'on avait signalé de la glace en avant... Dans le roman, le paquebot rencontrait un iceberg et tous sombraient dans les eaux noires et glacées. Pas un rescapé ! C'était ridicule... Rien de tel ne pouvait se produire *en réalité*. Pourtant, ce roman avait inquiété Smoke, et l'avait rendue inexplicablement furieuse. Furieuse d'être laissée à elle-même. Furieuse d'être oubliée... Furieuse de ne pas être aimée. Eh bien, Smoke Lockholm n'allait pas rester à se morfondre en vain. Non, non ! Elle écarta la salade de fruits. Elle allait s'enfuir : sauter dans un autre bateau. Créer un scandale bien à elle. Elle avait tout prévu.

« L'oisiveté est mère de tous les vices », voilà ce que Mme Twigg leur disait à chaque fois qu'elle voulait leur faire admettre un travail ennuyeux. Smoke pensa que, pour une fois, Mme Twigg avait peut-être raison. Car Smoke, l'oisive, l'ignorée, la petite Smoke avait fureté hier après-midi...

Et découvert de l'or !

Dans le bureau des télégrammes, John Philips lui avait montré comment faire marcher les cadrans et leviers du Marconi. Harold Bride, l'autre opérateur du Marconi, lui avait prêté un livre sur le code international, avec ses points et tirets. Et puis on l'avait oubliée, de nouveau, dans le bureau des télégraphes, cette fois, tandis qu'Harold et John — ils lui avaient dit de les appeler par leurs prénoms — recevaient des messages du Cap Race, une station relais au loin. Smoke s'était assise au bureau des envois pour consulter de vieux messages éparpillés comme ils avaient été reçus. Traduits du code en anglais, ils étaient tapés et envoyés à qui ils étaient destinés ; les originaux étaient amassés sur une broche, avant de rejoindre les archives du *Titanic*. Et voilà l'*or* de Smoke.

En les feuilletant Smoke trouva le dernier câble du commandant Stanley Lord du *Californie* suppliant Cécilia de venir à lui. Il enverrait un bateau, disait-il, et ils seraient réunis. Cécilia se refusait à lui dans le câble suivant, se refusait de manière emphatique. *Mais une femme pouvait changer d'avis, n'est-ce pas ?* Aussi, la nuit dernière, tandis que Swan, cette insensée de Swan, offrait son corps au paysan Danny Bowen, Smoke écrivait un marconigramme en code pour le faire parvenir au commandant Lord. Smoke, se faisant passer pour Cécilia, écrivit qu'elle serait heureuse d'accepter son invitation, « tout compte fait », et lui demandait d'envoyer un bateau pour venir la chercher « samedi après minuit ».

« Un calme petit bateau, avec deux hommes qui rament, deux hommes sur qui l'on peut compter », écrivit Smoke. C'est sur ce bateau que Smoke Wysong Lockholm embarquerait incognito, en se faisant passer pour l'amour du commandant Lord. Car ces hommes de confiance ne connaissaient pas Cécilia de vue. Comment le pourraient-ils ?

Et si le commandant Lord découvrait qu'il avait été trompé, s'il demandait le plaisir du corps de Smoke en récompense, ou en dédommagement, eh bien, elle le lui donnerait, fièrement, avec dédain, même s'il était gras comme un moine et avec un crochet à la place du bras, ou sale comme un peigne. Car elle refuserait de retourner sur *Le*

*Titanic* ! Et elle était prête à payer ce qu'il faudrait. Elle se rendrait à Londres, alors, et commencerait une nouvelle vie. Elle deviendrait officier dans la marine anglaise. Elle excellerait. Et elle deviendrait commandant du plus grand, du plus rapide des paquebots. *Le Titanic* lui-même, peut-être, en quelques années. Elle savait comment envoyer un marconigramme ; M. Philips le lui avait montré. Tandis qu'il serait occupé, elle l'enverrait et personne n'en saurait rien. Personne ne s'en soucierait.

Smoke se tenait à l'écart de la petite table, maintenant qu'elle avait fini son petit déjeuner. « Je vais y aller et l'envoyer dès maintenant, se dit-elle, si j'y pense trop mon courage s'envolera. »

Mais John Philips, travaillant dans le bureau des télégraphes, ne voulut pas la laisser entrer.

— Désolé, mademoiselle, je suis bien trop occupé en ce moment. Bride dort et je suis tout seul. Revenez quand je serai à flot, disons autour de l'heure du thé.

Et il se pencha sur ses instruments et ses papiers, continua à traduire des informations qui arrivaient. Pour être obstinée, Smoke remit à plus tard son départ. Elle se tenait debout, ses bras croisés, et lut pendant un temps, par-dessus son épaule, les messages et puis les autres, tous disant à peu près la même chose : des félicitations au *Titanic* et attention aux icebergs au-devant. Juste comme dans le roman qu'elle avait lu...

Elle prit, un peu plus tard, une leçon de tennis. Elle se baigna et revint à sa chambre pour mettre une robe de l'après-midi. Personne ne lui adressa la parole. Elle ne vit personne. Même Mme Twigg avait disparu, Mme Twigg dont c'était pourtant le travail de tenir compagnie aux jumelles ! Elle avait trouvé quelque chose de mieux à faire que de passer la journée auprès de Smoke.

Une robe de lin blanc, galonnée de marron, ses cheveux pâles et courts dégagés sur le front et derrière les oreilles, Smoke se dirigea vers la suite de ses parents, côté bâbord dans le hall des première. Plutôt que de frapper, elle mit son oreille contre la porte. Pas un bruit. Elle se rendit jusqu'à la chambre de Tory mais elle ne révéla aucun secret non plus. Tout était calme. Smoke ne faisait plus partie de rien. Elle ne connaissait plus personne. Elle voulut pleurer mais se retint.

Ils seraient tous désolés, bientôt, pensa-t-elle. Quand elle serait partie, ils seraient tous accablés. Peut-être penseraient-ils qu'elle avait coulé. Eh bien, si cela lui arrivait, ce serait leur faute. Comme les chatons qu'on noie quand ils ne sont pas désirés. Vous les mettez dans un sac avant que leurs yeux ne s'ouvrent à la lumière du monde, afin qu'ils ne sachent pas ce qui leur arrive. On disait la traversée d'un océan amusante. Le voyage de New York à Paris avait été agréable ; Swan avait été une vraie sœur, alors, et Mme Twigg assez drôle avec toutes ses histoires scandaleuses à propos des riches. Sa mère lui avait dit qu'elle passerait du bon temps à bord du *Titanic*. Mme Twigg avait dit que le voyage serait « bien plus que éducatif et récréatif ». Ce serait « un voyage historique » ! Eh bien, d'accord. Smoke ferait l'histoire ! Elle avait écrit un câble en points et tirets dans sa poche. Tout ce qui lui restait à faire, c'était de se débarrasser de John Philips pour un temps.

Burton VanVoorst surgit dans le hall.

— Coucou, ma petite, dit-il.

Il était dégrisé, bien habillé.

— Honte sur toi, Burty, dit Smoke en ne souriant même pas, relevant les épaules et s'aplatissant contre le mur pour le laisser passer. Ta femme te fait honneur, et je pense que tu es fou d'avoir prêté foi aux ragots d'un joueur de bateau sur le Mississippi. Il ne l'a fait que pour l'argent.

Smoke se savait impertinente, mais elle connaissait bien Burty, et elle voulait pouvoir encore l'aimer. Mais s'il maltraitait Tory, elle le haïrait jusqu'à sa mort. Il tordit sa bouche d'une drôle de façon et passa devant elle. Il s'arrêta devant la porte de sa femme, jeta un coup d'œil à Smoke qui le fixait toujours et leva son poing sur la porte pour frapper.

Pas de réponse. Smoke attendait. Burty sortit une enveloppe d'une de ses poches et la glissa sous la porte.

— Débarrasse le plancher, Smoke. C'est pas tes affaires.

Elle s'enfuit en courant. Bien sûr que ce n'était pas ses affaires !

Elle n'avait pas d'affaires à s'occuper.

Le bureau des télégraphes était vide. Quelle chance ! John ne tarderait pas à revenir. Il lui avait dit qu'un opérateur devait toujours se tenir dans son bureau, en cas d'urgence. Smoke s'assit à la table d'envoi et se prépara. Elle envoya son message.

« Ça marche ! »

Soudain, le récepteur se mit à clignoter, son message s'arrêta. « Oh zut, qu'est-ce que je dois faire ? » Machinalement, elle prit note des signaux. C'était un message de *La Touraine*, de la ligne française. En route pour Le Havre, en partance de New York.

« De la glace. Des icebergs à signaler autour du quarante et unième parallèle... », disait le message. Quelque chose comme cela. De la glace et des félicitations, toujours la même chose. Mais Smoke l'écrivit soigneusement et le plaça près du transmetteur de M. Philips. Puis elle revint à la charge avec ses propres préoccupations.

— Vous ? Vilaine fille ! entendit-elle derrière son dos.

Ses doigts quittèrent la machine. Elle se retourna pour découvrir Harold Bride qui semblait vouloir l'étrangler.

— Oh, Harold, vous m'avez effrayée. Mais tout va bien. Philips a dit que je pouvais venir. J'ai pris un message, il n'y avait personne d'autre pour le faire. Il est là, c'est pour le commandant Smith... Et comment allez-vous ?

Elle lui sourit en remettant distraitement sa chevelure en place. Harold Bride venait tout juste d'avoir vingt ans. John Philips n'était pas beaucoup plus âgé que lui. Pour Smoke, les deux opérateurs n'étaient rien de plus que de simples serviteurs, et elle ne se sentait nullement intimidée. C'était même plutôt le contraire. Elle ne voulait pas éveiller les soupçons de Bride... Son message venait d'être transmis. Et la seule façon de distraire son attention du télégraphe, c'était d'agir comme la détestable Swan... Et de flirter un peu.

— J'attends la leçon suivante. Je deviens assez bonne, je crois, dit Smoke.

Bride déboutonna son col. Il était encore en colère.

— Je suis surpris que vous soyez autant captivée par les communications marines, mademoiselle Lockholm. Les jeunes filles comme vous ne sont pas, d'habitude, à l'écoute des arts de la navigation.

Smoke baissa langoureusement les paupières.

— Je voudrais que vous me montriez comment envoyer des messages. Juste pour me garantir que j'ai bien compris, dit-elle.

— Je suis venu prendre la relève, j'ai des choses à faire. Peut-être après le dîner, si vous venez avec votre père, je trouverai du temps...

— Oh, d'accord, Harold. Si je dois déranger mon père avant que vous m'appreniez.

— S'il vous plaît, mademoiselle. Ce bureau de télégraphes est une grosse affaire. Nous sommes sur un paquebot, pour sa toute première traversée. Je suis désolé, mais on a besoin des ordres du commandant avant de vous embaucher à travailler avec nous. Nous ne pouvons faire du bon travail avec vous dans nos pattes, mademoiselle, voilà la vérité.

— Vraiment, dit Smoke.

Elle se balançait sur sa chaise à bascule... L'appareil Marconi commença à clignoter. Il lui fit signe de se lever.

— S'il vous plaît, mademoiselle Lockholm, vous ne vous rendez pas compte à quel point vous rendez les choses difficiles. Laissez-moi à mes devoirs.

Smoke se retira avec une lenteur calculée, voluptueuse, en prenant son temps, tirant sur sa jupe de façon à mouler ses formes.

— Allez-y, Harold. Vous commencez à me fatiguer, moi aussi, j'en ai peur. Père sera mécontent de l'apprendre.

Il lui adressa un regard songeur. Surtout pas d'ennuis ! Il commença à traduire le message qui arrivait, et Smoke lut avec lui.

C'était adressé à Cécilia Lady Pomeroy, du commandant Lord à bord du *Californie*.

« Ma douce chérie, j'ai reçu votre message. Stop. Attendez le bateau tard dans la nuit de samedi. Stop. Je suis un homme comblé. Stop et fin. »

« Zut ! se dit Smoke. Maintenant, Cécilia va avoir le message et va lui répondre d'aller se faire pendre ! Tout mon plan tombe à l'eau ! »

— J'allais juste rejoindre Cécilia Lady Pomeroy et ma mère, Harold. Puis-je prendre ce message avec moi ? Ou dois-je rester ici à vous ennuyer ?

Il aurait préféré ne pas avoir à lui remettre ce message, mais il voulait aussi se débarrasser d'elle.

— Prenez-le, mademoiselle Lockholm, et merci. Je suis désolé de ne pouvoir faire plus.

Elle plia soigneusement le papier dans sa main.

— Merci de votre courtoisie, Harold, et bonsoir.

Smoke franchit la porte, puis vagabonda sur la promenade ouverte. Personne... C'était parfait ! Son petit tour sur le pont était passé inaperçu. De retour vers la proue, sous le grand mât où les bateaux de sauvetage étaient accrochés, elle déchira en petits morceaux la réponse du commandant Lord à sa missive, de petits confettis jaunes. Elle les laissa s'échapper de ses doigts pour se perdre dans la nuit de l'océan. Soulevés, balayés par le vent, ils s'éparpillèrent comme de minuscules papillons morts.

Au même moment, dans le bureau des télégraphes, Harold Bride, pour se couvrir, recopiait le message du *Californie* pour la marquise. Il le donna à un steward pour le lui remettre en personne. Il écrivit dessus « duplicata » afin qu'il n'y ait aucune confusion possible. « On n'est jamais trop prudent. » Il n'avait pas confiance en Smoke Lockholm, et il ne l'aimait guère... « C'est pourtant la plus jolie jeune fille qu'il m'ait été donné de rencontrer, mais elle est pourrie par son milieu ! Encore une de ces enfants gâtées, nées pour le malheur des hommes ! »

# 13.

## Samedi 13 avril...

Mme Twigg n'arrêtait pas de brailler. Elle marchait en long et en large devant le lit d'Audrey tout en mugissant. « C'est étrange, pensait Audrey, les lèvres pâles, ses yeux gros du peu de sommeil, longtemps célèbres pour leur bleu profond, mat et éteint, aujourd'hui, dans son visage. C'est étrange la façon dont, peu importe notre mode d'être, nos petits péchés nous font faire un faux pas et nous ravalent plus bas que terre. »

Elle était restée debout toute la nuit avec Tory. Son amie avait alternativement ri et pleurniché, et lui avait raconté des histoires de sa jeunesse. Heure après heure, dans des transats, sous des couvertures. Il avait soufflé sur l'Atlantique Nord un froid glacial, Tory confia à Audrey les secrets sombres de sa vie cachée... Mais ça avait été une nuit magnifique. Elles avaient bu du champagne et grignoté du fromage italien et des raisins, ensemble, et s'étaient confié leurs secrets, entre amies.

Audrey lui avait dit à propos de Mme Romany en bas, la gitane, Esmeralda Diego, celle de la plage publique de Newport, trompée par la mère de Bay et venue à présent réclamer vengeance. Audrey avait tout raconté à Tory, avant Bay qui attendait toujours qu'elle lui fournisse des explications à propos de ce chèque de dix mille dollars. Audrey avait confié sa peur, et avait dit qu'elle ferait n'importe quoi pour sauver son mari... C'était une faute et elle paierait. Elle lui avoua sa décision de soudoyer les dieux par ce chèque à Mme Romany.

Tory, quant à elle, lui révéla qu'elle gardait encore ces maudites pilules dans sa poche. Du cyanure pour une vie. Riant comme des enfants joueurs, elles avaient jeté par-dessus bord les pilules, une à une, et la petite fiole de verre bleu avec. Burty avait alors appelé, et Tory était restée parfaitement digne. Il allait se saouler, avait prophétisé Tory, et il partirait à la recherche d'une autre femme... Elles avaient ri encore, à en avoir mal. Irait-il voir Mme Churchill Candee? Mme Twigg, peut-être? Ou la gitane, Mme Romany elle-même qui lirait les lignes de sa main tandis qu'il l'embrasserait partout, ivre de gin?

Elles étaient comme dévorées par le besoin de *tout* se dire. Les pires choses comme les meilleures. Les plus délicates comme les plus intimes, les plus sordides... Et elles tombèrent de leurs transats, tant elles riaient. Ainsi, en pleine tragédie. Un rire de dérision et de désespoir. Au cœur de la tristesse, une amitié plus profonde qui se nouait tout en dénouant les secrets qui étouffaient.

On perd. On croit sombrer. Et puis, de ce malheur, naît un espoir. Mais alors, comme le plus faible des roses pointait à l'horizon, avec l'aube nouvelle, Tory s'excusa, partit à la salle de bains.

Ce fut beaucoup trop long.

Avec hésitation, craintive, Audrey l'avait rejointe…

Ses mains raidies comme les griffes d'un fauve foudroyé agrippaient violemment le lavabo de marbre. Sa bouche ouverte dans un cri muet, impossible, qui tentait de franchir l'écho de la mort… Une dernière pilule se dissolvait lentement sur sa langue tirée dans une atroce grimace au destin, et que renvoyait l'impassible miroir de stuc.

— Oh, Tory ! Non…

Audrey oublia le dégoût. Elle essuya de ses doigts la langue empoisonnée, essuya la salive. Elle lava ensuite la bouche de son amie avec une solution mentholée.

Mais Tory était blanche comme un linge, les yeux roulant dans leurs orbites. Et elle ne se tenait plus. Effondrée. Quand Audrey la releva, elle se plia en deux et se tint le ventre comme pour protéger le bébé de ce qui pourrait lui arriver.

Audrey l'allongea sur son lit, et souleva le combiné du téléphone pour appeler le médecin de bord quand Tory retint le bras d'Audrey avec une force surnaturelle et secoua la tête.

— Va chercher la gitane, Audrey, elle saura quoi faire et je… je serais honteuse d'avoir le docteur. Il raconterait tout. Je… je crois que le bébé arrive à terme… Ou bien est-ce que je vais mourir…, murmura-t-elle en crachant.

Et Audrey, qui n'était pas habituée à plus d'un verre de champagne et qui avait bu plus d'une bouteille, Audrey obéit sans mot dire. Elle s'enveloppa dans une cape rouge rubis, évita Bay qui s'était endormi.

Elle se faufila dans le hall du pont B. Et puis, elle courut en chaussons descendre les escaliers, plongés dans l'obscurité. Elle descendit quatre à quatre les étages du sombre navire jusqu'au pont D. En bas, elle erra parmi les ombres et fut choquée de découvrir Burty arrêté par les mêmes enfants qui l'avaient entourée, la dernière fois. Sans mère, ces enfants, sans mère et perdus. Elle voulut l'appeler mais quelque chose la retint. Si Tory allait mourir, si le bébé allait mourir, c'était mieux de ne pas y mêler Burty. Il pourrait se reprocher trop alors, lui qui était déjà si chagriné...

Burty trouva Mme Romany pour elle, sans le savoir. La gitane sembla apparaître comme un esprit, se matérialisant dans l'air soudain irrespirable de la nuit. Burty sembla lui imposer de sortir de la nuit. La vieille femme le croisa, lui qui tremblait. Audrey vit tout cela... Et trembla à son tour. Burty était impressionné et très saoul. Audrey ne l'avait jamais vu si saoul. Il quitta le pont D comme elle hésitait, ne sachant quelle marche suivre. Il partit avec raideur, lentement, par l'escalier. Il ne remarqua pas Audrey cachée dans l'ombre, tremblante. Quand ses pas finalement résonnèrent sur le pont supérieur, Audrey sortit de sa cachette et appela la gitane.

Mme Romany se retourna, paraissant avoir vieilli de nombreuses années. Mais elle était encore perspicace, alerte. Elle fit une pause, son visage comme noyé dans un voile.

— Qui m'appelle, maintenant? Je suis fatiguée et j'ai accompli mes tâches, laissez-moi.

Mais Audrey insista.

— Je vous ai payée et j'ai besoin de vous, Esmeralda.

La vieille vint à sa rencontre. Toc, toc, toc, ses talons frappaient le sol. Elle parvint jusqu'à Audrey et attendit, ridée et sombre, la fixant de son œil aveugle.

— Vous souvenez-vous de mon amie, une femme aux cheveux corbeau, très belle ? Son nom est Victoria VanVoorst. Elle va bientôt accoucher et ne veut pas que le médecin de bord l'assiste. Elle vous veut, dit Audrey.

— Je me souviens... Je me souviens de tout.

— Alors, suivez-moi, dit Audrey.

La vieille lui obéit. Effrayées par les ascenseurs, ne voulant pas attirer l'attention d'un steward sur elles, les deux femmes grimpèrent les deux étages qui les séparaient du pont B par les escaliers. Quand elles arrivèrent en B-51, Tory semblait endormie, comme plongée dans une transe. Sa respiration était courte et chaque souffle nouveau semblait arriver plus lentement que le précédent. Ses longs bras dorés et potelés s'enroulaient convulsivement autour de son ventre, comme des lianes folles.

— Laissez-nous, dit simplement la gitane.

Audrey sortit sans mot dire. Elle revint à sa chambre en passant par le pont privé. L'aube gagnait et luttait encore contre la nuit. Et Audrey était fatiguée, si fatiguée. Désormais elle n'avait plus peur du futur. Elle ferait ce qu'elle pourrait. Le reste, l'enfer, l'horreur, appartenait au destin.

Bay était dans leur chambre, à moitié éveillé, à moitié endormi, mais il l'attendait pour la prendre dans ses bras forts. Cher Bay, toujours amoureux même au plus fort de la colère!

— Tu dois me dire maintenant, même si tu es fatiguée, tu dois tout me raconter à propos de cette femme des ponts inférieurs à qui tu as remis un chèque. Même si tu n'avais plus de langue, tu devrais parler.

Elle préféra commencer par Tory. Comment elle n'avait qu'un huitième de sang noir dans les veines, et comment elle avait vécu toute sa vie sur un mensonge. Elle lui dit que le nom de jeune fille de Tory n'était pas June mais Brown, descendante de Philéas Brown... Elle lui apprit comment Tory avait — et n'avait pas — essayé de se suicider et comment, maintenant que le peu de la pilule empoisonnait son corps qui réagissait, le bébé allait arriver. Un mois trop tôt, furtivement, secrètement, honteusement. Audrey lui dit aussi que pour rien au monde Tory ne voulait du médecin de bord, elle ne voulait pas qu'il sache et elle l'avait dépêchée, elle, Audrey, pour chercher la gitane, Mme Romany qui n'était autre que Esmeralda Diego, à lui de choisir!

Et Audrey lui raconta alors, tandis que le jour grandissait, comme un drap blanc que l'on tire sur les ténèbres d'un cercueil, et révélait ainsi une pâleur victorieuse ; elle lui raconta tout au sujet de Esmeralda Diego et de sa fille Daphné, et de sa propre mère, Edmunda Lockholm, et de son amour interdit pour Jeoffry Eckkles.

Ce fut une longue litanie sur le jour qui s'embrasait.

Bay écouta, tenant Audrey dans ses bras, passant

la main dans ses cheveux. Il ne l'interrompit pas par des questions ou des exclamations. Quand elle eut tout fini, et qu'elle fut exténuée, *vidée*, il embrassa ses yeux clos et humides, il embrassa sa bouche sèche et tremblante.

— Ah, ma courageuse chérie ! Je sais que tu es fatiguée, mais j'ai encore besoin de savoir davantage. Je veux savoir pourquoi sans rien me dire tu rédigeas un pareil chèque à cette femme désespérée, sorcière ou enchanteresse..., lui dit-il doucement dans l'oreille.

Elle était si lasse.

— Il y a des choses, cher Bay, qu'une femme ne peut révéler. Des choses que les hommes ne peuvent savoir...

Et alors sa voix se brisa. Elle éclata en longs sanglots douloureux. Il ne dit rien de plus. Il la tint entre ses bras et elle s'endormit avec la nuit qui s'effaçait. L'océan était rouge sang.

Plusieurs heures après, Audrey avait toujours du sommeil en retard, beaucoup de sommeil. Mme Twigg avait fait irruption dans sa chambre et ne voulait pas arrêter de brailler... Audrey voulait savoir comment Tory allait et où pouvait bien être passé Bay, et elle ne voulait pas se résoudre à comprendre ce qu'elle entendait pourtant si bien : que parce qu'elle avait été une mère négligente et indigne, un de ses enfants, une de ses chères petites jumelles, venait d'être prise par Mme Twigg en flagrant délit de « copulation, de fornication, à faire la fille de joie, avec un musicien du bord, un moins que rien, un saltimbanque, un... »

— Le plus bas d'entre eux, dit distinctement Mme Twigg entre des gémissements d'angoisse et l'annonce de sa résignation désespérée. Un troisième violoniste, de rechange, comprenez-vous ?

Swan avait été surprise par la gouvernante elle-même ! Et Mme Twigg braillait, mugissait qu'elle n'avait jamais été de toute sa carrière aussi choquée et secouée, qu'on n'avait jamais défié son autorité à ce point... Tout était la faute d'Audrey, criait Mme Twigg, car Audrey n'avait pas été une bonne mère, toujours trop préoccupée de flirter avec un mari âgé de vingt ans de plus qu'elle, si bien qu'elle ne consacrait pas assez de temps à ses enfants qui avaient autant besoin d'une mère que d'une gouvernante ! Et comme si le fait que cette fille belle, vierge, maintenant irrévocablement souillée et perdue n'était pas assez pour réveiller l'instinct maternel d'Audrey, Mme Twigg était atrocement heureuse d'annoncer que l'autre fille, celle qui avait mutilé sa chevelure dans l'espoir désespéré de se faire remarquer, avait envoyé un faux message par le télégraphe à un homme qui faisait la cour à Cécilia Lady Pomeroy, sur un autre paquebot ! Dans cette missive elle demandait à être enlevée du *Titanic* à minuit, le samedi, la veille, « au cas où Mme Lockholm l'aurait oublié », la veille du seizième anniversaire des jumelles, le plus important des anniversaires pour une jeune fille, et la troisième chose la plus importante d'une vie de femme, après son premier bal et le jour de son mariage !

Le monde de Mme Twigg s'écroulait. Cécilia Lady Pomeroy était furieuse. Elle venait d'envoyer un télégraphe haineux au commandant Lord du

*Californie*, lui disant qu'elle n'avait jamais envoyé de message le priant de venir la chercher, que c'était le fait d'une petite folle ! Cécilia Lady Pomeroy avait informé le commandant Smith, en personne, qu'aucun autre message provenant du commandant Lord ne devait être transcrit par ses opérateurs, et M. Ismay et le propre mari de Mme Lockholm étaient, en ce moment, avec la marquise et lui avaient accordé ce qu'elle demandait... Quant à Smoke et Swan, elles étaient consignées, cadenassées, dans leur chambre. Il restait à Mme Lockholm elle-même à prendre la situation en main car Mme Twigg présentait sa démission, dès maintenant. Jamais, elle n'avait été aussi maltraitée, aussi honteusement « rabaissée plus bas que terre » par une famille qui était supposée représenter « le dessus du panier ».

« C'est si étrange, pensait Audrey, comme paralysée dans son lit. J'écoute tout ce que m'apprend Mme Twigg et je plaide coupable. Et cependant, mon cœur est tourné vers Tory... C'est Tory que je dois aller voir en premier lieu, pas mes filles. Elles peuvent attendre... C'est Tory qui a besoin de moi le plus. »

— Avez-vous des nouvelles de Tory VanVoorst, madame Twigg ?

Audrey s'extirpa lentement de son lit.

— Je n'en ai pas, répliqua Mme Twigg en faisant claquer ses mots par un coup de mâchoire sec.

Elle s'assit dans un fauteuil sans y avoir été invitée, preuve terrible de son désarroi !

— Ce commentaire est bien ce que j'attendais de vous, bien sûr.

— Pardonnez-moi, madame Twigg, mais je suis très préoccupée par l'état de santé de mon amie. Elle ne va pas bien, voyez-vous. Et ces nouvelles, aussi terribles soient-elles, peuvent attendre. Vous avez désormais les jumelles fermement sous votre contrôle. Vous avez découvert leurs péchés, proclamé ce qui n'allait pas. Merci. Merci beaucoup. Je suis désolée que vous nous quittiez, mais il faudra que cela attende aussi, jusqu'à ce que nous ayons débarqué, je pense. Aussi, jusqu'à ce jour, vous restez liée par votre contrat.

Mme Twigg se remit à brailler.

— Tu nous as mis dans le pétrin, dit Swan à sa jumelle.

— Moi ? Et toi alors, dit Smoke.

C'était presque l'heure du thé, et chacune était assise sur son lit, sans ses chaussures ; leurs bas de coton blanc salis par les allées et venues au hublot de tribord pour voir, l'une si Danny venait à son secours, l'autre si le *Californie* approchait du *Titanic*. Ni l'une ni l'autre n'avaient grand espoir, mais dans les circonstances, elles n'avaient nulle part ailleurs où regarder. Au-delà du hublot s'étendait l'océan, un brillant océan d'un bleu vif, un ciel sans nuage et une brise froide.

*Le Titanic* sillonnait les eaux qui semblaient s'ouvrir devant lui et se refermer avec majesté derrière. Mais les jumelles ne prêtaient guère attention à l'avance royale du navire. Enfermées, elles étaient mal à l'aise, pour la première fois, l'une en compagnie de l'autre. Ne sachant pas comment, soudain, elles étaient devenues ennemies.

— C'était stupide. Le soupirant de Cécilia Lady Pomeroy ! Smoke, ça m'étonne de toi, dit Swan en tirant doucement sur un bouton de velours en forme de rose sur sa robe d'un rouge plus sombre.

Smoke ne dit rien. Sans cesse, distraite, elle tournait les pages de son livre, regardant sans les voir des images de navires de commerce, de frégates avec leurs hautes voiles gonflées par le vent du large. Elle préférait tout cela au spectacle affligeant de sa sœur.

— Si tu veux t'enfuir, chère sœur, un paquebot est le dernier des refuges ! Tu as encore lu trop de contes de fées, dit Swan condescendante, malicieuse, avec un ton de voix aigre.

— Oh, arrête ! C'est un jeu, voilà tout. Je m'ennuyais, je n'avais rien de mieux à faire.

— Eh bien, ton petit jeu a presque mis par terre mes projets de mariage. Pas tout à fait...

Smoke arrêta de tourner les pages mais ne releva pas le regard. Qu'est-ce que Swan pouvait bien vouloir dire, des projets de mariage ?

— Je ne sais rien. Tu me caches tout. Dis-m'en davantage, je brûle de savoir.

— Danny et moi allons nous marier dès que nous serons arrivés. Il ne retournera pas en Angleterre. Il demeurera chez nous jusqu'à ce qu'il s'installe. Il ira probablement jouer dans un club ou pour une troupe de théâtre. Je l'aiderai financièrement et j'investirai peut-être dans le music-hall. Père m'aidera.

Smoke contemplait sa sœur. Son visage brûlait, elle le savait et n'essayait pas de le cacher.

— Te marier avec ce paysan, Swan ? Juste parce qu'il t'a séduite ? Ne sois pas ridicule ! Tu es une p...

Mais Swan souriait comme un chat qui aurait trempé ses moustaches dans de la crème.

— Oh, oui, je suis sûre que tu te fais payer. Tu te fais payer beaucoup. Peut-être pas de l'argent, mais simplement un bel anneau de mariage, mais tu ne l'as pas fait pour rien. Non, non, pas toi.

— Tu as raison, sans doute, dit Swan légèrement comme si plus rien ne la concernait.

— Je ne te connais plus, Swan. Tu es différente.

— On grandit...

Smoke ferma doucement son livre d'images. Elle le mit de côté, sur la carpette, sous le lit.

— Tu es bien mystérieuse. Je ne vois pas pourquoi.

— Danny te hait, répondit Swan. Il dit que tu es jalouse de moi. De lui et de moi. Et je suis d'accord.

— Mais pas du tout ! Tu me connais mieux que lui ! Pourquoi le laisses-tu m'insulter comme cela ? Je peux ne pas aimer une personne sans en être pour autant jalouse, n'est-ce pas ?

Furieuse, elle fixa sa sœur. C'était tout ce qu'il avait fallu, un garçon... Un garçon aux lèvres bien dessinées, et sa jumelle s'était retournée contre elle. Jamais elle n'avait été aussi malheureuse, aussi misérable !

— Je ne pense pas qu'il te vaille, c'est vrai. Personne ne le pourrait. Il t'est socialement inférieur, financièrement inférieur, en matière d'éducation également. M'accorderas-tu cela ? demandait Smoke. Et je ne pense pas non plus que tu sois amoureuse de lui ! Comment pourrais-tu l'être ? Tu n'as rencontré personne à qui le comparer. Il n'est que ton misérable, précieux ami de plume, venu à la vie comme un jouet, et tu es enchantée. Tu n'es certainement pas assez âgée pour savoir que tu aimes. Et père et mère ne te laisseront jamais te marier avec lui. Danny Bowen n'est rien et tu es une héritière. Ce n'est qu'un parfait cancre, un musicien de jazz bon marché, il te faudra l'oublier.

— Eh bien, eh bien, est-ce que la conférence est terminée, la jalouse? ronronna Swan.

— Et si tu es enceinte, Swan, tu mettras ta vie en pièces. Il te faudra rester à la maison pour prendre soin du petit bâtard qui vivra dans le grenier, et tu seras une vieille fille pour le restant de tes jours. Oh, Swan...

Il y eut un silence. Chacune bouleversée par la violence qui les opposait.

— Je suis désolée, Smoke, murmura Swan. Je ne voulais pas te faire de mal. Je dois être comme la tante Céleste. J'ai aimé *ça*, dès le début.

— Tu veux dire, faire l'amour? Comment peux-tu, Swan? demanda Smoke en fermant les yeux de honte.

— Oui, je savais que j'adorerais cela, et je ne voulais pas attendre. Je ne pouvais pas le partager avec toi. Aussi est-ce devenu mon secret. Je voulais te raconter. Mais quand j'essayais, tu battais en retraite. J'ai confié tout cela dans mon journal. Il y a deux sortes de femmes, je pense, chère sœur. Il y a les enthousiastes et les froides, les perroquets et les pingouins, si tu préfères. Je suis un perroquet et toi un pingouin, Smoke. Je suis une vague de chaleur, tu es une tempête de neige. Aussi même si nous sommes jumelles pour le monde, nous sommes en réalité très différentes. Je suis la chaleur, l'embrasement, tu vois ?

Swan embrassa les joues de sa jumelle.

— Tu vois, tu comprends, dis, Smoke ?

Ce fut au tour de Smoke de soupirer, ce que disait Swan n'était pas vrai : Smoke aussi pouvait se sentir dévorée par une flamme, un feu. Danny Bowen, par exemple, il lui communiquait ce feu, cette flamme. Mais cela, elle ne l'avoua pas.

— Mais comment épouser le premier garçon venu ? Tu n'as pas encore fait ta sortie dans le monde. Tu ne veux pas être une jeune première ? Il y aura tant de belles robes à porter et de fêtes où aller et où s'amuser. Tu pourrais te marier après cela, épouser qui tu voudrais, mais tu dois avoir un groupe d'admirateurs parmi lesquels tu pourras choisir.

Swan réfléchit.

— Oui, oui, j'en ai envie. Mais on ne peut pas tout avoir. Et je veux Danny, Smoke. Il est chou. Et ce n'est pas un coureur de dot. Tout ce qu'il veut dans la vie, c'est de pouvoir jouer du violon ! Ce n'est pas l'ambition d'un chasseur de dot. Et... Et je l'aime. Je me sens si bien avec lui... « Tu vas devoir m'épouser, à présent, je lui ai dit, j'espère que tu veux bien ! »

— Et qu'est-ce qu'il a dit alors ?

Swan ricana.

— Il a dit qu'il aimerait bien mais qu'il ne croyait pas que ce serait possible. Il n'était pas assez bien pour moi. Mes parents ne l'autoriseraient pas.

— Eh bien, rien de plus vrai, c'est un garçon intelligent ! dit Smoke.

— Et aussi — et Swan pinça un peu sa sœur au coude —, j'ai rusé pour que ça arrive.

— Que veux-tu dire?

— Ecoute. J'ai écrit une lettre anonyme à Mme Twigg. Je l'ai mise dans une enveloppe, l'ai cachetée et j'ai écrit en grosses lettres dessus: « Personnel », puis j'ai eu un des stewards qui lui a remis la lettre juste après le déjeuner.

— Qu'est-ce que la lettre disait, bon sang?

Le jeu de Swan allait être meilleur que le sien!

— C'était une lettre anonyme de dénonciation. L'une des filles à sa charge était en ce moment même en train de fauter gravement avec quelqu'un de l'équipe du *Titanic*. Sur le pont E, dans la chambre 224, pas loin de la chambre des machines.

— Non!

— Si. Et aussitôt, après l'avoir écrite et remise au steward, j'ai sauté dans le lit avec Danny.

— Oh, Swan! Je ne comprends pas.

— C'est très simple: il fallait que je provoque une crise, mais ça ne devait pas avoir l'air de venir de moi. Et c'est ainsi qu'arriva Mme Twigg, sur des charbons ardents, tempêtant.

Swan rit.

— Elle avait amené avec elle un des officiers du navire, un certain Boxhall. Ils étaient prêts à défoncer la porte. Mais je l'avais laissée ouverte... Danny est presque mort de peur. Mais à part cela, tout a marché comme sur des roulettes!

— Tu me stupéfais. Mme Twigg a tout raconté à mère! Nous avons été enfermées à clef.

Elle se glissa hors du lit et tourna la poignée de porte. La porte ne s'ouvrit pas.

— Père va venir, probablement, et nous battre. Et mère va nous désavouer et oubliera jusqu'à notre existence. Et Cécilia Lady Pomeroy me fera mettre en prison pour usage de faux, et tu découvriras que tu es enceinte et tu grossiras comme une baleine.

— Peut-être bien. Mais je vais me marier. A Danny Terence Bowen. Et c'est ça l'important.

*

Pendant ce temps, Audrey avait enfin échappé aux imprécations de Mme Twigg. La gouvernante avait ralenti son débit.

— Je continuerai si je le dois, madame Lockholm, mais seulement jusqu'à ce que nous abordions, et j'exige ma lettre de référence maintenant.

Audrey lui avait écrite une belle et bonne lettre, et Mme Twigg l'avait calée dans son chemisier avant de partir.

Audrey entra à pas de velours dans la chambre de Tory. C'était tard, l'après-midi, le soleil se couchait déjà, comme il se doit dans le Nord, en avril, et l'ombre gagnait et faisait paraître à Audrey l'heure plus avancée qu'elle n'était. Les lumières du *Titanic* étincelaient derrière la vitre comme un spectacle magique, une apparition qu'on ne peut atteindre.

La chambre de Tory était plongée dans l'obscurité. Et Tory, toute mince dans son lit malgré son ventre, Tory luttait dans son sommeil, de façon intermittente, entre ses draps froissés. Mme Romany était à son chevet. Ses longs bras mous dénudés, ses longues manches noires relevées et épinglées. La gitane était assise dans une gracieuse chaise en rotin. Elle semblait fatiguée. Son œil valide était rougi par une attention épuisante, soutenue. Audrey se tint près du lit, prit la main brûlante de son amie. Le visage de Tory était blafard. Une vilaine teinte violette affectait ses lèvres, et ses cheveux, sur l'oreiller, étaient aussi secs que de l'étoupe.

— Elle a vomi pendant des heures, dit soudain Mme Romany. Elle a beaucoup de chance...

— C'était seulement sur sa langue. Une petite pilule jaune, pas encore dissoute. « Du cyanure de potassium », m'avait-elle dit.

— Elle est petite et nerveuse. Elle a forcé son corps à combattre le poison et le résultat c'est que le bébé veut sortir plus tôt que prévu. Elle souffrira encore longtemps.

— Est-elle consciente? Le sait-elle? demanda Audrey.

— Elle sort d'un profond sommeil pour s'étirer longuement et faire son travail d'accouchement en silence. Elle ne demande rien. De temps à autre, elle gémit. Quand elle me voit, elle me prend le bras et dit: « Ne dites rien, peu importe ce qui arrive. Ne les laissez pas prévenir le docteur ou Burty... » Je lui ai promis, ma bonne dame, personne ne dira rien.

— Personne ne dira rien. Si vous voulez partir, à présent, je la surveillerai, dit Audrey.

— Combien de temps pouvez-vous rester?

— Aussi longtemps qu'il le faudra.

— Vous ne tiendriez pas une journée, ma bonne dame. Je vais me reposer maintenant, quelques heures. J'en ai besoin. Et puis je reviendrai.

Audrey se tourna pour lui faire face. Dans l'agonie violacée du jour, Mme Romany semblait très vieille et très fatiguée. Au-dessus de son œil aveugle, la paupière tombait et se tordait. Son visage, ravagé par les rides, tremblait sous les plis de peau. Elle ressemblait à une sorcière, c'était peut-être pour cela qu'elle s'entourait de voiles, pensa Audrey. Et pourtant, on racontait qu'elle avait été une des plus belles filles de San Francisco... Jeoffry Eckkles l'avait aimée. Il avait tué un homme pour elle, et l'avait épousée. Il lui était revenu après son incartade avec la mère de Bay, Edmunda. Il l'avait entretenue avant de mourir. Audrey avait vu la fille d'Esmeralda : Daphné Diego, d'une rare beauté. Une femme méditerranéenne, mûre, piquante, délicieuse et exotique. Mais si elle prenait pas soin d'elle, elle vieillirait mal, négligée. « Tandis que des femmes comme moi, songea Audrey, de la Nouvelle-Angleterre, on se dessèche, on devient cassante et anémiée si nous ne sommes pas aimées. »

— Dormez dans mon lit, Esmeralda. Je resterai ici jusqu'à ce que vous reveniez. Et... merci.

Mme Romany se souleva du fauteuil de rotin et sortit de la pièce en titubant, sans un mot. En un rien de temps, Audrey pouvait l'entendre, à côté, qui ronflait comme un pirate gorgé de vin. Audrey s'installa dans le fauteuil encore chaud de Mme Romany. Elle mit ses mains l'une sur l'autre, sur ses genoux, pour surveiller son amie. « J'espère qu'elle rêve, pensa Audrey, pendant qu'elle endure l'enfer. »

*
**

Le commandant Stanley Lord du *Californie* se tenait au-dessus de la table du télégraphe, lisant le message qui venait d'arriver du *Titanic*. On lui demandait de ne plus essayer de contacter Cécilia Lady Pomeroy, un passager du *Titanic*, sous aucun prétexte. On lui signifiait qu'une faute à cette règle serait considérée comme « un manquement à son devoir », par son propre employeur, la Ligne Leyland, qui appartenait à la M.C.I., et qu'il lui en serait fait grief. Cécilia Lady Pomeroy était à bord du *Titanic* en compagnie d'un des directeurs de la M.C.I., disait le message, et elle ne voulait plus entendre parler de lui. Comme résultat, le directeur de la M.C.I. exigeait personnellement du commandant Lord qu'il « arrête cette infamie et qu'il reprenne ses devoirs ».

Le commandant Lord était livide. Aussitôt la missive en mains, il la tirebouchonna dans son poing. Comment osait-elle ? Non seulement cette femme l'avait refusé, mais elle avait changé d'avis et l'avait supplié, et s'était ainsi jouée de lui, de son affection. Fatiguée du jeu, elle l'avait alors dénoncé à ses supérieurs, en risquant peut-être de ruiner sa carrière. Il avait commandé avec joie le *Californie* depuis moins d'un an, il était encore à sa période d'essai ! A quoi pensait cette femme stupide ? C'était une garce ! C'était une bête ! Ne se rendait-elle pas compte que des vies étaient en jeu ? Une telle humiliation, une telle trahison ne pouvait qu'effacer toute passion, tout amour !

Le commandant Lord se détourna et marcha, le visage de marbre, vers ses quartiers privés. Eh bien, elle ne connaissait pas l'homme qu'elle avait ainsi rejeté et ridiculisé. Elle ne connaissait pas sa mesure : il lui jetterait cette histoire en plein visage, même si ça devait lui prendre une vie. Elle avait couché avec lui, avec le corps de son mari dans la pièce qui n'était pas encore froid...

Il ferma sa cabine à clef pour ne pas être dérangé, se versa trois bons doigts de rhum. « Qu'elle pourrisse au fond des mers, c'est tout ce que j'ai à dire. »

Il leva son verre en guise de toast funèbre.

— Ho, ho, ho, Davy Jones ! chanta l'oiseau vert dans sa cage.

Il fit frétiller ses ailes, trembla de tout son plumage et remua ses doigts crochus à la recherche d'un cracker.

Burton VanVoorst se tenait devant le bar du *Titanic*, le regard vide, se demandant quoi boire de plus. Il s'était abreuvé de gin-fizz pendant toute la journée et commençait à être sérieusement éméché.

Il avait manqué le dîner. Qu'importe ! Il s'était nourri de cacahuètes et de quelques-uns de ces pruneaux chauds enveloppés dans du bacon. D'accord, il s'était bien trompé. D'accord, il n'avait été qu'un sale bâtard insensible, égoïste. Mais il réparerait tout ça, implorerait son pardon. Il lui dirait la vérité : il se fichait de la couleur de sa peau ! Ou plutôt, non : il était fou de sa peau, de sa couleur dorée. Il aimait cette femme, et était horriblement malheureux sans elle. Il voulait la reconquérir.

— Ecoute, dit-il au barman en agitant dans l'air un cure-dent.

Le barman était un Noir. C'était un homme élégant d'une quarantaine d'années, en veste blanche avec une cravate noire, ses cheveux étaient poivre et sel.

— Monsieur? dit le barman.

— Ecoute, comment t'appelles-tu?

— Wisdoms, monsieur.

— Eh bien, écoute, Wisdoms. Je veux te dire que personne n'est parfait.

Le barman sourit.

— C't ainsi, cap'taine. Dieu lui-même dit que le plus juste des hommes fait un péché sept fois par jour. Pensez un peu, cap'taine, sept fois par jour, les meilleurs d'entre nous!

— Ecoute, je voudrais un « pink lady ». Tu sais ce que c'est? Tu peux en faire un?

Le barman fit claquer son torchon.

— Bien sûr, cap'taine. Ça arrive.

— Brave homme, dit Burty.

— Merci, monsieur, dit le barman.

Il brisa un œuf en séparant le jaune du blanc avec la coquille.

— Je parierais que tu n'en fais pas beaucoup pour les messieurs, Wisdoms, dit Burty, regardant le barman ajouter de la crème, de la grenadine au blanc d'œuf, du gin et de la glace avant de passer le tout au shaker.

— Pas beaucoup, cap'taine, mais c'est la boisson favorite de ces dames. Elles aiment la siroter doucement, vous savez bien, avec une paille de couleur.

— Ma femme est comme une chatte, Wisdoms. Très belle et très gentille.

Le barman versa le cocktail dans un verre à long pied. Il prit une serviette qui portait l'emblème de la Ligne Polaire en face de Burty et posa le verre sur la serviette.

— Voilà, cap'taine, ça vous va ?

Burty inclina de la tête et but une gorgée. La boisson était sucrée, comme de la meringue ou de la tarte au citron. Burty appuya ses lèvres, les fit rouler sur le bord du verre.

— C'est bien une boisson de femme, dit-il.

Le barman rit et un diamant entre ses dents étincela.

— Eh bien, on peut le jeter, si vous voulez.

— Oh non, non, c'est exactement ce qu'il me faut.

Burty prit une nouvelle gorgée.

— Ça me rappelle ma femme, Wisdoms. Tory, c'est son nom. Victoria VanVoorst, trois V à la suite.

— Victoria VanVoorst, répéta Wisdoms. C'est un nom pour une reine, monsieur.

Burty regarda l'homme.

— Mais c'est une reine ! Et elle va avoir un enfant. Notre premier.

— C't ainsi ? Félicitations, vous devez être heureux. « Multipliez-vous si vous voulez grandir », ainsi dit le Seigneur. Comment l'appellerez-vous, monsieur ?

— Ça me vient juste à l'esprit. Je vais le nommer comme toi.

Burty avala la moitié de son verre.
— Comme moi, monsieur?
Le diamant étincela de nouveau un bref instant.
— Comme toi, tu es un gentleman, dit Burty.
Le barman s'inclina. Burty pensa qu'il prendrait une autre boisson aussi terrible, un « long island tea », avec beaucoup de glace pilée.
— Wisdoms Kingsley VanVoorst! Comment tu trouves?
— Ça sonne plutôt bien, cap'taine.
— Est-ce que tu voterais pour un homme qui porterait ce nom, pour en faire un président?
Le barman rentra la tête et souleva les épaules.
— Je suis né en Jamaïque, je n'ai jamais voté de ma vie, monsieur.
— Eh bien, si tu étais américain, alors?
Wisdoms secoua la tête.
— Je ne me précipiterais pas, non, non.
— Tu voudrais d'abord vérifier, c'est ça? Voir si c'était un homme... juste.
— C'est ça, monsieur.
Burty approuva du chef. Il mit un dollar craquant neuf sur le bar.
— Bonne nuit, Wisdoms, et merci. C'était un excellent verre.
— Bonne nuit, monsieur VanVoorst, c'était un plaisir...
Dans le bar du fumoir, Burty commanda un « long island tea ». Il s'appuya contre un pilier et contempla, sans y penser, les tables des joueurs. Il attendait Teddy Royce.
Quand il apparut, Burty avait décidé d'inter

cepter cet escroc et de lui écraser la gueule pour le mal qu'il avait causé. Il allait cogner cet enfant de malheur ! C'est ça, et puis l'écraser au jeu. Lui vider les poches. Il n'en resterait rien.

# 14.

Depuis trois heures John Philips et Harold Bride, les opérateurs du télégraphe du *Titanic* travaillaient d'arrache-pied pour tenter de réparer leur machinerie. Inexplicablement, à onze heures du soir, le télégraphe s'était tu avec un dernier chuintement. Philips, l'officier le plus âgé, était de quart. Après avoir vérifié la machine par lui-même, il avait tiré Harold Bride du lit pour qu'il l'aide. Patiemment, le jeune Bride lisait les instructions du manuel ; John Philips parcourait les fils et inspectait les lampes. Un peu après deux heures du matin, Joseph Boxhall se joignit à eux. Tout, à bord, marchait sans problème. La nuit était claire et calme, la visibilité parfaite sur des milles, et l'océan aussi tranquille qu'une baie très abritée.

— Comment ça va, Philips ? demanda Boxhall.

Il apportait aux deux hommes une tasse de café.

— Pas mieux ! Merci pour le café, dit Philips.

— Nous sommes toujours à chercher, ce sera quelque chose de très simple quand nous le trouverons, comme un câble débranché ; qu'en pensez-vous Philips ? demanda Harold Bride.

L'opérateur secoua la tête, se contenta de bâiller et passa le bout de ses doigts sur un branchement arrière.

— E.J. a une femme dans son lit. Une riche Américaine qu'il m'avait désignée du doigt au départ, dit Boxhall sur le ton de la simple conversation.

— Est-ce qu'elle a du chien, monsieur Boxhall ? Ce ne serait pas par hasard cette magnifique veuve rousse ? Ou cette blonde, Candee je crois ? Si j'avais le choix, je prendrais la rousse. C'est la plus belle sur le navire, à mon avis.

— Elle est trop belle pour toi ! Cécilia Lady Pomeroy ne ferait de toi qu'une bouchée, dit Boxhall.

— C'est probablement vrai.

Il regarda la main de Philips qui passait à un autre branchement.

— Et toi, Joe ? dit John Philips faisant courir ses doigts à l'aveuglette sur les câbles.

— Eh bien, moi, j'aime les jeunes. Ces jumelles blondes sont plutôt bien.

Les deux hommes du télégraphe grognèrent.

— Ne vous occupez pas de celle aux cheveux courts. C'est une enquiquineuse, dit Harold Bride alors qu'il défaisait un cadran. Boxhall se mit en travers de la porte afin de pouvoir continuer à parler tout en observant le veilleur sur le pont.

— Je l'ai vue ici, tranquillement assise. Elle doit bien vous aimer, Bride.

Bride secoua vigoureusement la tête.

— Que Dieu me vienne en aide ! C'est une terreur. Elle m'a eu alors que je ne voulais pas la laisser envoyer de message. C'est une des filles du patron, vous savez. Lockholm de la M.C.I. Il vaut mieux l'éviter. Elle vous ferait perdre votre boulot en un rien de temps.

— Ouais. Je ne touche pas aux première. Je connais ma place.

— E.J. aussi d'habitude. Peut-être que ça nous prend tous, de temps à autre.

— Je vais vous dire une chose, avoua Boxhall. Le commandant est amoureux, il me l'a dit lui-même. « Pour la première fois de ma vie, m'a-t-il dit ce soir. Peut-être que ça vous arrivera un jour à vous, Joe... » Eh bien, je n'aime pas ça! Enfin... Prévenez-moi quand vous aurez trouvé la panne, d'accord?

— Dès que nous émettrons de nouveau, nous vous le ferons savoir, et merci encore pour le petit noir, ça aide, dit Philips.

Boxhall s'éloigna. Il avait appris ce qu'il voulait. Les avertissements concernant la glace sur leur route se multipliaient d'heure en heure. C'était anormal, tant de messages, avec un vent et une température de l'eau relativement tempérés, encore, et il n'y avait pas de tempête à l'horizon. Des blocs de glace, toujours de la glace, droit devant, et en grande quantité. Ils ne recevraient plus rien tant que le télégraphe ne serait pas réparé. Eh bien, les gars trouveraient la panne, et tout rentrerait dans l'ordre. Si E.J. n'était pas inquiet, pourquoi lui, le quatrième officier Boxhall, devrait-il s'en faire?

Un brouhaha de voix s'éleva du pont A. Boxhall partit en flèche pour rejoindre l'escalier. Tout le bateau allait être réveillé! Quel raffut! Une partie de ses responsabilités, ce soir, c'était de veiller à la paix du navire. La paix et la sécurité des passagers du *Titanic*.

Les cris provenaient du fumoir. Des joueurs à couteaux tirés, probablement, qui devaient s'accuser mutuellement de tricher.

Cécilia avait admiré chez feu son mari — parmi de nombreuses autres choses — son intégrité enjouée. Rolf Lord Pomeroy avait porté ses vertus avec grâce, et une des plus touchantes était, malgré son sympathique amour du sport, sa volonté de ne jamais faire dépendre le plaisir qu'il prenait sur quelque forme de compétition que ce soit.

Ayant bon cœur, l'esprit ouvert, attentif, il abandonnait sans regret l'ivresse du jeu, et n'utilisait jamais l'argent comme mesure de son bonheur. Et Cécilia, bien qu'elle ne partageât pas la passion de ceux qui font tourner la roue de la fortune tandis qu'ils mettent en balance toute leur âme, tout leur esprit et leur compte en banque, Cécilia aimait regarder ce qui se passait dans le regard des hommes qui gagnaient... ou perdaient, de petites sommes ou des sommes importantes. Un tel plaisir secret d'observation la renseignait subtilement sur la nature des hommes. Le jeu était toujours une épreuve révélatrice.

C'est ainsi que Cécilia Lady Pomeroy, n'en pouvant plus d'ennui, entra d'un pas nonchalant, tard, dans le salon fumoir. Elle regarderait Teddy Royce prendre des risques, lui qui lui avait posé beaucoup trop de questions sur ses bijoux pour être un vrai gentleman ! Elle le regarderait miser sa fortune, son cœur, son existence sur les caprices d'un jeu de cartes, observerait ses réactions d'orgueil, de plaisir, de peur.

Burty VanVoorst était là contre un pilier, le nez rouge d'avoir trop bu, mais correct. Il la salua de la main et elle traversa la salle pour le rejoindre. Elle portait une robe en soie sauvage verte, avec un col mandarine. On eût dit que ses seins étaient libres sous la soie. Et ses hanches roulaient lascivement.

— Cher Burty. Ta Tory est malade. Es-tu allé la voir? lui demanda-t-elle.

Burty avait un verre à la main, un verre de plus. Mais par un effort de sa volonté de fer, il se tenait droit. Il lui sourit et se campa difficilement sur ses jambes pour se maintenir, avant de lui dire, avec une dignité que Cécilia trouva touchante:

— Quel que soit son état, Cécilia, je l'aime toujours.

Il but une longue gorgée. Elle mit sa main, sa main gantée de blanc, sur son bras.

— Tu dois aller la voir, Burty. Vas-y maintenant. Elle a besoin de toi. Tu es un homme heureux.

Il vacilla un peu quand elle le toucha. Il lui sourit affablement de nouveau, c'était un tendre sourire pour un visage aussi imprégné d'alcool.

— Tu es une femme magnifique, Cécilia. Tu te tiens fière, indépendante comme une statue. Ma chère, pourrais-tu me donner un petit baiser? Je sais que je suis passablement saoul, si je ne l'étais pas je ne te demanderais pas ça; mais je veux qu'une très belle femme m'embrasse, ici et maintenant. Juste une fois. Juste un petit baiser.

Ses yeux étaient troubles. Cécilia s'inclina et l'embrassa sur les lèvres. C'était un baiser léger et chaste ; il ne dura qu'un bref instant. Mais il parut ravi. Il rejeta ses épaules en arrière et expira profondément. Elle lui sourit.

— Tu es un des hommes les plus adorables qui soit, Burty, un des meilleurs. Maintenant, m'escorteras-tu jusqu'à ma table ? Je suis venue regarder jouer.

Il lui offrit son bras. Elle le couvrit de sa main gantée. Il l'amena à sa table, tira la chaise. Elle s'assit, croisa les jambes.

— Je ne peux pas te laisser ici non accompagnée, dit-il.

— Mais si ! J'ai envie d'être seule. Je ne peux pas dormir encore mais ça viendra vite, j'espère. Alors bonne nuit, cher Burty, et ne t'inquiète pas ! Si un monstre m'enlève, ce sera avec mon entier consentement.

— Bonne nuit, cher ange.

Il la quitta parce qu'il le fallait. Il allait se battre et Cécilia ne pouvait pas être associée à cela. Il attendait Teddy Royce, le bâtard qui avait provoqué toute cette histoire lamentable avec ses contes sur la Négresse !

Eh ! Voilà le rat qui entrait. Le voilà, déjà installé derrière son dos tandis qu'il parlait à la belle Cécilia. Il était là, ce fils maudit, à donner une main, à roucouler. Il faudrait donc qu'il attende, juste un moment... Teddy Royce contempla Cécilia, magnifique, seule, mais garda son pouce sur la main de cinq cartes, couchée profondément au creux de sa paume. Burty étudia le beau visage de ce sale type, bronzé et comme ciselé, avec sa moustache et ses cheveux de jais sur une veste de lin blanc. C'était un beau garçon comme jamais Burty ne le serait, ne l'avait été. Et alors ? L'apparence ne donnait pas toujours la mesure d'un homme. Cet oiseau-là ne fera jamais un million de dollars par lui-même, pensa Burty. Il faudra qu'on lui les passe... Ou qu'il se marie à plus riche que lui. Il jeta un coup d'œil à Cécilia. Elle toisait Royce avec ce regard amusé et détaché qu'elle prenait souvent, et qui signifiait que rien ne serait jamais trop bien pour elle. Elle appréciait, jaugeait, évaluait. C'était sa force et le secret de sa grande séduction. Burty songea qu'il n'avait pas assez pris le temps, dans sa chienne de vie, d'apprécier les autres. Il n'avait pas eu de temps pour cela. Il avait été trop occupé à rassembler, amasser, *se frayer un chemin*. Lui, comme Teddy Royce, Burty s'en rendait compte avec la plus grande clarté, n'était pas tout à fait un gentleman. Eh bien... Son *fils* serait alors un gentleman ! Plus doux que lui, plus cultivé.

Cécilia Lady Pomeroy ne pourrait jamais aimer un sale type pareil ! Jamais elle ne penserait à Teddy Royce, pour elle, pour ses nuits... La partie à la table de Teddy venait de se terminer, et Royce l'avait gagnée. Burty regarda la fripouille en détail. Les poignets de l'homme étaient épais, les muscles de son dos et de ses épaules ondulaient sous sa veste de lin. « Aussi fort et résistant soit-il, il ne m'aura pas, pensa Burty. La colère me fait des poings d'acier... »

Et puis, décidé et prêt, il se tenait debout derrière son ennemi.

— Monsieur, j'exige que vous vous écartiez de cette table pour un moment. Vous et moi avons à régler une affaire.

Teddy Royce avait vu Burty venir, dans le miroir. Il avait lu la détermination dans ses mâchoires serrées et sur les joues fortes et rougies de Burty. Il savait qu'il était pris au piège. Et que pouvait-il faire d'autre sinon laisser le farceur jouer les héros ? Cécilia Lady Pomeroy, « vivement intéressée, la petite chérie », se tenait assise, trois tables plus loin. Teddy jouerait sur son instinct maternel et se laisserait démolir... Il salua ses compagnons de jeu.

— Veuillez m'excuser, s'il vous plaît, dit-il.

Il tira sa chaise en arrière, commença à se lever. Burty, furieux du sang-froid de Teddy Royce, perdit le sien. Il lança son poing sous la mâchoire du bandit. Un beau crochet ! Royce n'avait pas vu le coup venir, ne l'avait pas prévu. Un gentleman dans un salon ou un bar fumoir de première, quel que soit le degré d'offense, ne balance pas son poing avant que l'autre ne soit prêt. C'était mal, très mal élevé. C'était du combat de rue. Ça ne se faisait pas. Le joueur tituba sous le coup. Sa chaise s'écroula, il perdit l'équilibre et s'effondra. Il était sur les genoux quand Burty le renvoya de nouveau au tapis, cette fois sur la tempe, et alors, ce fut une pluie de coups, assenés avec fureur.

A travers ses paupières gonflées, il vit Van-Voorst essayer de se dégager des bras d'une douzaine d'hommes qui étaient intervenus. Mais l'abruti reprenait le combat contre eux et mettait sens dessus dessous la pièce entière... Teddy Royce roula pour voir où était Cécilia Lady Pomeroy. Elle avait quitté sa chaise et sa robe ondulait, vert océan. Elle se glissait vers lui, un ange calme. Elle n'avait pas l'air alarmée, seulement curieuse. Fasciné, il la regarda s'approcher. Il sourit et tout son visage se crispa de douleur. Et malgré tout, il sourit, car elle était extrêmement belle. Elle s'accroupit près de lui. Ses seins se soulevèrent sous la soie vert d'eau. Il pensa qu'il l'aimait.

Une ombre s'écroula sur lui. Ce ne fut pas Cécilia mais son ennemi. Il regarda, les yeux gonflés, VanVoorst, libre, se jeter sur lui comme un fou.

— Je m'excuse auprès de vous, VanVoorst. Je n'aurais pas dû vendre, vous n'auriez pas dû acheter. Je regrette, murmura-t-il après les derniers coups.

Il tendit sa main. Burty ne la prit pas. Cécilia étudiait silencieusement le visage de Teddy Royce.

— Pardonne-moi, Cécilia Lady Pomeroy, de t'avoir fait le témoin de tout ceci, mais c'était mon honneur.

Cécilia éprouvait une certaine pitié pour eux deux, et de l'amour aussi pour eux deux. Penchée sur Teddy Royce, elle approuva et sourit lentement et tristement.

Burty s'éloigna et quitta le fumoir. D'autres hommes le regardèrent s'éloigner. Pas trop de dégâts…

A présent, il allait vers elle, il rentrait chez lui, avec elle… Il savait qu'elle allait accoucher plus tôt que prévu et qu'elle s'était battue, toute seule, contre le poison, contre le malheur, contre le destin. Par sa faute. Ils pourraient perdre l'enfant. Il se le promit alors : il ne l'abandonnerait plus avant que la mort ne les sépare !

— Tory !

Il cria son nom et commença à courir sur les coursives.

— Tory ! Tory !

Elle l'entendit appeler. Epuisée, elle se redressa sur son oreiller pour l'accueillir.

Et pendant ce temps, Cécilia continuait à contempler Teddy Royce, vautré, à moitié assommé.

— Vous vous attirez souvent des ennuis comme ça ? dit-elle en remettant une boucle de ses cheveux à sa place.

— Il y a ceux pour qui la vie n'est qu'une terrible partie de plaisir et de jeu. J'en suis...

— Et ça vous amuse les coups, la violence ?

Il avait atrocement mal. Mais oui, approuva-t-il, ça l'amusait *comme un fou*. Il aimait cette douleur, il aimait avoir risqué aussi bêtement sa vie. Et puis tout ça lui avait permis de rencontrer Cécilia Lady Pomeroy !

— Lève-toi, à présent, dit rudement Cécilia.

Et elle attendit, sans l'aider. Il lui prit le bras et le mit sous le sien. On les vit sortir ainsi, lui rigolard et caressant, encore à moitié groggy, elle, gracieuse et détachée.

Et Audrey ne pouvait trouver Bay.

Tout ce samedi, elle était restée assise au chevet de Tory. Elle vit ainsi le jour passer, par la fenêtre, elle put contempler l'océan rouler ses vagues, serein et magnifique. Comme le soleil tombait, les couleurs de l'Atlantique se diluèrent et passèrent d'un bleu brillant à un profond gris moiré. A six heures, Mme Romany vint prendre la relève et Audrey demanda à un steward de trouver son mari. Mais M. Lockholm était introuvable.

Elle dîna dans la salle à manger, à la table du commandant en compagnie de Dove, de Cécilia, des Astor et de Bruce Ismay. Bay n'apparut toujours pas. Mme Twigg aussi avait disparu, et les jumelles étaient enfermées dans leur chambre jusqu'à ce que Bay et Audrey les rejoignent. Elle aurait à confronter ses filles avant dimanche. Dimanche, c'était leur anniversaire. Et elle voulait parler avec Bay. Que faire de Swan qui avait si facilement fauté avec ce garçon? Elle se blâmait. Elle n'avait pas été vraiment une mère, toujours présente. Elle avait préféré Bay aux jumelles, préféré l'amour à l'amour maternel. Elle pensait pourtant qu'elle n'avait rien négligé en confiant ses filles à d'autres, mais Mme Twigg avait raison: Audrey avait oublié ses enfants. Elle n'avait pas pu donner à Smoke et Swan tout l'amour dont elles avaient besoin. Et voilà que ses filles venaient de payer pour ça! Et les payaient de retour, Bay et elle... Cher Bay. Sa vie, son amour. Où était-il passé?

Seule, dans leur chambre, son vison sur sa chemise de nuit car l'air était froid, Audrey attendit son mari, effrayée de ses enfants, répugnant à leur faire face et terrifiée à l'idée de ce que demain allait apporter, car ce soir, au dîner, les places avaient été indiquées par des *lunes* en papier... Des *lunes*, comme l'avait prédit la gitane!

Elle vendrait les perles au fermoir d'ivoire en forme de lune que Bay lui avait offertes comme cadeau pour le voyage. Elle ne pouvait supporter de regarder le bijou, très beau, mais à présent signe de mort et de catastrophe. Elle l'avait glissé au fond de son coffret à bijoux, tout au fond... Si elle avait été plus sage, elle aurait donné le collier à Mme Romany au lieu de ce chèque ; le collier valait davantage. Elle vendrait les perles sitôt de retour à New York. Elle remettrait l'argent sur le compte de Bay...

Où était-il? Peut-être que la gitane savait... Mme Romany, au chevet de Tory, avait prouvé ses qualités et son pouvoir occulte : elle s'était glissée dans leurs vies. Oh ! où était Bay et que faisait-il pour l'avoir abandonnée ? En écho, dans le hall, elle entendit Burty appeler et réveiller tout le monde.

— Tory ! Tory !

Il trompetait comme un éléphant. Misérable comme elle l'était, Audrey sourit de l'entendre. Elle ferma les yeux et remonta le col du vison sous son menton. Le pas pressé de Burty passa sa porte : un de leur mari au moins était en sécurité chez lui.

Bayard Lockholm avait répondu avec plus d'attention aux complaintes de Mme Twigg, il l'avait très sérieusement écoutée. Il avait été choqué. Mme Twigg se faisait plus douce, toujours plus douce en lui narrant l'histoire. Quand elle fut arrivée au bout, elle lui dit, en s'excusant, qu'elle avait enfermé ses filles dans leur cabine et lui avait donné la clef. Elle avait voulu démissionner mais demandait, à présent, à rester en place ; les jumelles avaient besoin d'elle, disait-elle. Et c'était autant sa faute, sinon plus, que celle de Mme Lockholm ou la sienne, car c'était sa tâche et son devoir de veiller à la sécurité des enfants, et à leur réputation. Or elle venait d'échouer lamentablement.

— Bien sûr que vous restez à notre service, à vous occuper des jumelles, répondit Bay.

Il lui confia qu'elle n'était pas à blâmer, la vie réservait bien des tours. Et il avait ajouté que nous devions nous enrichir d'une lumière intérieure pour nous guider. Puis il lui avait demandé de l'escorter, si elle le désirait, jusqu'à la cabine étroite de Danny Bowen. Il voulait rencontrer le garçon, disait-il pour parler avec lui. Humblement, elle l'avait fait. Oui, Bayard Lockholm s'en tirait mieux que sa femme dans cette affaire. D'une manière bizarre, elle souhaitait avoir annoncé la nouvelle différemment à Mme Lockholm. Toute la journée Bay Lockholm était resté sur le pont E, enfermé avec Danny Terence Bowen. Dans la soirée, alors que Danny était parti jouer, Bay Lockholm était resté assis là. Mme Twigg, à l'extérieur, attendait. Elle fit venir son dîner et le sien. Ils mangèrent ensemble, en silence, dans ce réduit sombre sans fenêtre. Puis elle sortit de nouveau et s'assit à la même place.

Tard, Danny revint, entra dans la chambre et referma la porte, et toujours Mme Twigg attendait. Elle dormit à poings fermés. Elle rêva de choses idiotes, dérisoires à pleurer, de fragments de son enfance, de son premier baiser... Jamais elle n'avait essayé d'aimer depuis, elle avait vieilli sans s'en rendre compte ! En se réveillant brusquement, elle se souvint de sa décision de s'engager comme nurse et gouvernante — décision qui avait irrévocablement changé sa vie.

Finalement, finalement, M. Lockholm sortit de la cabine de Danny Bowen. Il lui prit le bras, comme si elle était une dame et l'entraîna jusqu'au pont B. Il la raccompagna à sa chambre et la remercia pour sa loyauté et sa fermeté.

— Je ne l'oublierai pas, madame Twigg. Merci encore pour votre aide. Bonne nuit.

C'est alors qu'elle entendit du tapage provenant du fumoir. C'était après minuit, et le bruit envahissait tout le pont. Rapidement, elle se faufila dans la B-35 et referma à clef derrière elle. Elle avait donné à Bayard Lockholm la clef de la chambre de ses filles. Elle l'entendit plus qu'elle ne le vit mettre la clef dans la serrure et déverrouiller la porte. Puis quelque imbécile arrogant — oh ! c'était M. Van-Voorst ! — commença à brailler :

— Tory ! Tory !

Mme Twigg se jeta sur son lit. C'était pourtant quelque chose qu'elle interdisait vigoureusement aux jumelles. Elle ôta lentement ses bas. « D'une certaine manière, pensa-t-elle en bâillant largement sans mettre sa main sur la bouche car personne n'était là pour regarder, à bord de ce navire, pour le meilleur ou pour le pire, je suis devenue une partie de cette drôle de famille... »

Et vite, elle se mit à ronfler, encore habillée !

Smoke et Swan étaient endormies, côte à côte, dans le lit de Smoke, quand la clef tournant dans la serrure les réveilla. Elles ouvrirent tout grand leurs yeux turquoise pour découvrir leur père, élancé, élégant et réservé, une expression de froideur sur le visage. Il les contempla un moment sans rien dire. Elles attendirent, le cœur battant. « Oh, que va dire père ? se demandait Smoke. Swan a eu tort de se comporter ainsi, il est très en colère ! » Dehors, il y avait un beau remue-ménage, des cris, mais Smoke n'y prêta pas garde. Pour elle, les choses importantes étaient ici, dans cette cabine. Swan n'avait pas peur ; elle avait hâte de la confrontation. Sous la couverture, elle se frottait nerveusement les pieds et tapotait la main de sa sœur pour la rassurer.

— Mes chéries, dit leur père, j'ai rencontré le jeune homme, ce Danny Bowen, Swan. Il dit qu'il est amoureux et qu'il veut t'épouser. Il sait qu'il n'est pas à la hauteur, il sait que vous êtes toutes les deux très jeunes, il sait qu'il ne peut assumer la charge d'une femme. Il a, m'a-t-il confié, une famille pauvre, et une mère qu'il doit aider financièrement, comme il peut. Il accepte de ne pas t'épouser tout de suite…

— Non, dit Swan, coupant brutalement son père. Non, père, nous devons nous marier immédiatement. J'insiste, vous voyez. Je l'ai déjà pris comme mari, père, ne comprenez-vous pas cela ?

— Je comprends, Swan Joséphine, et j'en suis profondément peiné. Vous avez perdu, sans raison, ce que je — et le monde entier — pense valoir plus que la beauté chez une femme.

— Eh bien, restaurez ma vertu, père, dit Swan effrontément. Une femme mariée garde sa réputation intacte.

Smoke pensa à leur tante Céleste mais retint sa

langue. Mentionner Céleste en ces circonstances ne ferait qu'irriter davantage leur père.

— Eh bien, ma petite fleur..., dit Bay.

Il était raide, sur la défensive, et c'était effrayant pour Smoke. Elle vit ce que Swan ne vit pas, que leur père était en rage, que c'était étouffé dans son cœur.

— Vous n'êtes pas dans la position, mademoiselle, de me dire ou de dire au monde ce que vous ferez. Je vous le dirai. Et pour commencer, je vous dis ceci : vous n'épouserez pas ce garçon cette année ou la suivante...

— C'est ce qu'on verra ! J'en mourrai sinon !

— Du bla-bla. Tu ne verras plus ce garçon !

— Ce n'est pas un garçon, c'est un homme, et je l'aurai, vous ne m'arrêterez pas !

Swan se précipita hors du lit et courut pieds nus vers la porte non fermée à clef, mais son père l'avait précédée. Il la gifla violemment, une seule fois. Le bruit, inconnu auparavant dans la maison Lockholm, résonna, et s'évanouit. Immobile, sous le choc, des larmes apparurent dans les yeux de Swan, et les marques rouges de la main de son père défiguraient sa joue gonflée. Elle se détourna, revint vers son lit, non repentie. Elle s'assit le dos droit et croisa les bras sur sa poitrine.

— Je l'épouserai, père !

— Non, vous grandirez, d'abord. Je suis désolé de vous avoir associée à cette croisière, vous n'êtes pas prête pour voyager. Dès que nous serons de retour, vous irez en pension, Swan Joséphine. Peut-être en Suisse. Smoke restera avec nous. Vous serez séparée non seulement de votre « paysan » mais de votre jumelle, de vos parents, de votre chez-vous. J'espère qu'au loin vous apprendrez ce que vous n'avez pas su apprendre de nous.

— Voulez-vous me faire violence, père? dit Swan.

Ses yeux étaient de nouveau secs et étincelaient, d'un bleu vif.

— Je veux dire que vous devez apprendre les attitudes d'une dame, avoir l'estime de vous-même et de ceux qui vous entourent.

— Et si je ne le fais pas, me fouetterez-vous comme un esclave? M'accrocherez-vous par les talons et me battrez-vous?

Il ne répondit pas à ces persiflages.

— Si, quand vous êtes en âge, quand vous aurez passé votre vingt et unième anniversaire, vous choisissez de mener une vie dissolue, ma chérie, je ne vous arrêterai pas. Mais cela sera avec vos fonds propres et sans ma bénédiction. Ce sera votre choix. C'est tout ce que j'ai à vous dire, ce soir. Demain, peut-être que votre mère viendra... Smoke?

— Serons-nous enfermées pour le reste du voyage? interrompit Swan de nouveau.

Bay secoua la tête.

— Non, Mme Twigg a décidé de rester avec vous. Elle avait demandé sa démission après ce qui est arrivé, mais elle a repris sa parole.

— Hourra pour Mme Twigg! C'est une vieille idiote de bonne, et si vous voulez savoir, je m'en tire bien avec elle.

— Aussi insensée soit-elle, c'est une dame que j'aime et que je respecte, dit Bay.

Il se tourna vers son autre fille, raidie par la surprise.

— Et quant à toi, Smoke…

Smoke admirait sa sœur. Swan n'avait jamais joué aussi serré dans sa vie ; Swan avait toujours été celle qui respecte les ordres, l'exemplaire petite Swan…

— Oui, père ?

— Demain Swan change de cabine et s'installe avec Mme Twigg. Vous demeurerez ici. Ce qui ne veut pas dire que vous ne pouvez plus être ensemble. J'espère que vous continuerez à être son amie.

Oh, il n'avait jamais été comme cela, auparavant, si sombre, définitif et enclin à punir… Swan était une triple idiote. Ne le lui avait-elle pas dit plus de cent fois ?

— Oui, père.

Bay se leva.

— Le jeune homme en question a été d'accord pour se tenir éloigné de vous durant le reste de la traversée, comme un signe de sa bonne foi. Ne ruinez pas ses chances !

Il les quitta alors, éteignant les lumières et fermant silencieusement la porte.

Après un long moment, les jumelles entendirent la faible ligne mélodique d'un violon qui jouait sous leur cabine : « Songe d'automne », joué pour une seule d'entre elles, mais les deux soupiraient. Aucune ne voulut rompre le charme. Elles étaient étendues côte à côte, bercées par la musique. Puis, elles s'endormirent et rêvèrent de Danny Bowen — toutes les deux.

A l'instant où l'aube pointait ses pâles rayons roses sur le gris du ciel, John Philips découvrit la lampe grillée et la remplaça. Le télégraphe revint à la vie. Le premier message venait du bateau à vapeur *Montcalm* : alerte à la glace.

Beaucoup de glace entre 41° et 42° de latitude N., 49° et 50° de longitude W. Des champs de glace, banquise et icebergs. Les autres messages qui attendaient de passer répétaient tous la même chose. Les deux ingénieurs envoyèrent le veilleur informer l'officier du jour que le télégraphe était réparé. Ils postèrent les avertissements de fraîche date. Puis, avec la conscience d'avoir accompli leur devoir pour un temps, ils arrêtèrent la machine et, trop épuisés pour rejoindre leurs lits, ils reposèrent, la tête sur les tables d'envoi.

# 15.

Le commandant E.J. Smith était le plus heureux des hommes. La nuit était claire avec un mince croissant de lune froid, les eaux de l'Atlantique Nord étaient calmes, immobiles. *Le Titanic* avait fait plus que doubler ses milles le vendredi, et il avait encore augmenté la cadence aujourd'hui. Ce fabuleux navire, cette grosse machine de luxe répondait parfaitement aux hommes, ses maîtres, ne montrant aucun signe de fatigue, il tranchait l'eau comme un train sur ses rails. L'ingénieur Bell l'avait informé, à la fin de l'inspection de ce matin, que le feu dans le charbon, qui couvait depuis quatre jours dans le moteur numéro six, était réduit en cendres ; le chef et le sous-chef se parlaient de nouveau — tous les petits problèmes semblaient aplanis. Et mieux que tout cela encore, cette femme l'aimait. La belle Dove Peerce, son rêve devenu réalité vivante, l'aimait. Elle venait de le lui dire, bruissante comme une source dans ses dentelles et somptueusement sensuelle, elle lui avait confessé qu'elle l'aimait aussi follement que lui l'aimait. Ah, pourquoi ne l'avait-il pas rencontrée plus tôt? Sa vie en aurait été changée alors...

— Je ne peux plus vous laisser partir, jamais plus, Edward. Il faudra qu'on se marie aussi vite que possible. Vous ne pourriez revenir vers Eleanor et être heureux, et moi seule à Newport. Je me consumerais d'amour pour vous et vous mourriez d'ennui avec elle. Elle était très belle, avec ses cheveux comme un léger nuage blanc, ses joues d'un teint de lait, son visage élégant et lisse. Quel que soit son âge, ses seins étaient ronds et blancs comme du riz, fermes, avec des pointes rosées qui se dressaient et avaient un goût de miel quand il les prenait dans sa bouche. Oh, cette maîtresse de son cœur était tout ce qu'un homme pouvait désirer!

— Mais je ne peux pas t'épouser mon ange. J'ai une famille à Southampton, une femme qui a besoin de moi et une enfant.

— Mais si, tu le peux...

Il considéra la situation un moment: le divorce était une chose affreuse, indigne d'un honnête homme. Non, jamais il n'abandonnerait Eleanor, après tout il aimait *aussi* Eleanor. Elle avait été au cœur de son enfance; ils étaient bien l'un avec l'autre; il lui lisait les histoires drôles des journaux, le dimanche matin alors qu'elle lui préparait son petit déjeuner favori, du rôti sur toasts. Elle savait toujours où se trouvaient ses pantoufles et cousait ses galons juste à la hauteur qu'il fallait. Elle entretenait sa bicyclette avec de l'huile pour quand il revenait à la maison, et les pneus gonflés... Et elle était la mère de leur enfant. Non, il ne pouvait pas, il ne voudrait pas abandonner Eleanor même pour ce cygne de mer, ce miracle de grâce et de péché.

— Tu ne veux pas d'un vieux loup de mer comme moi, dit-il. Tu seras fatiguée de moi avant que nous abordions en baie d'Hudson.

Elle passa une main parfumée dans sa chevelure, épaisse et drue mais pas tout à fait aussi blanche que la sienne.

— Mais non, pas du tout, cher Edward. Tu aimeras Newport l'été. De ma chambre, à Peerce House, on peut voir l'océan très loin. Nous garderons un petit bateau au pied de notre pelouse, et tu seras mon brave commandant. Nous donnerons des fêtes, l'été, et à l'automne, nous ferons la saison de New York dans ma maison sur la Cinquième Avenue. Tu aimeras mes amis, tu aimeras l'Amérique, tu seras le plus heureux des hommes, tu verras.

*Le plus heureux des hommes*... Ne venait-il pas de penser à lui en ces termes, il y avait quelques instants ? Et, déjà, ce moment s'évanouissait, cette pensée se perdait, il était mal à l'aise car il l'aimait à la folie, et il ne savait pas comment lui dire que bientôt il ne l'aimerait plus... Ailleurs que sur *Le Titanic*, il ne l'aimerait plus ; leur liaison appartenait au navire, appartenait à aujourd'hui, à l'océan. Il ne voulait pas vivre pour le restant de ses jours avec cette femme américaine et mondaine. Lui, c'était un vrai Britannique, d'origine modeste. Pas snob pour un sou. C'était un marin, et un bon marin. Oublions cet impair avec *Le Hawke*. Ce n'était pas un homme de salon, raide toute la sainte journée dans des chemises empesées, et rien d'autre à faire qu'à lire le journal ! Sa femme qui irait faire les magasins ou rendre des visites... Non, sacré nom de nom, elle deviendrait, dans son milieu, une Méduse, et il serait étouffé par elle, métamorphosé en pierre, en statue de sel...

— Voudrais-tu te retourner, mon ange. Je veux t'embrasser le haut de tes fesses. Ton dos aurait dû être peint par Ingres !

Dove dit doucement alors qu'elle s'exécutait :

— Tu n'as, en fait, jamais été infidèle à ta femme, auparavant, mon amour. C'est une nouvelle idée. Mais tu comprends ces choses. Toi et Eleanor, c'est fini. Même si nous nous séparons, tu ne l'aimeras jamais plus. Tu passerais le restant de ta vie à comparer, te souvenir, la repoussant et me désirant.

E.J. se souleva joyeusement au-dessus d'elle. Elle avait raison, il la trouvait irrésistible... Il allait lui faire l'amour, follement, toute la nuit.

Le téléphone, sur la table de chevet, sonna. « Au diable ! » pensa-t-il. Déjà, il se mettait en position. La luxure le possédait, avec une telle joie. Le téléphone sonnait toujours... Ah...

E.J. roula et descendit du paradis pour répondre à l'appel. Ce n'était rien ; une légère correction de direction. Lightoller voulait son approbation. Il reposa le combiné en place et se mit à regarder sa dame. Elle l'attendait, les cuisses ouvertes, les fesses hautes, ses longs bras délicats langoureusement tendus vers lui. La tête en arrière, son cou incurvé... Sa gorge gonflée. Il était possédé. Comme un démon.

— Oui, je t'épouserai !

Il venait de mentir pour la rendre heureuse ! Et puis, il se jeta sur elle ; et de nouveau, pour un long moment, il fut le plus heureux des hommes.

Dove savait que la bataille n'était pas gagnée, mais elle savait aussi qu'elle gagnait du terrain... Et elle aimait tant remporter le prix d'honneur.

Mme Romany disparut aussi vite que Burty ouvrit la porte de la chambre de Tory. Elle avait sursauté quand il apparut, effrayée. Son œil noir avait jeté un éclat puis s'était éteint. L'œil aveugle s'ouvrit, béant, comme s'il avait voulu voir, puis mourut, recouvert par sa paupière fripée. Elle ne lui dit pas un mot. Elle disparut en refermant la porte derrière elle, comme si elle n'avait jamais été là.

Il pensa comprendre : il devait avoir l'air menaçant, fonçant comme un taureau, ivre, décidé, amoureux fou. Mais Tory dormait, ayant avalé une potion qui soulageait la douleur. Burty était content. Il était épuisé de ses nuits de débauche, trop fatigué maintenant pour être éloquent et plaider son pardon. Il attendrait à son chevet qu'elle se réveille, et elle le trouverait près d'elle. Alors viendrait le temps de la réconciliation. Il aurait souhaité avoir un bijou à lui offrir. Quand il serait de retour, il l'emmènerait chez Cartier, Tory aimait bien Cartier. Il se déshabilla dans le noir, laissant tomber ses vêtements sur une chaise, habitué à ce que son valet, Elgin, en prenne soin. Avant de se glisser dans le lit de sa femme, il se tint en caleçon sur le pont privé. L'air de la nuit était frais, la brise qui soufflait de l'avancée du Titanic presque glaciale. Les lumières, sur les mâts et sur les fils qui les reliaient, donnaient un air étrange de carnaval au navire et se reflétaient sur l'océan comme des étoiles capturées et noyées. Elles lançaient des cercles irréguliers sur la mer murmurante, rendaient sensible, vivant, son vert inquiétant. Comme des yeux, les petites lumières pénétraient les ténèbres environnantes, mais pas loin, pas assez loin : elles ne perçaient pas le *mystère*...

Burty respira profondément, l'air était brûlant de froid et vous lavait les poumons. « C'est drôle, pensa-t-il, je ne me suis jamais posé de questions à propos des gens de couleur, ou sur ce que ça pouvait bien signifier, dans la vie de tous les jours, d'être une femme. J'ai juste eu beaucoup de chance, je pense, d'être né homme blanc. »

Et puis, il revint près de Tory, enroula d'un bras protecteur son ventre tendu comme un tambour. Il espéra, avant de sombrer dans le sommeil, qu'elle ne serait pas trop dure avec lui au réveil.

Tory le secoua un peu après quatre heures. La poche du liquide amniotique avait rompu et l'eau trempait le lit. Elle avait sonné pour un steward.

— Burty, il faut que tu te lèves !

— Mon ange, dis-moi que tu me pardonnes. J'étais en colère, je ne savais pas ce que je faisais ou disais. Dis-moi que tu pardonnes à Burtychou, s'il te plaît, mon chat ?

Elle était malade et affaiblie par sa lutte. Elle n'était pas maquillée et nue. Sa chevelure en bataille... Elle était merveilleuse, même avec ses traits tirés, ses cernes noirs sous ses yeux d'un vert émeraude, même avec cette ride entre les sourcils qui disait qu'elle était inquiète. C'était la plus belle femme qu'il ait jamais vue.

— Burty, le bébé arrive. Il faut absolument changer le lit.

Il ne sourcilla pas.

— Dis-moi que tu me pardonnes, Tory, et alors je bougerai.

— Oh!

Elle se précipita dans la salle de bains et il l'entendit vomir dans le lavabo. La porte était légèrement entrouverte.

— Dis-moi que tu me pardonnes. Je suis désolé. J'étais un abruti. C'était une telle surprise, c'est tout. Tu aurais dû me le dire.

Le steward entra avec une jeune femme de l'entretien. Ils changèrent le lit sans expression tandis que Burty se tenait debout devant la porte de la salle de bains dans un peignoir de soie brodé de dragons, sur un fond blanc, et Tory resta derrière la porte.

Burty pouvait entendre l'eau qui coulait légèrement.

— Tory, tu m'entends? Tory?

Elle sortit.

Elle portait une nouvelle chemise de nuit d'un rouge rubis. Ses cheveux étaient peignés, un peu de rouge rehaussait ses pommettes. Ses lèvres étaient roses, et elle sentait le jasmin.

— Je te pardonne. N'en parlons plus jamais, dit-elle.

— Je t'embrasserai après ma douche, et on en parlera. Nous parlerons de tout. J'ai tant à te dire. Première des choses: j'ai cassé la gueule à ton ami dans le fumoir. Bon début, non?

Elle rit, la bonne Tory.

— J'ai tellement mal, Burty. Je crois que je vais mourir.

— Je vais appeler le médecin, dit-il en se précipitant sur le téléphone.

— Non.

Elle retint son bras.

— Non. Je ne veux pas que cela s'ébruite sur le bateau si le bébé n'est pas... *bien*. Ramène cette femme, la gitane. Elle aidera.

Il voulut discuter. Le bon sens lui disait qu'un docteur était nécessaire et que ce serait plus sage. Mais Tory avait encore honte.

Il ferait ce qu'elle voudrait.

— Je vais chercher Audrey, si je la trouve. Est-ce que ça va ?

Tory se plia en deux. Le sang coulait entre ses jambes. Elle se débarrassa de sa chemise de nuit, parvint en trébuchant jusqu'à la salle de bains. Burty traversa le pont privé jusqu'à la chambre d'Audrey et de Bay, il frappa. Mais tout était noir.

Personne.

Il revint et prit le téléphone pour faire appeler Audrey, et s'assit lourdement dans un fauteuil pour attendre la naissance de l'enfant.

« Ce ne sera pas trop long, pensa-t-il, et alors ça en sera fini de son purgatoire... »

Mais que le temps peut paraître lent, parfois !

Audrey arriva et repartit pour aller chercher la gitane. Elle revint seule, des heures après, et Tory était allongée sur les carreaux verts et blancs de la plus luxueuse des salles de bains du *Titanic*, sur des serviettes que Burty remplaçait quand elles étaient trop souillées.

Tory souffrait.

Et toujours ce bébé qui ne venait pas au monde.

# 16.

## Dimanche 14 avril...

Tant de choses s'étaient bousculées depuis qu'Audrey avait voulu mentir à Bay ! Car c'est ce qu'elle ferait à propos de l'argent : elle lui mentirait. Elle ne dirait pas qu'elle achetait ainsi la faveur des dieux pour préserver sa vie. Elle ne lui avouerait pas qu'elle croyait que Mme Romany était douée d'une seconde vue, et qu'elle avait entr'aperçu *quelque chose de sombre et de terrifiant.* Bay ne comprendrait pas cela, il ne voudrait pas être protégé... Audrey lui dirait la vérité qu'il était prêt à entendre. Pas l'autre vérité. Impossible et inéluctable.

Elle lui dirait comment Esmeralda croyait appartenir à sa famille parce que la mère de Bay, Edmunda Lockholm, avait connu Jeoffry dans son lit, pendant dix ans, et qu'Esmeralda n'avait rien dit au père de Bay... Audrey lui raconterait tout le passé qu'elle savait ; elle passerait simplement sous silence — parce qu'il ne la croirait pas — le *futur*... Elle était prête à lui mentir mais il n'avait pas posé de questions encore. Et il fallait aussi qu'elle affronte ses filles.

Et ce dimanche matin, avant le service, Bay était habillé, elle l'était presque, et il lui avait demandé de porter les perles pour lui ; les perles qu'il lui avait offertes chez Cécilia, dans son cottage de Denton.

*Cécilia avec la chevelure rousse, rousse…*

« Vous saurez que les ennuis arrivent, ma bonne dame, quand vous verrez une lune d'argent flotter, et une femme — vous voyez qui je veux dire — avec une chevelure rouge, rouge… »

Et Audrey qui avait tant attendu de lui dire *quelques-unes* seulement des raisons qui lui avaient fait écrire ce chèque de dix mille dollars à une gitane, Audrey ne savait comment dire :

— Je suis effrayée de porter ces perles, cher Bay, j'ai peur même de les regarder. J'ai peur qu'elles ne déchaînent sur toi les forces du mal.

Elle lui avoua tout. Il ne rit pas comme elle s'y était attendue. Il ne montra aucune impatience. Ils avaient manqué le service parce qu'elle avait parlé longtemps, et il l'écoutait, assis à côté d'elle, sur le sofa, un bras autour de ses épaules. Quand elle finit sa confession complète, qui incluait sa haine et sa peur du collier de perles, il lui tint le visage entre ses mains d'homme et l'embrassa.

— Si c'est le cas, ma femme en or, quand nous serons de retour à la maison, je le rendrai et tu choisiras ce qui te plaira. Qu'en penses-tu ?

Elle ne lui avoua pas qu'elle n'avait plus de désir de bijoux.

— Oui, oui d'accord.

Elle choisirait de la tourmaline à partir d'aujourd'hui, de la tourmaline et du platine, comme dans le diadème des Lockholm. La tourmaline était une pierre semi-précieuse, pas aussi coûteuse que les autres, et c'était d'un bleu sombre comme ses yeux. Oui, elle aurait un collier fait comme le diadème des Lockholm, un bateau en pleine mer en platine sur trois vagues de tourmaline. Et puis, soudain, elle eut envie de revoir le pays, nostalgique des temps passés, quand il n'y avait pas de *Titanic*, ce monstre moderne, effrayant et somptueux, quand Bay n'était pas préoccupé par son travail, quand il n'y avait qu'elle et lui, lorsque Bay ne semblait pas si vieux à cause des soucis du travail, lorsque ses filles étaient encore petites, adorables comme des poupées, qu'une d'entre elles ne s'était pas donnée, comme Céleste, à un garçon à la bouche gourmande.

— Nous devons aller voir nos filles. Aujourd'hui, elles ont seize ans, la fête d'anniversaire est prévue et jusqu'à maintenant, leur traversée s'est plutôt mal passée. Qu'en dis-tu ?

Bay se leva et fit claquer ses mains.

— J'ai un cadeau pour elles. Pas des perles mais des broches en argent. C'est pas mal, n'est-ce pas ?

— Oh, elles ne les méritent pas... Je veux dire, elles les méritent et bien davantage. J'ai négligé les jumelles, je pense, Bay. Je dois me rattraper. J'ai des cadeaux, moi aussi, absolument extravagants : des vestes en vison. Mme Twigg va encore penser que je les gâte trop et sera furieuse. Mais je sais un moyen d'apaiser Mme Twigg. Nous allons lui donner une augmentation !

Bay se toucha la poitrine pour vérifier que ses cigares étaient bien en place.

— Si l'augmentation est correcte, me laissera-t-elle fumer pendant la fête ?

— Oh, non, ça m'étonnerait. Mme Twigg pense que la fumée décolore les robes des femmes, ne te rappelles-tu pas ?

Sur ce doux bavardage d'époux, ils sortirent, main dans la main, à la rencontre de leurs enfants.

C'était un jour magnifique, le ciel était d'un bleu intense, et les nuages s'étiraient blancs, en hautes spirales. Mais il faisait un froid à fendre la pierre, dans ce passage invisible où était engagé *Le Titanic*… Audrey était contente de son long manteau et était heureuse d'offrir aux jumelles des vestes de fourrure. Mais anxieuse aussi à l'idée de les revoir. Elles avaient seize ans aujourd'hui et n'étaient plus des enfants. Cela ne tenait pas simplement à une certaine date sur le calendrier. Non, elles avaient toutes deux rompu avec l'enfance, chacune à sa façon. L'une était devenue trop tôt, sans préparation, une femme, en laissant cet étrange garçon lui faire l'amour. Et l'autre, dans la solitude, s'était mutilée, avait coupé ses cheveux, en signe de protestation. Un acte que sa mère, Audrey, ne comprenait pas. « Je dois davantage veiller sur mes filles ou je les perdrai, pensa-t-elle, la même chose avec Bay. Et si j'ai à choisir, je le sais, et elles le savent, il vient en premier. »

C'est Audrey qui frappa à leur porte car Bay portait les cadeaux. Elle eut un mouvement d'hésitation avant d'entrer. Elle crut percevoir, dans l'air frais, comme une prémonition. Elle avait peur. Comme c'était ridicule ! De quoi devrait-elle avoir peur? Les jumelles étaient assises sur un canapé d'osier recouvert d'un chintz jaune, aux motifs de boutons-d'or. Ce jaune franc mettait en valeur leurs cheveux, juste un peu moins blonds que ceux d'Audrey, et leurs yeux turquoise. Mais la ressemblance entre elles s'arrêtait là. Audrey était stupéfaite: elles se tenaient assises, comme des étrangères, et séparées de leur mère... Les jumelles s'étaient toujours ressemblé, à s'y méprendre, toute leur enfance, elles s'étaient habillées de la même façon. Elles avaient les mêmes gestes, riaient du même rire et étaient, au fond, si semblables... Audrey les avait toujours vues comme une même âme que la vie aurait répartie parfaitement en deux corps, comme une même branche qui aurait fleuri en deux boutons identiques.

Leurs robes d'anniversaire étaient différentes. Smoke portait une robe de laine grise unie, au col haut, aux hanches bien prises avec une ceinture or qui montrait la finesse de sa taille. Swan, un ensemble d'un rouge vif, aux manches larges, aux poignets ouverts, ample dans le bas, un collier très simple, des billes de bois noir sur sa poitrine déjà ronde et haute.

Smoke était raide, ses genoux rapprochés, les pieds collés. Comme Mme Twigg. Swan croisait les jambes, et son pied menu qui ne touchait pas le tapis, au chausson mal engagé, se balançait avec coquetterie. Mais la principale différence, c'était le visage: chacune avait revêtu le masque de l'adulte. Elles avaient quelque chose à cacher, une honte, une faute, une lâcheté ou un désir impossible. Chacune derrière son secret comme derrière un écran. Le miroir qui les unissait s'était brisé.

— Mes chéries, heureux anniversaire, dit Audrey en se retenant de pleurer.

— Merci, mère, dit Swan.

Et Smoke se contenta de sourire et regarda ses genoux à l'endroit où le tissu de sa robe faisait un pli.

— Allez-vous ouvrir vos cadeaux?

Audrey criait presque. Elle voulait les embrasser mais ses deux filles étaient assises si froidement, aussi froides que ce jour glacial sur l'océan, assises trop droites contre le coussin de chintz jaune du canapé. Leur propre mère ne savait comment s'y prendre. Smoke mouilla ses lèvres.

— Si Swan doit aller en Suisse, cet automne, j'aimerais aller à l'école à Londres.

— Et nous vous écrirons chaque semaine, à moins que cela ne soit trop, et dans ce cas nous écrirons tous les quinze jours, dit Swan.

— Et aussi, nous nous sommes mises d'accord pour penser que nous sommes trop vieilles maintenant pour avoir une gouvernante, nous avons décidé d'accepter la démission de Mme Twigg, et de ne plus l'avoir avec nous désormais.

— Ça suffit comme ça, dit leur père.

— Nous déciderons du futur une autre fois, mes chéries. Que la fête commence! Tenez, ouvrez vos cadeaux, dit Audrey.

Elle prit les cartons enveloppés de papier d'argent des mains de Bay, et les leur présenta. Avec trop d'application, chaque jumelle tendit la main, prit son cadeau et commença à le défaire. Smoke fut la première à avoir ouvert le sien. Elle souleva le couvercle, admira ce qu'il y avait à l'intérieur et attendit que Swan ait défait le sien. Swan sourit de satisfaction.

— C'est père qui nous offre cela?

Elle souleva bien haut la broche.

— Oh, elle est magnifique, père. Vous me l'accrochez?

Audrey était fascinée, soudain, horrifiée.

Il avait dit pas de perles, pas de perles. *Mais des broches en forme de lune... Des croissants de lune.*

Dans le creux de chaque croissant, brillait un petit diamant. Il faisait signe comme l'œil froid et blanc de Mme Romany.

C'était arrivé, comme Mme Romany l'avait prophétisé: le froid, la lune, les petites étoiles...

Audrey se tenait assise sur l'extrémité de sa chaise, le souffle coupé, incapable de dire un mot. Elle se tenait assise, certaine qu'une catastrophe allait s'abattre sur celui qu'elle aimait. Mais Bay était comme à l'habitude. Il accepta de bon cœur les baisers de ses filles et mit en place leurs broches. Il évoluait dans la cabine en fumant son cigare tandis que ses filles, dont le visage s'était adouci, sans pour autant perdre la sorte de réserve qu'elles avaient, s'en prenaient aux rubans blancs et roses et au papier d'emballage pour découvrir, au comble du ravissement, leurs vestes en vison.

Ses filles l'embrassèrent et la remercièrent, et Audrey, bouleversée, *le cœur glacé*, rit avec elles, se joignit à elles pour Palm Court. Et Bay était comme toujours...

Cécilia vint à la fête; elle y amena le beau garçon, Teddy Royce. Dove vint avec le commandant Smith, tous les deux très amourachés. Bruce Ismay vint seul et Mme Twigg était accompagnée par le colonel Gracie, un homme charmant avec un grand sens de l'humour malgré toute son érudition rébarbative.

Aussi étaient-ils onze à table, et deux petits musiciens jouaient, Danny Bowen et Jock Hume, deux violonistes. Les musiciens se tenaient contre un mur, entre deux palmiers, devant une large baie vitrée. Et derrière eux, splendide, le soleil rayonnait dans un ciel bleu pur. Le repas était excellent : une vichyssoise, un soufflé au crabe et des asperges à la crème. Audrey essaya de se concentrer sur la fête, les conversations, mais il y avait comme une pellicule de brume qui recouvrait l'après-midi, une pellicule de peur aussi réelle que la sueur peut voiler le regard de celui qui apprend qu'il va mourir.

Audrey ne comprenait rien. Ne voyait rien. Elle se tenait assise, raide, dans son coin et souriait faiblement et... attendait.

Elle ne savait pas quel garçon, le plus grand avec son profil de poète ou celui plus entier, avec un corps d'athlète, avait défloré sa petite Swan. Elle savait que son nom était Danny et qu'il jouait du violon, et que Bay l'avait autorisé à jouer aujourd'hui en échange de son serment de se tenir éloigné de leur fille, pendant deux ans. Danny avait donné sa parole d'honneur. Ils pouvaient correspondre — c'était la seule chose autorisée. Et alors, ils pourraient de nouveau se rencontrer, avait précisé Bay, si leurs cœurs étaient toujours unis, après que Swan eut rencontré d'autres garçons... Mais même la curiosité de découvrir l'amoureux de sa fille n'eut pas raison de la terreur d'Audrey. Elle mangea. But du champagne rosé. Poussa des oh ! et des ah ! à la vue du gâteau, une jolie pièce en forme de deux cœurs, couvert d'un glaçage rose, jaune et blanc, avec le nom des jumelles écrit en vert sous la mention « Joyeux anniversaire ». Elle applaudit quand les jumelles soufflèrent leurs bougies, ensemble. Mais comme tout était lointain et vague ! Elle attendait... Elle attendait la catastrophe.

Aussi, vers la fin de la fête, quand elle entendit des cris des ponts inférieurs, et qu'un tressaillement curieux lui pinça le cœur, en même temps qu'une légère secousse ébranla le corps du *Titanic*, et qu'il ralentissait son allure, Audrey reposa sa serviette et se leva.

Elle était prête.

Quoi qu'il arrive, elle était prête...

Alors il y eut de nombreux cris, et on entendit des pas précipités.

Le lourd bateau décrivit un demi-cercle à bâbord.

— Qu'est-ce que c'est ?

Audrey venait de crier. Elle entendit un éclaboussement, un grand clapotement sourd comme si on avait passé quelque chose par-dessus bord. Terrorisée, elle chercha Bay du regard. Mais il s'amusait, valsant avec Smoke. Et comme il dansait bien... Elle voulut interroger Cécilia. Et, avec son port de reine, dans une robe d'organdi amande, elle jouait à faire monter les enchères entre Teddy Royce et le colonel Gracie. Tous les trois riaient à une plaisanterie.

Mais ailleurs, sur cet énorme navire, on courait, on hurlait déjà.

Audrey pouvait entendre les pas précipités, heurtés dans les escaliers, les coursives de fer qui vibraient.

— Oh, mais qu'est-ce que c'est?

Elle se mit à courir, sans s'excuser. Le salon de Palm Court était sur le pont A, la promenade était protégée du vent et des intempéries par d'immenses pans de verre. Audrey descendit jusqu'au pont B. Plusieurs stewards faisaient de même.

— Qu'est-ce que c'est? demanda-t-elle à l'un d'entre eux en le retenant par la manche.

— Une femme à la mer, madame. De troisième classe, à ce qu'on m'a dit, dit-il en se dégageant pour poursuivre son chemin.

Non! Ça ne pouvait pas être Tory, c'était impossible. Tory allait bien maintenant, n'est-ce pas? Burty était de retour, ils s'étaient réconciliés. Tory était malade mais l'effet du poison allait diminuant. Et le bébé était sauvé, elle n'avait pas avorté... Non, ça ne pouvait pas être Tory. Non.

Une foule était rassemblée près du bastingage, à hauteur de la poupe. Audrey courut se mêler aux gens, ne put rien voir, se faufila en jouant des coudes comme une mégère des troisième.

— Oh, laissez-moi voir, laissez-moi voir!

Un homme, hirsute, sale, lui donna sa place. Il était plus grand qu'elle et pouvait voir derrière elle. Là!

Des jupes noires et grises flottaient dans une mer bleu orangé. Des jupes noires étalées comme une grande anémone de mer se soulevaient ici remplies d'air et coulaient, là, gorgées d'eau. La grosse anémone dansait dans l'eau et tournait sur elle-même doucement, noire sur fond bleu, noire sur rouge, et maintenant noire sur orange au fur et à mesure que l'eau passait sous le corps, les flots obscènes, en se teintant des reflets du soleil couchant. Mais la couleur noire, *le suaire*, demeurait semblable. On avait jeté par-dessus bord deux bouées et un gilet de sauvetage, d'un jaune vif aussi voyant qu'un jouet d'enfant. Mais le corps était sur le ventre et tournait sur lui-même, flottant doucement au gré de la houle.

Non. Se pourrait-il que ce soit? Ce serait Esmeralda? Oui. Un étau glacé saisit le cœur d'Audrey. « Je suis une meurtrière, pensa-t-elle. J'ai acheté la vie de cette femme en échange de celle de Bay... Oh, Dieu me punira. »

Audrey se détourna de la scène. Elle tremblait de froid et de peur. Oui. Oui. Peur pour la vie de Bay. Mais elle revint sur ses pas, lentement, en proie à une émotion violente, le corps vidé: elle portait un tel poids. Bruce Ismay marchait devant elle. Elle fit un effort pour le rattraper.

— Monsieur Bruce Ismay, qu'est-il arrivé? Etes-vous au courant?

— Madame Lockholm, venez par ici, dit-il.

Il lui tendit avec distraction une feuille de papier tout en regardant au-dessus d'elle comme s'il cherchait quelqu'un. C'était un message télégraphié: « Le paquebot grec *Athénaï* signale avoir passé des icebergs et des champs de glace aujourd'hui: latitude 41° 51' N., longitude 49° 52' W. »

— Je veux dire, monsieur Ismay, il y a une femme à la mer...

— Je m'en occupe tout de suite. C'était un passager clandestin, m'a-t-on dit, on l'a attrapée en troisième et elle a essayé de s'échapper. Ne vous inquiétez pas, madame Lockholm, ce n'est vraiment pas important. Excusez-moi.

*Pas important?* Une vie de partie et ce n'était *pas important?* Audrey remonta par le grand escalier jusqu'au pont A, épuisée. Mais elle se dépêcha, elle voulait voir Bay. Elle le trouva à Palm Court, la fête terminée, distribuant des pourboires aux garçons. Tout le monde était parti, les tables étaient presque toutes nettoyées. C'était immense et solennel. Elle arriva et l'embrassa immédiatement; peu lui importait qui regardait.

— Bay, la femme dont je t'ai parlé...

— Je suis au courant, partons. Allons voir comment se porte Tory.

Tory... Audrey l'avait oubliée dans sa peur dévorante pour Bay. Qui allait assister Tory maintenant que la gitane était morte?

— Je dois faire venir le médecin. Il faudra bien qu'il sache, dit-elle.

Bay la guida jusqu'à leur suite.

— Vérifions d'abord si tout va bien, d'accord? Je leur ai apporté des parts de gâteau.

Le gâteau d'anniversaire. Elle avait aussi oublié les jumelles. Le cauchemar était terminé. Elle pouvait désormais se détendre. Elle pouvait se sentir heureuse...

— Burty, puis-je entrer?

Audrey voulut tourner la poignée mais elle était bloquée.

— Burty, c'est Audrey, laisse-moi entrer.

La voix de Burty...

— Je lui ai promis que personne n'entrerait, Audrey, va-t'en. Elle est en train d'accoucher, je vais l'aider. Elle me guide...

— Oh Burty, vous devez voir un médecin!

— Non. Nous allons faire cela ensemble, elle et moi. Ne t'en mêle pas, ça n'est pas tes affaires.

Puis elle l'entendit s'éloigner.

— Burty, vieux copain, cria Bay, j'ai du gâteau d'anniversaire pour vous. Sors de là en prendre et laisse Audrey faire, elle sera plus à sa place que toi!

— Laissez-nous tranquilles!

Et puis plus rien, seulement les gémissements de Tory, qui devait se tordre de douleurs.

— Je vais moi-même chercher le médecin. Je te promets qu'il sera discret. Audrey sera là, prête à intervenir...

— Non!

C'était un véritable cri de bête.

Bay partit et Audrey entendit Burty qui poussait quelque chose de lourd contre les portes de sa cabine. Audrey attira un siège, s'assit et commença à parler. Elle parla de sa rencontre avec Tory, il y avait longtemps, quand elle était jeune mariée et de la façon dont Tory lui avait fait connaître Gilt Hill et comment elles étaient devenues de bonnes amies. Elle ne cessa pas de parler, et dit tout ce qui lui passait par la tête, tout ce qu'elle pouvait pour calmer Burty et rassurer Tory, si toutefois elle pouvait l'entendre. Derrière la porte, Audrey entendait bouger parfois, l'eau qui coulait, de brefs jurons et toujours comme le bruit de la mer, les protestations de Tory, ses douleurs.

Le médecin du bord arriva, mais Burty ne voulut pas le laisser entrer.

— Allez-vous-en, allez-vous-en, laissez-nous seuls, tout va bien !

Après un certain temps, il ne dit plus rien et Audrey se tint sur son siège, silencieuse, elle aussi, ne faisant qu'écouter. Le docteur les quitta devant le refus de Bay d'employer la force pour entrer. Bay commanda du café et attendit lui aussi en fumant un cigare, sur le pont promenade, dans le froid.

Dans le grand salon, on chantait un hymne. Tandis que Tory accouchait, que Bay et Audrey attendaient. Un chœur de voix s'élevait en prière et remplissait le navire caverneux, sombre, immense. Audrey ne savait pas si le chant avait été commandé par la mort de la vieille femme ou si c'était une coutume, en haute mer, de passer le dimanche soir à chanter.

Elle pensa à chez elle. Newport, son père et Dolly, leur maison à Gilt Hill. Leur maison sur la Cinquième Avenue où elle pouvait sortir faire des achats dans les boutiques les plus chic. Et l'opéra, les pièces de théâtre, les dîners somptueux... Elle, dans une belle robe neuve, entourée d'amies aux toilettes éblouissantes. Les heureux du monde ! Tory souvent avec elle, prête à murmurer un commentaire, prête à rire. Adorable Tory, avec Burty, fier, à son côté...

Un son curieux. Un nouveau son. Audrey jeta un coup d'œil sur la porte, vérifia d'un regard si Bay avait lui aussi remarqué quelque chose. Oui, il revenait du pont promenade, fermant la baie vitrée derrière lui. Il avait jeté son cigare. De nouveau...

Un cri, faible et minuscule comme un miaulement.

Bay attira un siège à son tour contre la porte et ils tendirent l'oreille. Tout désormais était silencieux. Les ressorts du lit ne protestaient plus, Tory ne geignait plus. Burty ne faisait plus les cent pas.

Doucement ils entendirent des éclaboussures d'eau, et alors, oh, oui, un cri vigoureux!

Bay prit la main d'Audrey. Elle pleurait. De calmes petites larmes inondaient son visage, recouvraient ses mains; des larmes de peine pour la gitane, des larmes de honte, des larmes de soulagement pour Burty et Tory, des larmes de joie pour un nouveau VanVoorst. Des larmes de pitié et d'espoir.

— Félicitations! Félicitations, papa, sors de là et viens prendre un verre, cria Bay!

Mais Burty ne répondit rien. Le bébé criait...

Bay commanda à souper dans leur chambre, assez pour quatre. Quand Burty sortirait, il aurait faim et peut-être que Tory aussi. Audrey quitta son siège pour le sofa. Bay écarta les plateaux du dîner et fuma un autre cigare. Les plats refroidissaient comme ils attendaient; ils n'avaient pas encore faim. Les pièces étaient froides; Audrey ne se souvenait pas de température aussi fraîche, même pendant les hivers à Newport. Elle revêtit sa plus épaisse robe de laine et des bas, ses chaussures de marche bien solides, une veste à Bay et son long vison pâle. Lui portait deux pulls sur des knickers de flanelle grise et deux longues paires de chaussettes confortables.

— Tu as plutôt l'air d'un marin malgré tes knickers, plaisanta-t-elle.

Il s'assit près d'elle.

— Et toi, on ne voudrait pas de toi, même pour une croisière sur un bateau pêcheur!

Finalement, Audrey se servit un blanc de faisan au riesling. Il l'accompagna, et ils demeurèrent là, silencieux, à attendre.

# 17.

Le commandant Smith jubilait. C'était gagné ! Ils avaient parcouru plus de cinq cents milles entre midi hier et midi aujourd'hui, et ils pourraient encore aller plus vite, *Le Titanic* ne faisait que *flâner...* Ils accosteraient le mardi, même peut-être avant que le soleil ne soit couché. Le record de la traversée de l'Atlantique serait sien. C'était un bouquet final parfait pour terminer sa carrière. Il le méritait. Ça effacerait jusqu'au souvenir de cette mauvaise histoire avec *Le Hawke*. On ne se rappellerait de lui que comme le premier commandant du *Titanic* et de la vitesse avec laquelle il l'avait mené... Son nom sera inscrit sur le livre des records ! En arrivant sans crier gare, il n'y aurait pas de fanfare pour les accueillir. Eh bien, ça ne faisait rien. Que la musique et la presse qui devait le féliciter arrivent le mercredi, une fois que *Le Titanic* aura refroidi ses moteurs, qu'il aura été toiletté pour l'occasion... Les passagers choisiront : ils pourront partir dès l'arrivée, ou bien ils passeront la nuit à bord pour s'amuser lors de la célébration du lendemain : ils feraient comme ils voudraient.

Le commandant Edward John Smith battrait le record, c'était là l'important. Et cette femme... Serait-elle, elle aussi, près de lui. Il était dans sa cabine, Dove dans son lit, entièrement nue. Ils avaient fait l'amour après la petite fête des Lockholm, et la libertine l'attendait pour une autre partie de plaisir ! Mais il ne pouvait se consacrer à elle pour l'instant. Il avait trop à faire et tant de messages : chacun devait être lu et classé. Ils le contrariaient, racontant toujours la même chose. « De la glace au-devant, glace au-devant », comme s'il ne le savait pas. Ne pouvaient-ils eux-mêmes témoigner maintenant : voilà des heures qu'ils apercevaient des bancs de glace espacés. Et ne savait-il pas ce que ça signifiait, cette soudaine chute de température ? Il avait fait mesurer la température de l'eau : en plongeant un seau le long de la coque et en le remontant pour le tester, un vieux truc de marin...

A quatre heures de l'après-midi, l'eau était très froide, deux, trois degrés, presque à la limite du zéro, mais courant bien trop vite pour pouvoir geler. Aussi savait-il à quoi s'attendre ; il n'avait pas besoin du commandant Lord du *Californie* pour lui envoyer un nouveau message d'alarme, essayant de se faire bien voir après qu'on l'eut rabroué de belle façon. Mais il insistait, télégraphiant pour trois malheureux icebergs qu'il avait vus ! E.J. jeta un coup d'œil par le hublot : la visibilité était bonne, et la mer était d'huile. Qu'il y ait cent icebergs, pensa E.J., nous passerons au travers !

— Dis-moi que tu divorceras, dit Dove depuis le lit.

E.J. se retourna, surpris. Il l'avait oubliée un instant, perdu dans ses rêves d'ambition. Il froissa le restant des messages qu'il fourra dans une de ses poches pour les lire plus tard, à loisir, sur le pont.

— Oh, mon ange...

Et il lui avoua, un peu sèchement, la vérité.

— Je ne peux pas. Je ne le ferai pas. Elle a davantage besoin de moi.

— Non, c'est moi qui ai besoin de toi, dit simplement Dove.

E.J. soupira, s'assit sur le lit et prit sa main à la peau lumineuse dans la sienne, plus rugueuse. Autant que la confrontation ait lieu maintenant, *autant en finir maintenant.* Elle demandait plus d'amour qu'il ne pouvait en donner, plus de fidélité que ce à quoi elle avait droit... Plus de temps qu'il ne pouvait lui consacrer. Ce serait douloureux, car il était confronté à un vieux rêve, il lui fallait rejeter la folie de sa jeunesse et opter pour la réussite de l'âge mûr. Il s'était plu avec elle, ô combien il l'avait aimée ! Mais sa vie était à Southampton dans un cottage à Winn Road, avec vue modeste sur le port et ses bateaux... Et après cela, après *Le Titanic*, il voulait retourner chez lui. Son cœur, sinon sa passion, allait à Eleanor et à la petite Hélène... Malgré toute sa prestance, malgré tout son charme et sa beauté, Dove Peerce n'était, après tout, qu'une distraction.

— Je te serai toujours reconnaissante, ma chérie, commença-t-il.

Et il vit son regard se durcir. Elle était fine, cette femme du monde ; elle savait à son ton, à la façon dont il avait commencé, qu'il avait pensé à la manière de lui annoncer qu'il voulait être libre, que ce n'était pas une décision spontanée, prise à la légère. Elle pouvait le dire: il avait décidé de la quitter et ne se laisserait pas influencer. C'était mieux ainsi, qu'elle ait deviné...

— Tu m'as trompée! Et tu as volé mon cœur. Vas-tu le briser au moment de son plus grand bonheur?

E.J. soupira de nouveau.

— Je t'aime plus que Dieu, ma très chère, je te l'ai déjà dit. Mais je ne suis pas fait pour une vie de... valses, chaque semaine. Je suis un homme bien simple qui pense en terme de travail. J'aime, et je veux une vie simple qui coïncide avec mes goûts... Une vie de mon invention, entouré de mes objets familiers et de chers visages. Et je suis un ouvrier... Je t'aime comme un homme aime ses rêves, tout en sachant, si par malheur un rêve s'incarnait, qu'il ne pourrait faire sa vie avec du songe... Tu fais une maîtresse parfaite. Mais tu es trop parfaite. Tu es un ange, trop raffiné pour quelqu'un de ma trempe. Tu apparais une fois au cours d'une vie, chérie, tu n'es pas pour... tous les jours. J'y ai longuement pensé et je t'adore, mais j'aurais horreur de mener la vie que tu mènes.

Voilà, c'était dit. Il avait été franc. Elle ne se renfrogna pas, ne gémit pas, ne déclama pas, ne plaida pas sa cause. Simplement, elle le fixa de ses yeux d'un bleu pur, de son visage adorable, et dit comme si cela résolvait tout:

— Eh bien, alors, je vivrai ta vie, Edward. Je serai comme tu dis. Je mènerai une vie simple.

— Oh, ma chérie...

Il ne savait que dire. Son esprit allait et venait, de oui à non, de possible à impossible... Le visage d'Eleanor se dressait, accusateur, devant lui, de toute son intensité, chère Eleanor qui ne méritait pas de perdre son mari, tout cela parce qu'une oisive Américaine, trop riche, trop belle pour lui, voulait un nouveau jouet. Et dans son esprit il entendit Eleanor dire calmement, comme elle regardait les rideaux de chintz de sa cuisine, pour qu'il revienne à elle :

— Elle se fatiguera de toi, Edward, cela ne durera qu'une saison. Ce n'est pas le genre de femme qui aime pour toujours, comme moi.

E.J. se leva du lit. Soudain, il fallait qu'il prenne ses distances. Elle l'irritait.

— Voudrais-tu t'habiller, ma belle ? La fête des Widener est déjà commencée et je dois y faire une apparition. Je le leur ai promis... M'accompagneras-tu comme si nous étions vraiment un couple, pour une dernière fois ?

Elle ne discuta pas. Elle se glissa hors du lit et s'habilla devant lui sans prêter garde à son regard. Il s'extasiait devant sa beauté, devant sa grâce. Il la regarda mettre une touche de rouge sur ses lèvres et aurait voulu l'embrasser. Oh, c'était un démon que son ange ! Il ne l'oublierait jamais, il lui serait toujours reconnaissant. Et cependant, à ce moment, il voulait simplement lui échapper... Aussi vite qu'il le pourrait, il la laisserait en compagnie des Widener en lui promettant de la voir plus tard.

Il se rendit, un peu avant neuf heures, sur le pont ; le second Lightoller était là. L'air était glacial et le revigora. On lui apporta une tasse de thé. E.J. but à petites gorgées. Il se sentait redevenir lui-même. Là, il était à sa place, pensa-t-il. Il avait été idiot de pourchasser un rêve, un rêve d'adolescent. Et il avait failli mordre à l'hameçon comme une carpe, attrapé par cette mangeuse d'hommes!

— Il n'y a pas beaucoup de vent, dit-il.

— Non, c'est le calme plat. Il suffirait d'une petite brise et on serait alors passé à travers la glace beaucoup plus vite.

— Ça vous tracasse? demanda le commandant en braquant sa longue-vue sur l'horizon.

— C'est-à-dire..., de la glace la nuit... J'aime bien avoir un peu de vent pour les vagues qui permettent de passer les icebergs. Ça aide à différencier les formes, à ce que tout ne gèle pas d'un bloc.

— Ouais... Je ne vois rien de bien gros pour l'instant, dit E.J.

Il referma la longue-vue et la passa à Lightoller.

— Dites-moi ce que vous voyez.

Lightoller observa. C'était une nuit splendide, d'un bleu de minuit, mer et ciel confondus, un satin bleu-noir comme une robe de femme. Et au-dessus d'eux, reflétées dans la mer, un million d'étoiles scintillaient comme des éclats de diamants, chacune aiguë et distincte, envoyant un reflet froid différent des lumières artificielles, électriques du *Titanic*, plus douces qui s'étalaient sur toute la longueur et la largeur du navire et miroitaient dans l'eau calme.

— Je pense que je n'ai jamais vu une nuit plus claire, commandant, plus cristalline. Les ténèbres brillent, les lumières... Il n'y a rien au-devant de nous qui puisse nous préoccuper, mais je continuerai à m'inquiéter de voir soudain surgir un monstre au flanc bleu jusqu'à ce que nous ayons traversé ces champs de glace.

Le commandant approuva. De la nouvelle glace : les icebergs descendent du froid pour venir se jeter dans les courants chauds, ils se fendillent, s'éparpillent en glaçons de plus ou moins grosse importance. Fraîchement détachée, la glace pas encore cristallisée par l'air était sombre, se reflétant comme un miroir. Les marins l'appelaient alors de la « glace noire », ou bleue. Parfois il fallait attendre des heures pour que la nouvelle arête du glaçon soit gelée, et c'était alors que venait le danger. C'était le moment où la silhouette de l'iceberg était la plus difficile à discerner, sa couleur se mêlant aux reflets noirs de l'eau, aux reflets noirs du ciel invisible...

— Qui est de garde, ce soir ? demanda le commandant.

— Fleet, commandant. Un homme capable. Avec d'excellents yeux. Trop bons même. Souvent il ne prend pas la peine de sortir avec des jumelles.

— Ne garde-t-on pas toujours des jumelles dans le nid de pie ? Nous devrions. Je les veux à cette place. Faites en sorte qu'elles y soient.

— Oui, commandant.

— Eh bien, bonne nuit, Chuck. Je serai à l'intérieur, si vous avez besoin de moi.

Lightoller hésita. Il savait comment le commandant avait passé ses dernières nuits.

— Vous serez dans vos quartiers, commandant ?

E.J. rit et lui tapa sur l'épaule.

— Ouais, je passe la soirée, toute la soirée avec vous.

— Merci, commandant, dit Lightoller qui rougit dans la pénombre.

— N'hésitez pas à m'appeler, Chuck. Au moindre soupçon.

— Oui, commandant. Et bonne nuit.

Sept marches et E.J. était de retour dans sa cabine. Il referma la porte et sourit... Enfin seul ! Il inspecta pour découvrir des preuves de *sa* présence. Il y avait du rouge à lèvres sur le bord d'un verre. Il rinça le verre, le sécha et le remit à sa place. Il y avait encore un soupçon de parfum dans l'air. Il ouvrit grand son hublot. Tant pis pour le froid ! Il y avait quelques mèches de cheveux blanc neige sur sa table de chevet, où elle s'était peignée. Il prit les cheveux et en fit une boucle. Il la mettrait dans son journal de bord, pensa-t-il, comme un souvenir de ce qu'un adolescent peut rêver.

Pendant toute la journée, la glace avait préoccupé le commandant Stanley Lord du *Californie*. Il n'avait jamais vu tant de bancs de glace, ni de morceaux aussi massifs. C'était comme des bêtes blanches se réveillant de leur tombeau liquide, d'énormes épaves de glace descendant le courant, menaçantes, silencieusement, lourdaudes, rôdant trop proches de son navire. Trois grands icebergs avaient dérivé à bâbord lors du coucher du soleil, avec seulement une centaine de mètres pour les séparer du navire. La proue du *Californie* avait fendu une mer de glace molle depuis trois heures.

Et voilà qu'un scintillement se devinait, à l'avant,

dans la pénombre, une large ceinture de lumière comme si le soleil, changé en glace, gelait l'horizon. « Il doit y avoir un véritable continent de glace dérivant sur les eaux, pensa-t-il. Le plus sûr, c'est de s'arrêter, d'attendre pour la nuit, cerné comme on l'est. Demain il sera toujours temps pour se frayer un chemin. »

Demain, dans la lumière du jour, demain avec le soleil qui la fera fondre... Il était sur le point de quitter le pont, sa décision prise et exécutée, quand il vit, à l'est, une lumière.

— Groves, il y a un autre navire qui fonce dans la glace, dit-il à l'officier de quart.

Groves regarda dans la direction que pointait son supérieur et examina la situation.

— Ça ne devrait pas, commandant. Si l'on s'en tient aux chartes, personne ne devrait nous approcher. Ça doit être une étoile, commandant. Elles scintillent beaucoup, ce soir. Je ne les ai jamais vues aussi brillantes.

Le commandant Lord passa en revue les bateaux qu'il savait être dans le voisinage, *L'Antillais* et *Le Titanic*... Il avait télégraphié à chacun la situation présente. Il devait le faire, malgré l'interdiction formelle qu'il avait reçue de communiquer avec *Le Titanic*, il était de son devoir de marin d'alerter tous les bateaux proches du danger de la glace ! Le commandant de *L'Antillais* lui avait envoyé des remerciements ; mais il n'avait rien reçu d'aussi courtois du commandant Smith.

« Ah, que *Le Titanic* aille au diable, pensa le commandant Stanley Lord, avec tout son personnel et ses passagers. Et, plus particulièrement, que

Cécilia Lady Pomeroy aille au diable... » Résolument, il écarta de son esprit *Le Titanic*. « Et cependant, songea-t-il en regardant depuis le bastingage, c'est un navire et non une étoile qu'on aperçoit à tribord. » C'était un bateau à vapeur, mon Dieu, approchant beaucoup trop vite sur une mer infestée par la glace. Il avait froid, malgré son long manteau, il se rendit dans le salon, prit un whisky et fit appeler M. Manhan, son mécanicien. Il voulait qu'on entretienne la chaudière du *Californie* pendant la nuit, même s'ils étaient à l'arrêt, au cas où il aurait fallu rapidement changer de position si la glace devenait menaçante.

— On ne veux pas qu'elle devienne trop épaisse autour de nos pieds, com'dant, c'est bien vrai, dit M. Manhan en se servant un grog.

— Y a ici plus de glace que j'en aie jamais vu, et je cause sur cinquante ans. Un froid polaire également... Mais c'est sacrément beau ! C'est à cause de nuits comme celle-ci que je me suis engagé marin. J'ai toujours trouvé l'océan plus beau que n'importe quelle fille.

Il avait des lèvres épaisses et une moustache de phoque. Il trempa ses lèvres dans sa tasse fumante, c'était un gros homme avec un franc sourire.

— Ah, nous passerons au travers, com'dant, ne vous faites pas de mouron. La glace, c'est rien comparé aux ouragans dans les tropiques. Là, alors, vous avez des ennuis, ouais.

Il avala son grog en faisant du bruit et se frotta les yeux embués de vapeur.

— Je sais que je suis dans de bonnes mains, dit Lord en posant sa main sur l'épaule de Manhan.

Il le quitta et regarda de nouveau, plus proche à présent, le bateau non identifié qui filait *à vive allure* à tribord. Il se rendit dans la cabine des communications.

— Evans, y aurait-il un navire proche que nous n'avons pas prévenu ? Je vois un steamer à, peut-être, dix milles à tribord qui file comme un fou.

— Ce serait *Le Titanic*, commandant, dit Evans qui bâilla.

Il était le seul opérateur sur *Le Californie* et il était fatigué, extrêmement fatigué. Il avait été à son poste depuis très tôt ce matin, envoyant des messages, en recevant... Il avait manqué son dîner, n'avait pas eu le temps de s'arrêter. « Non, pensa le commandant Lord. Ce n'est pas *Le Titanic*, il est trop petit. » Mais il sentit, en toute conscience, qu'il devait essayer de l'avertir du danger.

— Essayez de contacter ce steamer non identifié en faisant des signaux de morse avec la lampe, ordonna-t-il à Groves.

L'homme s'exécuta. Sur le pont, et d'un bruit sec répété, il actionna la lampe dans le froid glacial. Mais le navire ne répondit pas. Le commandant Lord préféra abandonner et retourna dans ses quartiers.

— Ce n'est pas *Le Titanic*, et si par hasard, c'était lui, j'ai fait tout ce j'ai pu.

Le commandant ne s'était pas rendu compte qu'il avait parlé à voix haute... à son perroquet !

— Ho, ho, ho, Davy Jones, ho, ho, Davy Jones, croassa l'oiseau multicolore.

Le commandant Lord retira ses bottes et se versa

un autre whisky. Où était *Le Titanic* si ce n'était pas lui, à dix milles à tribord ? Où était Cécilia à la chevelure de cuivre enflammé et aux longues jambes ? Qui embrassait-elle ? A qui s'offrait-elle ?

# 18.

« Comme c'est drôle, pensait Tory, le monde peut s'écrouler mais l'on est si fatigué que ça n'a plus d'importance. Comme c'est drôle de penser savoir ce que c'est que l'amour, de l'avoir fait, d'avoir aimé si fort pendant des années et des années, jusqu'à ce que le hasard nous apprenne que l'on n'a même pas commencé à aimer comme il faudrait... Et comme c'est drôle que ça n'ait plus d'importance d'avoir souffert... Qu'il est étrange ce bonheur après le désastre ! Qu'elle est belle cette paix de l'âme ravagée ! »

Le cœur de Burty tout brisé, mis en morceaux dans ses mains. Et c'est à elle de le rapiécer, de le recueillir et de le faire battre plus fort qu'avant...

— Oh, Burtychou, on a réussi, n'est-ce pas ? dit-elle en pressant sa main.

— Ne parle pas, Tory, repose-toi simplement. C'est fini.

Quelle immense joie dans ces mots ridicules : « C'est fini. »

Il était heureux, lui aussi, elle pouvait le lire sur

son visage. Il l'aimait. Il se fichait de la couleur de sa peau : il s'en fichait éperdument !

— Oh, Burty, je t'aime plus que les mots ne peuvent le dire.

— Et je t'aime, mon chou...

Il était écroulé dans son fauteuil près du lit, la tête en arrière. Elle le savait : il ne la quitterait jamais. C'était si réconfortant de savoir cela. Le bébé était au sein, faisant de petits baisers en suçant et en pétrissant la chair de ses petits doigts. Sa poitrine était plus pâle que la peau du bébé. Sa peau était mordorée et l'enfant était café au lait.

— Nous pourrions la donner, faire une fondation et la faire adopter, dit-elle comme si elle ne pouvait se résigner au bonheur.

Burty leva son visage. Il pleurait. Elle n'avait jamais vu Burty en larmes. Elle souleva la main, attrapa une larme sur un doigt et la but.

— Je suis désolé, chéri. Je voulais te rendre fier, te donner...

— Chut !

— Elle est belle. Elle a tes yeux, je pense, dit Tory. Tu voulais un garçon, je sais, dit-elle.

Maintenant que tout était fini, maintenant que le pire venait d'arriver : un bébé mulâtre, que le passé de sa mère était irrévocablement l'objet maudit de la rumeur, plus rien n'avait d'importance ! Car Burty l'aimait, l'aimait de tout son cœur.

Le bébé toussa, chaud et mousseux, le doux liquide s'écoula lentement sur le sein de Tory.

— Est-ce qu'elle a eu assez ? demanda le père.

— Je ne sais pas. Je ne connais rien aux bébés.

— Moi non plus, moi non plus, murmura-t-il avec un égarement bouleversé et ravi.

Il contempla l'étrange petite créature. Son crâne était doux et ombré d'un duvet. Le visage délicat, reposé et lisse, n'avait pas les rides rouges qu'ont souvent les nouveau-nés. Elle ne ressemblait ni à Tory ni à lui... Mais elle grandirait et serait très belle. Le corps était déjà long, avec des membres fins, la peau d'une couleur fauve. Il fixa ce petit corps nu... « Elle est d'une couleur merveilleuse, une couleur d'automne royale, de nuit d'amour... » pensa-t-il.

Et à cet instant, il sut qu'il l'aimerait toute sa vie comme le plus fou des pères.

— Wisdoms, dit-il en se relevant sur son fauteuil, halluciné. Ce sera son nom. Wisdoms Victoria VanVoorst, et elle sera président !

L'esprit de Tory avait lentement dérivé. Elle n'avait pas surpris le regard d'amour de Burty pour leur fille. Elle savait simplement que Burty l'aimait, elle, Tory.

— Quel nom ? murmura-t-elle en glissant dans le sommeil.

« Mon ventre sera plat de nouveau, pensait-elle... Je pourrai de nouveau porter mes robes de Poiret. Peut-être demain ou mercredi quand on arrivera... »

— Wisdoms, dit Burty.

Il savait que Tory dormait mais il voulait une nouvelle fois prononcer ce nom tout haut. Il prit le bébé dans ses bras. Elle ne pleura pas, elle fit des bulles avec sa bouche et ouvrit grand des yeux soyeux, tendant ses petits bras dorés. Burty tint sa fille contre son cœur. Il lui avait donné naissance lui-même : il l'avait engendrée et accouchée. Il souleva la petite en l'air. Il l'enveloppa dans une serviette aux armes de la compagnie, un drapeau rouge contenant une seule étoile blanche...

Il sortirait pendant une heure, dirait au barman à Palm Court qu'il l'avait nommée comme lui, et qu'elle serait président ; il paierait un verre à Wisdoms. Bon Dieu, deux verres... peut-être trois.

— Bienvenue au monde, petite Wis, dit-il.

Il était père. Pour la première fois dans sa vie, il se sentit père. Il devait trouver Bay et Audrey, leur dire, leur montrer... Il retira le fauteuil contre la porte. Il se retrouva dans le salon de la suite.

Là, attendaient Bay et Audrey, blottis l'un contre l'autre sur des tabourets, des cernes noirs sous les yeux.

— C'est une fille, dit-il en refermant la porte derrière lui. Elle dort à présent, avec sa maman. Elle est splendide, couleur café au lait, et son nom est Wisdoms Victoria VanVoorst.

Bay lui tendit un cigare.

— Et sera-t-elle président, monsieur VanVoorst ?

— Sans problème, dit Burty.

— Peut-être épousera-t-elle un président, ce serait plus facile, dit Audrey.

Burty souleva Audrey de son siège et l'embrassa sur la bouche.

— Pas une chance. Elle vivra tout le conte de fées jusqu'au bout. Je consacrerai ma vie à cela. Allons-y, nous devons retrouver le garçon qui lui a donné son nom, c'est un homme sage.

— Il fait un froid polaire dehors. Tu auras besoin d'un manteau, dit Audrey.

— Pas moi, pas ce soir. Il pourrait y avoir un blizzard, je n'aurais toujours pas besoin d'un manteau.

— D'accord, dit Audrey.

— Eh bien, ça y est ! dit Danny Bowen à son compagnon de cabine, Jock Hume. J'ai été licencié. A partir de maintenant je n'existe plus officiellement. Je peux manger et dormir à ma guise et me promener librement mais je ne vous soulagerai plus de votre travail. Je suis exclu de la troupe de musiciens de la Ligne Polaire pour de bon, et pour toujours, je pense.

— C'est dégoûtant. C'est une belle fille mais elle te coûte cher, dit Jock.

— Eh bien, tant pis.

Danny retourna son chiffon polissant son violon.

— Je vais le ranger bien poli, de toute façon. « Prends soin de tes outils et ils prendront soin de toi », dit mon père.

— Ah, c'est trop moche, Danny. Ces paquebots sont de bons engagements. Et si tu abandonnais Swan ? Est-ce qu'il te reprendrait ?

— Je n'en sais rien, Jock, mais je ne ferais pas ça pour tout l'or du monde. Je l'aime et elle m'aime, tu vois. Je ne peux plus la voir ou lui parler mais je peux toujours lui écrire. Aussi vais-je lui écrire ce soir, à la façon dont je faisais quand j'étais en Angleterre et elle en Amérique. Nous en viendrons à bout, tu sais. Je considère la chose comme une épreuve.

— Ça me paraît être un rude coup, rien que je veuille, dit Jock.

— Eh ! oublions tout cela, veux-tu ? dit Danny.

— D'accord. Tu veux monter dans les étages pour voir...

— Peut-être que je la verrai de loin, dit Danny en refermant son étui à violon.

— Ouais, dansant avec un autre gars, dit Jock.

— Sans musique ? Je ne pense pas. Allez, allons-y...

Chacun dans son manteau et son cache-col pour se protéger du froid, ils montèrent l'escalier arrière jusqu'à ce qu'ils atteignent le plus haut pont, où la promenade était à découvert. Il n'y avait pratiquement aucun passager. Il était proche de minuit et le froid avait attiré les gens à l'intérieur. Mais il y avait des gens de garde, plus que d'habitude, pensa Danny. « Eh bien, peut-être ne trouvent-ils pas le repos comme moi... »

Il s'appuya à la rambarde et remplit ses poumons d'air qui était si froid que cela lui faisait mal. Son père, qui avait été chanteur et s'était toujours soucié de ses poumons, l'avait mis en garde contre l'air froid de l'hiver.

— Un homme peut geler ses poumons de cette façon, mon garçon...

Danny avait toujours pensé que c'était une « superstition de chanteur », il n'y croyait pas. Mais il pourrait revenir sur sa décision, pensa-t-il, si on l'obligeait, nuit après nuit, à respirer un air comme celui-là. C'était un air étrange, à peine un vent, avec l'eau qui se ridait simplement, ne faisait pas de vagues. Et cependant un *froid coupant*... Et tout était si beau. La nuit était comme une cathédrale, le ciel poli noir et les étoiles comme des flambeaux lointains. Et *Le Titanic*, une unité magnifique, entraînant dans son rêve gens riches et gens pauvres...

Danny se pencha. *Le Titanic* filait bon train, il n'avait pas ralenti sa course malgré la glace. Il fonçait droit devant, il faisait si sombre. Il essaya de voir.

Quelque chose d'énorme était proche, quelque chose d'énorme empreint de mystère. Comme un galion fantôme, sans lumières et silencieux. La chose approchait...

Trois tintements aigus de cloche. Trois coups du battant de cloche, là-haut, dans le nid de pie. Danny regarda autour de lui. Jock était parti. Sur le pont, l'officier s'emparait du téléphone. Danny se pencha de nouveau, au-dessus du flanc du *Titanic*. Il pouvait la voir maintenant.

C'était une montagne de glace, qui dépassait le plus haut pont, elle se dressait au-dessus de Danny. Elle avait deux sommets, le plus proche était le plus haut, d'un blanc étincelant sur le côté qui lui faisait face. Tout ce côté était translucide... *invisible*. Il brillait et était noir comme un miroir géant. Un instant auparavant, ce n'était encore qu'un haut rideau noir. A présent, on avait l'impression de deux énormes crocs en cristal d'une machine infernale, sortie des eaux et de la nuit. Deux crocs blancs.

« Mon Dieu, ça va nous défoncer ! »

Soudain, alors que son cœur lui déchirait la poitrine, il entendit mugir les moteurs du *Titanic*. En arrière toute !

Le petit musicien poussa un énorme soupir de soulagement.

— Nous allons l'éviter, dit-il à voix haute.

Mais alors la falaise de glace sembla se soulever, monter comme un monstre sortant de la mer...

Elle bondissait en silence, attaquait comme un fauve bleuté, glacé. Elle fonçait sur eux! La glace était vivante et miroitait et s'imposait. Il allait être écrasé. Il se jeta en arrière, et l'énorme chose blanche laboura de ses griffes le flanc du *Titanic*. Une pluie de glace s'engouffra sur le pont, des kilos et des kilos d'éclats coupants tombèrent dans un murmure irréel, ricochèrent sur le pont en lançant comme des éclairs.

Et puis, la « bête » se retira, très doucement comme l'aile silencieuse d'une mouette. La grande surface blanche soupira, chuinta et disparut...

Danny était trempé. Son visage égratigné et brûlant. Rien de cassé. Il brossa les échardes de glace de son manteau et regarda vers le pont.

Quelle étrange impression, à la fois douce et terrible! Mais ce n'était rien de grave, pensa le petit musicien, car *Le Titanic* continuait sa route, les moteurs à plein régime. Seul l'officier de quart veillait sur le navire « insubmersible », c'est comme ça qu'ils disaient, pensa encore Danny en s'émerveillant.

Et où était passé Jock? Il avait manqué tout ce curieux divertissement.

Le commandant Smith répondit au téléphone à la deuxième sonnerie, dans la cabine de Dove. A peine avait-il reposé le combiné qu'il mettait déjà son pantalon et se faisait d'amers reproches. Pourquoi était-il revenu vers elle ? Pourquoi n'était-il pas resté à son poste, où son devoir l'appelait, ou dans sa propre cabine, près du pont ? Parce qu'elle s'était rendue à ses arguments, voilà pourquoi. Parce qu'elle l'avait appelé, sachant qu'il la quittait, et avait dit :

— D'accord, mon chéri, retourne auprès d'elle si tu le dois, mais reste avec moi encore ce soir... Cécilia a déménagé, à ma demande, dans la suite de Bruce Ismay.

Et l'adolescent qu'il était toujours avait bondi de joie. Il s'était précipité, habillé à la hâte... Et quel bonheur ce fut de retrouver les bras doux et parfumés de cette femme !

Hitchens à la barre avait suivi les ordres du premier officier Murdoch : il avait fait machine arrière, et sur sa lancée *Le Titanic*, si abruptement stoppé, avait dérivé d'une longueur ou deux vers bâbord, provoquant une collision avec un bloc de glace. E.J. courait pour atteindre le pont. Boxhall était sur place.

— Qu'avons-nous heurté ? demanda-t-il à Murdoch.

— Un iceberg, commandant. J'ai fermé les cloisons étanches.

— Avez-vous fait sonner l'alarme ?

— Oui, commandant.

— Restez à votre poste, Murdoch. Boxhall, vous m'accompagnez.

Le commandant Smith examina à bâbord les dégâts. Mais à part un pont noyé sous la glace, il n'y avait rien à signaler. Rien de grave. Il envoya

Boxhall en bas pour l'inspection et fit appeler l'ingénieur Bell. Il ordonna qu'on pousse les moteurs à moitié de leur vitesse vers l'avant, et puis, se mordant la joue, encore en train de boutonner son pardessus, il attendit des nouvelles du désastre. Il supplia le ciel de lui éviter un nouvel accident, après *Le Hawke*...

Le chauffeur Fred Barret avait, quant à lui, découvert toute l'alarmante gravité de l'accident. Tandis qu'E.J. caressait encore les seins de Dove, qui s'étirait sous lui comme une chatte, dans la chambre des chaudières six, Fred Barret luttait pour sa vie. Au moment de fermer les amortisseurs, comme on lui avait ordonné de le faire, il entendit une soudaine et solennelle explosion. Puis vint un bruit de déchiquetage comme lorsqu'on déchire un tissu. Seulement six pouces de double coque le suspendaient au-dessus du niveau de la mer, et ces six pouces avaient craqué, s'étaient fendus, sous ses pieds !

Brusquement, il fut happé par une immense vague d'eau et dut lutter pour se mettre à l'abri. Mais les cloisons étanches descendaient ! Comme des couperets.

L'infaillible système de sécurité venait de se retourner contre lui ! Il était fait prisonnier ! Barret pataugea dans l'eau jusqu'à la taille, jusqu'au cou... L'eau entravait sa marche. Des vagues comme des tentacules s'emparaient de lui.

Et la porte était verrouillée... Barret tenta bien d'atteindre une échelle de secours.

Folle, cruelle, l'eau montait avec lui, le rattrapait, le couvrait plus vite qu'il n'arrivait à monter. Il se hissa avec difficulté, il se précipita, il s'arc-bouta à l'échelle, atteignit le haut de la porte de secours. Il dérapa sur le sol de la chaudière cinq, où l'eau n'atteignait que les chevilles mais montait inexorablement. Et il courut, hors d'haleine, sur les ponts du navire.

Le commandant Smith fut enfin mis au courant de la catastrophe. Toutes les turbines du *Titanic* étaient arrêtées. Seuls les générateurs, qui alimentaient les lumières et les ascenseurs du *Titanic*, ronronnaient dans les entrailles. Mais la vapeur des chaudières rugissait hors des canalisations, comme des trains lancés à tombeau ouvert et qui hurlent dans le silence de la nuit. Joseph Boxhall avait déterminé leur position. E.J. se rendit lui-même au télégraphe.

— Envoyez un message d'appel, Philips, dit-il en leur donnant la position: 41° 46' N., 50° 14' W.

Sans un mot Philips se mit au travail: « S.O.S. *Titanic*... S.O.S. Du secours de toute urgence. Position... »

— Brave homme. Et vous aussi Bride, allez-y, dit le commandant Smith.

Et il les abandonna à leur tâche. Cela ne faisait pas un quart d'heure qu'on l'avait sorti du lit de Dove, et déjà, l'eau dans les ponts inférieurs avait monté de quatorze pieds.

— Combien de temps disposons-nous? demanda-t-il au porte-parole de chez Harland et Wolff qui l'avait rejoint sur le pont.

L'homme évalua froidement la chose.

— Une heure et demie, peut-être deux. Pas beaucoup plus.

— Il faut descendre les canots à la mer. Faites appeler tous les passagers sur le pont supérieur, immédiatement, Boxhall. Mesure d'extrême urgence.

Audrey, Bay et Burty prenaient du bon temps, à Palm Court, avec Wisdoms, le barman. Tous chantaient un rag-time qu'ils essayaient d'apprendre à Wisdoms. Un steward à la porte les interrompit.

— S'il vous plaît, tous les passagers doivent rejoindre le pont supérieur avec leur gilet de sauvetage. C'est urgent. Tous les passagers doivent venir immédiatement...

Puis le steward s'enfuit, pour rassembler les autres passagers.

— Qui était-ce? Paul Revere? Où en étions-nous? dit Burty en finissant son « Pimm's ».

Audrey avait pâli brusquement. Elle ne riait plus.

Esmeralda Diego l'avait prédit.

L'attente prenait fin. Le cauchemar commençait.

Elle en fut presque soulagée tellement ce fut difficile, terrible, d'attendre ainsi le malheur. Le corps de la gitane avait longtemps flotté à la surface de l'eau, autour du *Titanic*. Audrey avait compris alors que l'oracle terrifiant s'accomplirait très vite.

— Qu'est-ce que c'est? demanda-t-elle.

Mais personne ne lui répondit.

Ça n'avait plus d'importance. Maintenant, au moins, elle pourrait faire quelque chose. Elle pourrait affronter le danger. Accomplir son destin pour sauver Bay. Cela, elle y était résolue: elle ne le laisserait pas là, abandonné entre deux continents. Peu importe ce que ça lui coûterait, devrait-elle avoir à tenir son corps mort entre ses bras pendant trois jours, elle le ramènerait chez eux, à Whale's Turning, à Gilt Hill.

Burty commanda une autre tournée mais Audrey mit la main sur son bras et dit:

— Tu dois aller voir Tory et t'occuper d'elle. Nous devons nous soucier de nous, à présent. Allez-vous rejoindre les passagers sur le pont, Wisdoms?

— Oui, m'dame. J'y cours aussitôt que j'ai fermé cette boutique.

— Le navire s'est arrêté. Viens Burty, il s'est passé quelque chose, dit Bay sourdement.

— D'accord, d'accord, mets cette bouteille sur ma note, Wisdoms.

— Que Dieu bénisse vo'te enfant, monsieur, dit Wisdoms.

Et l'éclat du diamant brilla entre ses dents blanches.

— Wisdoms pour président! cria Burty.

Ils croisèrent d'autres passagers qui partaient pour le pont. Certains étaient habillés convenablement pour le froid glacial mais d'autres, dans la précipitation, avaient enfilé un manteau sur un pyjama ou une chemise de nuit, et étaient encore en pantoufles, les pieds nus. De nombreuses femmes portaient des chapeaux pour cacher leurs cheveux défaits ou simplement retenus par des épingles, beaucoup étaient pâles, démaquillées pour la nuit. Audrey aperçut Mme Strauss, une compagne de table de l'autre soir.

— Qu'est-il arrivé, Ida, le savez-vous?

— Ils disent que nous avons heurté un iceberg, ma chère, et que nous sommes arrêtés, c'est tout ce que je sais.

— Je vois, mais où est votre gilet de sauvetage?

— C'est Isidor qui l'a, et vous ma chère?

Son mari était près d'elle. Il souleva le gilet.

— Je lui ferai passer, ne vous inquiétez pas, madame Lockholm. Elle prétend ne pas vouloir le mettre pour des raisons de confort!

— J'espère que nous n'en aurons pas la nécessité... Mais laissez votre mari vous aider à l'enfiler, Ida.

Puis Audrey pressa le pas, tirée par Bay, sur les talons de Burty VanVoorst.

Au coffre, les gens faisaient la queue pour retirer leurs bijoux et leur argent.

# 19.

Mais que se passait-t-il ? se demanda Tory brusquement réveillée. Burty ? Non. Elle regarda autour d'elle, se souvint. La chambre était très sombre et vide, et plus froide qu'elle ne l'aurait souhaité. Où était le bébé ? Ah, il dormait contre sa hanche. Elle aurait pu rouler et l'étouffer dans son sommeil... Tory se souleva contre les oreillers et prit l'enfant. Elle ne savait pas l'heure qu'il pouvait être, mais il était tard, probablement, car le bateau était immobile et la chambre si noire... Et où était passé Burty, cher, cher Burtychou ? Etait-il parti se consoler ou... célébrer ? Elle déroula la serviette et tint le bébé en l'air de façon à ce que les lumières du pont privé se reflètent sur son petit corps, l'illuminent comme pour une nuit de Noël. C'était un sang mêlé. Pas de doute ! Elle le caressa et la petite créature ouvrit les yeux, drôles, sans cils, ne faisant pas encore le point.

— Tu ne pourras pas t'en tirer comme moi, petite mademoiselle VanVoorst. Les gens avec toi sauront de quoi il en retourne.

Le bébé entrouvrit les lèvres, comme pour sourire. Il était silencieux, petit corps fin et sans défense qui pendait nu dans les mains de sa mère. Tory scruta le petit visage. Il n'y avait pas d'os formé encore, le visage n'était pas défini. Les yeux étaient sombres, mais les cheveux étaient clairs. Un peu plus foncés que la peau. La lumière lui faisait comme un halo avec des teintes auburn et dorées. « Une Négresse rousse, pensa Tory, c'est ce que tu seras. Les Noires rousses sont rares. Le nez est retroussé, mais on ne peut jamais rien dire à propos des nez, il faut les laisser pousser, attendre pour voir. » La bouche était large, bien formée, aux lèvres roses. « Ce sera une délicate demoiselle, pensa Tory ; pas trop d'exercices à la barre, comme sa mère, pour devenir souple et sculpturale. Elle sera faible et gâtée si elle survit... »

Tory enveloppa le bébé dans une couverture et la mit sur son sein mais elle s'endormit au lieu de téter. Si elle vit... Est-ce que cela importait aux yeux de Burty? Serait-il soulagé s'ils la perdaient?

Elle entendit soudain des mouvements hâtifs dans le corridor, des gens qui passaient. « Une fête, et je l'ai manquée ! »

— Tu m'as fait manqué une fête, dit-elle au bébé.

Qu'importe, après tout ! Elle se sentait merveilleusement bien : Burty savait, savait enfin ce qu'il y avait de pire en elle, et il avait pardonné. Et elle avait mis au monde leur enfant... Tout était *presque* parfait.

— Si seulement tu n'étais pas dans mes pattes ! Tout serait comme avant, dit-elle.

Et, inconsciemment, elle donna un coup de coude au bébé endormi.

La porte s'ouvrit. Burty était de retour.

— Bonjour maman !

Tory était heureuse qu'il ait bu et qu'il soit de bonne humeur.

— Burty, où étais-tu passé ?

— On célébrait ça, ma beauté. Avec Audrey, Bay et Wisdoms.

— Quoi *ça* ?

— Wisdoms, celui qui a donné son nom à notre fille. Wisdoms Victoria VanVoorst, un W et trois V. Ses initiales auront l'air de canards en plein vol, la classe, quoi !

— Non, Burty, pas un nom aussi marqué.

— Tu dois te lever, princesse, nous avons heurté un iceberg, pas de chance, et nous devons appliquer les mesures d'urgence, gilets de sauvetage et tout le bazar ! Rassemblement sur le pont. Il fait un froid polaire, tu ferais mieux de porter ta zibeline et d'envelopper la petite Wisdoms dans le chinchilla.

— Je n'ai jamais rien entendu de plus idiot.

— Moi non plus, mais ce sont les ordres du commandant.

Il s'agenouilla et regarda sous le lit à la recherche des gilets.

— Non, je veux parler du prénom du bébé, Wisdoms, ça ne se peut pas.

— Et pourquoi pas ?

Il était à fouiller dans le placard.

— Ah, nous y voilà. Deux gilets de sauvetage adultes mais rien pour la petite Wisdoms. Qu'allons-nous faire ?

— Oh, Burty !

— Là, là, ma chérie, qu'est-ce qui ne va pas? Voudrais-tu une chaise roulante pour porter ta progéniture, c'est cela?

— Oh, Burty, de quoi parles-tu pour l'amour du ciel?

Il s'assit sur le lit et avec son pouce agaça l'oreille du bébé.

— L'eau à l'avant est déjà en train d'envahir la proue, Tory, tu sais ce que ça veut dire?

— Non.

Le bébé gigota, ferma fort les yeux et soupira d'aise.

— Comment te sens-tu?

Il regardait son nouveau-né, fasciné.

— Qu'est-ce que tout cela veut dire, Burtychou?

Il se leva du lit et passa la main sur son menton, caressant sa barbe de plusieurs jours.

— Ça veut dire que nous coulons, Tory, et il faut se dépêcher et mettre nos manteaux, et ces foutus gilets de sauvetage, puis aller sur le pont en espérant que nous trouverons des secours.

— Oh, c'est idiot, *Le Titanic* ne peut pas couler, tu me l'as dit toi-même.

— Dépêche-toi, Tory!

— Burty, ça t'aurait fait quelque chose si le bébé avait été mort-né?

Elle ferma les yeux pour ne pas être tentée de lire sur son visage l'expression qui n'y était pas.

— Je n'y ai jamais pensé. Maintenant, allons-y, Tory.

— D'accord, d'accord, j'arrive. Je porterai mon ensemble en laine jaune, c'est ce que j'ai de plus chaud, dit-elle faiblement.

— Oui, et toutes les fourrures que tu as.

— Grand bêta ! Je n'ai que le chinchilla, le reste est dans les malles.

— Donne mon nouveau pardessus à Wis, alors. Il a un col en agneau. Je porterai le vieux mohair, je ne crois pas que je l'ai rangé dans les malles.

Il fouilla dans le placard.

— Hé, le voilà... Dépêche-toi, Tory.

Quelqu'un frappa à la porte qui donnait sur la suite.

— Oui, on arrive, cria Burty.

Bay passa la tête dans l'entrebâillement de la porte.

— Bonjour, Tory. Félicitations.

Elle sourit mais ne lui présenta pas l'enfant.

— J'ai parlé à Bruce Ismay, l'eau a couvert le court de tennis, et maintenant le pont G est noyé jusqu'au plafond.

— Mon Dieu, tu as entendu, Tory ? Tu dois te dépêcher ! Merci, Bay, nous vous verrons là-haut, dit Burty.

— Pars avec Bay, Burty. Je vous rejoindrai. J'ai des choses à faire que je ne peux te laisser voir... des choses de femme.

« Ça ne me prendra qu'une minute. Je la jetterai dans l'océan, pensa-t-elle. Burty s'en moquera... »

— Je ne veux pas te quitter, dit-il.

— Burtychou. J'arrive ! C'est promis.

— Est-ce que je prends la petite Wis avec moi ?

Comme si elle pouvait déjà répondre à son nom, le bébé commença à pleurer.

— Non, non... Elle ira bien.

— Tu es sûre ?

— Oh, s'il te plaît, Burty, vas-y, s'il te plaît!

Il fit mine de partir.

— Je te retrouverai au premier pilier, sur le pont A. J'en ai pour une seconde, dit-elle en portant le bébé vers la salle de bains.

Il s'arrêta pour regarder une dernière fois sa femme et son enfant nouveau-né.

— Je t'aime, la môme, dit-il.

Il allait se précipiter pour les embrasser mais il se retint, et ferma vivement la porte derrière lui.

« Maintenant ou jamais! » pensa-t-elle. Il fallait qu'elle s'accroche aux meubles avec une main pour marcher et tenir le bébé en même temps...

Dans l'eau calme, brillaient les feux du *Titanic*. Et curieusement, pas d'autre bruit que celui de l'eau qui léchait les flancs du grand navire. Tory vit que la proue s'enfonçait très lentement.

« Eh bien, nous coulons, pensa-t-elle. Nous coulons vraiment. »

Et alors le bébé se mit à crier. Tory le tenait près d'elle.

— C'est l'occasion rêvée. J'ai trébuché et tu es tombée, dit-elle à la créature dans ses bras.

Elle l'embrassa sur le nez, pour la première fois. C'était douillet et ça sentait le lait chaud.

— Je ne voulais pas que ça arrive. Je me dépêchais, et le bateau s'inclina et soudain tu as glissé.

Le visage du bébé était rouge. Il criait avec véhémence.

— Ou je pourrais attendre que l'eau envahisse la cabine et monte juste assez. Alors je t'étendrai pour que tu dormes, Wis — quel nom ridicule pour une petite fille! On ne sent rien quand on meurt noyé, m'a-t-on dit. Tu ne t'apercevras de rien. Tu ne sauras même pas ce qui arrive...

Le bébé avait enfin trouvé les seins de Tory recouverts par la chemise de nuit. Il enfouit sa tête café au lait dans le tissu pour essayer de sucer, et pleurnicha.

— Allez, c'est parti !

Tory tendit le bébé et le tint au-dessus de l'eau sur le bastingage. Sa tête roula sur le côté, et il cligna des yeux. Ses mains qui voulaient la chaleur de sa mère s'ouvrirent et se fermèrent dans l'air froid.

— Au revoir, Wis, et bon débarras !

Elle tendit ses bras...

Une formidable lumière jaillit comme un arc dans le ciel. Tory eut un mouvement instinctif de recul, et tint le bébé serré dans ses bras. Et puis le ciel s'enflamma par une rapide explosion et dans une pluie d'étincelles. Tory vit les larmes de feu qui tombaient. Une autre fusée explosa à son tour. Et Tory tint Wis serrée contre son cœur. De qui se moquait-elle ? De qui, sinon d'elle-même qu'elle essayait de faire souffrir ? Elle retint la petite tête trop faible pour se supporter. Elle berça son bébé avec un doux rythme de mère.

— Pardonne à maman, pardonne à maman. Je ne voulais pas le faire, Wis, murmura-t-elle. Je ne voulais pas le faire. Mais cela fait si longtemps que j'ai peur de ma couleur de peau. Il faut qu'on se dépêche, il faut aussi qu'on change ton nom !

Elle riait et pleurait à la fois.

— Il faut qu'on trouve le coffret à bijoux, il faut se dépêcher.

Dans la suite, elle étendit Wisdoms sur le lit et tira de dessous une petite mallette de docteur avec ses initiales en lettres d'or imprimées sur le cuir : V.V.V. C'était son coffret à bijoux.

Elle était perdue dans une tendre rêverie, imaginant les initiales W.V.V.V. sculptées dans des gobelets en cristal, pour son mariage, quand l'eau ouvrit la porte de la chambre.

# 20.

## Lundi 15 avril...

Le second officier Herbert Stone était de quart sur *Le Californie*, depuis moins d'une heure, lorsqu'il vit dans la direction du paquebot qu'ils avaient déjà observé une fusée s'élever dans le ciel et exploser.

Ce fut ce qu'il pensa : une fusée. Si ce navire était, comme il le supposait, *Le Titanic*, c'était sans doute un feu de Bengale tiré au cours d'une fête d'inauguration. On avait présenté *Le Titanic* comme une grande salle des fêtes flottante ! Par acquit de conscience, il prit quand même la radio de bord.

— Commandant, je vois des fusées en direction de ce navire non identifié à tribord.

Le commandant parut furieux à l'autre bout du fil. Son second pensa qu'il venait de le réveiller.

— Des fusées, Stone ? Pas des feux d'artifice... Des feux de Bengale ?

— Je pense que ce sont des fusées, commandant, la lumière est toute blanche, dit Stone.

— Continuez à essayer de rentrer en contact

avec les projecteurs de position, et tenez-moi au courant.

— Oui, commandant, à vos ordres.

Stone raccrocha le combiné. Il prit le projecteur et commença à l'actionner en pointant le faisceau vers la proue de l'autre navire. Ce ne serait pas une mince affaire de manœuvrer au milieu de cette banquise pour traverser les dix milles qui les séparaient de ce paquebot de ligne. Mais s'il avait été commandant, il l'aurait déjà rejoint depuis une heure. Ils n'allaient nulle part, cette nuit, le commandant Lord ne faisait que tourner en rond depuis la fin du service de jour. *Le Californie* était habitué aux bancs de glace. C'était sa ligne régulière après tout, et c'était quand même un bon vieux rafiot... « Bon Dieu, tout le monde sait que les fusées sont des signaux de détresse ! Je n'y arriverai pas ! » pensa-t-il, et il continua à faire appel sur appel avec le projecteur.

Le commandant Lord était ivre à présent, complètement ivre. Une jambe bottée sur sa couchette, contre le mur. De cette position avantageuse, il pouvait voir au travers d'un hublot dans la direction de tribord sud-sud-est. Avec une longue-vue, il apercevait le paquebot immobile. Il était arrêté, très bien, et lançait des fusées en l'air.

— Peut-être, peut-être s'agit-il du *Titanic*, là-bas, au loin. Et alors ? On a fait tout ce qu'on avait à faire selon la loi. On a essayé de leur envoyer un message télégraphique, on leur a adressé des signaux manuels, et ils refusent de répondre. Ils peuvent être tous en train de couler et refuser toujours de prendre contact avec moi parce que cette sale folle leur a dit de ne plus accepter mes messages. Irais-tu porter secours à un homme qui t'a giflé en public, Zeke? Irais-tu t'abaisser à aider une femme qui t'a humilié aux yeux de tous?

— Wock, fit le perroquet.

Et il s'ébroua sur son perchoir. Le carré du commandant était plongé dans l'obscurité, et l'oiseau somnolait, le gésier plein de grains trempés dans la bière. Le commandant Lord bondit de sa chaise et se dirigea à grandes enjambées, presque sans tituber, vers son hublot. Il y installa son télescope et essaya de voir un peu mieux, d'une manière un peu plus claire.

— Je ne vais pas risquer la vie de mon équipage en traversant cette glace, ce soir, dit-il. Je suis commandant et je dis qu'il n'y a pas d'urgence. Laissons un autre skipper jouer les héros, risquer son propre bâtiment, se payer un accident, avec cette affaire! Ce n'est pas pour moi...

Il frissonna mais il aimait le froid. Cela le fortifiait et le réveillait.

— Et si c'était *Le Titanic*?

— Eh bien, qu'ils coulent! Que dis-tu de ça? demanda-t-il à son confident.

Tiré du sommeil le perroquet protesta:

— Davy Jones!

Il poussa un cri rauque et étira ses ailes comme pour s'envoler.

— Wock, Davy Jones, Davy...

— Mon opinion exacte, dit le commandant en se versant un autre demi-verre, c'est que ce sera une longue nuit, mais nous en viendrons à bout... Je bois à ta santé, Cécilia Lady Pomeroy, mon amour!

Il baisa le verre avant de boire.

Le signal du *Titanic* aperçu par le commandant Ring du *Samson*, un trois-mâts norvégien, dans ses jumelles, lui causa une grande frayeur.

— Nous devons nous enfuir, Henrik, le plus vite possible, nous avons été aperçus, dit-il à son officier.

— Ouais, ouais, commandant, dit Henrik Naess.

Il n'avait pas peur. Il savait qu'il pouvait semer n'importe quel bateau dans ces eaux, à vapeur ou à voile. Aucun timonier au ciel et au monde ne pouvait battre Henrik Naess quand il barrait au large de Terre-Neuve. C'était sa terre d'attache, où il s'était fait les dents pour devenir le marin qu'il était... Le renégat qu'il était. Le navire était chargé à ras bord de peaux de phoques chassés dans les réserves qui protégeaient la reproduction de ces animaux. Se porter à la rescousse de ce foutu navire, c'était prendre à bord des marins naufragés qui connaissaient parfaitement le code international. Cela aurait attiré l'attention et fait une publicité dont Ring se serait volontiers dispensé. *Le Titanic* était un paquebot célèbre, il y aurait une inspection, une comparution devant les autorités... Ça voulait dire la fin de sa carrière, son permis de navigation pourrait lui être définitivement retiré. Au bout du compte, il aurait perdu sa réputation. Il n'aurait plus d'argent pour sa famille durant l'hiver, plus d'argent pour les familles de l'équipage du *Samson*. Dans l'état actuel des choses, l'hiver rapportait gros aux petits de Naess et Henrik avait besoin de gagner gros : il était en train de construire son propre bateau. *Le Nessie* serait plus petit que le *Samson*, bien sûr, mais ce serait un bon bateau. Il apprendrait à ses fils à devenir marins, il leur apprendrait à se faufiler entre les bancs de glace et à échapper aux garde-côtes. Il leur enseignerait comment éloigner un bébé phoque de sa mère et le battre à mort avec une batte de façon à ne pas abîmer la peau. Oh, oui, mon Dieu, il savait aussi bien que le commandant Ring que *Le Titanic* était condamné et qu'il coulait à pic. Il n'y avait qu'à le regarder, sa proue qui s'enfonçait comme un empereur paré de ses joyaux scintillants — il était beau, même dans sa chute...

Le commandant Ring savait que *Le Titanic* n'était pas un navire de patrouille. Mais il avait son mot à dire sur ce qu'il y avait à faire, n'est-ce pas ? Le commandant priait, c'était sa nature, il espérait bien sûr, c'était sa nature, qu'un navire au-dessus de tout soupçon soit dans les parages, qu'une vedette de la police cingle à ce moment même au secours des naufragés... Et le *Samson* s'apprêtait à virer de bord pour s'enfuir. Naess poussa le levier de vitesse d'un cran et mit le cap vers le nord où la glace scintillait... Là, où aucun bateau en situation régulière ne s'aventurait, dans les profondeurs de la banquise. Ils jetèrent au *Titanic* un dernier regard, un salut. Sa proue était complètement immergée à présent. Il aurait sombré dans moins d'une heure. Bon, c'est certain, mais il avait des canots de sauvetage, ce bateau ! Ce serait pour les passagers à bord une aventure... Un petit intermède inconfortable avant qu'ils soient recueillis. Et n'était-ce pas une honte ? C'était le plus beau navire de ligne du monde moderne ! Le commandant Ring était à son côté.

— Accélère encore un peu, Naess, si tu peux. Je veux mettre de la distance entre nous et lui. Une grande distance.

— Bien, commandant. Ava aura l'air très bien dans le nouveau manteau que je vais lui acheter, répondit Naess.

— Et ma Marlène aussi, dit son complice.

Dove ne voulait pas se presser. Elle voulait paraître à son avantage pour mieux éclipser Eleanor quand les photos du sauvetage la montreraient à côté de E.J., son bras mâle autour de ses épaules et elle, penchant la tête d'une manière possessive sur sa poitrine décorée de médailles.

— Maman, dépêche-toi, ne t'effondre pas maintenant, par pitié.

— Cécilia, je t'ai dit de partir devant, je ne sais pas pourquoi tu traînes comme cela. Dieu sait ce que tu attends !

C'était une allusion, et Cécilia le savait, une allusion au commandant Lord dont le bateau croisait dans les parages et avec qui Cécilia avait confessé avoir fait l'amour. Dove avait de l'esprit, ça faisait partie de son charme, elle était fine mouche.

— Pour moi ce n'est pas la même chose. Nous avons navigué sur de nombreux bateaux et je suis sûre qu'E.J. attendra que le dernier passager ait quitté le navire et je resterai avec lui. Aussi ne me gronde pas et sauve-toi vite, voilà, tu es un ange.

Et Dove essaya encore un châle de cashmere gris et un collier à triple rang de saphirs et de diamants. Cécilia était habillée comme pour une chasse au faisan, en pantalon, bottes hautes et portait deux chandails. Pour des raisons esthétiques, elle avait passé sa ceinture de sauvetage sous sa zibeline.

« Qu'est-ce que j'attends ? Ce n'est pas comme si je ne devais pas revoir ma mère... », se dit-elle.

Cécilia tourna les talons et disparut. C'était la mort de Rolf qui la perturbait ces jours-ci, elle n'était plus sûre d'elle alors qu'elle avait l'habitude de l'être. Rolf... Et aujourd'hui Royce... Quel être charmant ! Elle l'avait pris dans son lit après sa bagarre avec Burty. Elle aimait ça, c'était un acte d'héroïsme de la part de Royce. Il jouait son existence comme son argent. La vie n'était qu'un immense tapis vert, comme l'océan...

Elle avait bien aimé son attitude au lit aussi. Il avait de l'expérience, du savoir-faire. Et que lui importait s'il n'était pas vraiment ce qu'on appelle un gentleman ? Le jour où il l'épouserait, il deviendrait un gentleman, aux yeux de la bonne société. Non, ce qui préoccupait Cécilia c'était d'avoir soin de tout, de ne rien rater avec lui, de ne pas le perdre.

Le pont était noir de passagers qui tournaient en rond. Une immense confusion régnait. Jack Astor et Madeline étaient là, comme des parents angoissés, avec leur chiot airedale. Cécilia resta un moment auprès de Henry Widener qui lui dit, pour faire un peu d'humour :

— J'ai demandé au barman un peu plus de glace, mais c'était une folie, ne pensez-vous pas ?

Un autre homme qu'elle ne connaissait pas ajouta :

— Je n'ai jamais été aussi malmené. Est-ce cela qu'ils appellent un voyage en première classe ? C'est une honte !

Mais la plupart des gens restaient silencieux, l'air égaré, enveloppés dans des manteaux et des couvertures hâtivement jetées sur leurs vêtements.

A présent, dans un bruit de cordages et de poulies, on descendait les canots de sauvetage. Canot numéro sept à tribord, canot numéro quatre à bâbord. Mais les officiers qui cherchaient à faire mettre les femmes en rangs pour les embarquer avaient beaucoup de difficultés ; les femmes avaient un mouvement de recul et regardaient en direction de leurs maris, en rang sur le pont. « C'est comme pour ouvrir le bal, pensa Cécilia, personne n'ose y aller en premier. »

Même avec sa zibeline, elle avait froid. Son haleine formait un halo dans l'air et le râle des chaudières du *Titanic* qui perdaient leur vapeur semblait comme la respiration saccadée d'un moribond. Benjamin Guggenheim s'approcha d'elle. Il était engoncé dans deux pulls et un pantalon, comme elle.

— J'ai entendu dire que c'est un accident impensable ! Les cloisons étanches sont submergées et le navire est en train de sombrer.

Cécilia réprima son émotion. Elle l'embrassa sur les joues.

— Merci de me le dire, dit-elle.

— Prenez le premier canot que vous pourrez, Cécilia Lady Pomeroy, ne traînez pas. Il n'y a pas assez de places pour nous tous.

— *Pas assez de places*!

— Ne dites pas que je vous ai prévenue, je vais retourner à ma cabine afin de m'habiller d'une manière décente pour rencontrer mon Créateur.

— Monsieur Guggenheim, restez avec moi. Nous monterons dans le canot de sauvetage ensemble. Tout ira bien.

Il secoua la tête.

— Non, chère madame, les femmes et les enfants d'abord. Voyez-vous, je suis un vieil homme. J'ai eu mon temps...

Victor, son valet, était à côté de lui.

— Etes-vous prêt, Victor? En avez-vous vu assez?

— Oui, monsieur.

— Alors, au revoir et bonne chance, dit Benjamin Guggenheim en s'inclinant devant Cécilia.

— Bonne chance à vous, monsieur, dit-elle en pâlissant car elle comprenait enfin ce qui était en train de se passer.

M. Guggenheim se retourna en direction de l'escalier descendant vers le pont B.

— Nous nous mettrons en jaquette, Victor, n'est-ce pas, vous aussi. Avec des boutons de manchettes en diamant. Nous voulons avoir l'air de gentlemen, n'est-ce pas? Nous descendrons par le fond dignement, en gentlemen, qu'en pensez-vous?

— Oui monsieur, très bien, monsieur, et les pardessus, monsieur, mettrons-nous nos pardessus?

*Pas assez de canots. Pas assez de place. Pas assez de capacité.*

« Je dois sauver mes titres, mes actions et quelques souvenirs de Rolf ! » Cécilia se dirigea aussi vite que les circonstances lui permettaient vers l'escalier de service. C'était le plus proche. En un clin d'œil, elle aperçut Audrey, Bay et les jumelles dans un groupe devant un canot de sauvetage. « Bon, ça va, les choses se passent bien pour eux », pensa-t-elle et elle dévala l'escalier. Au niveau du pont B, l'eau arrivait à la hauteur des chevilles et était noire comme du sang caillé. Sa cabine était située plus loin à bâbord mais elle ne croisa personne durant la traversée du long corridor. Il était éclairé comme à l'ordinaire, c'était toujours la même soie bleue tendue entre les panneaux d'acajou, mais il était rempli d'eau et penché de façon si abrupte qu'elle ne pouvait avancer que d'un pas à la fois et devait se tenir au mur pour conserver son équilibre. Certaines des portes de cabines étaient ouvertes et battaient sous la pression de l'eau qui montait. La lumière était encore allumée, de belles chambres mais elles étaient dans un piteux état, à présent, avec leurs meubles chavirés, leurs lits défaits, les couvre-lits jetés à la hâte et sur les oreillers se devinait encore l'empreinte émouvante des têtes. La porte de la cabine B-16 était grande ouverte. Dove était-elle encore là ? Son idiote de mère, si écervelée, était-elle restée ? Furieuse, Cécilia pataugea dans l'embrasure de la porte.

Teddy Royce apparut. Un cartable de cuir posé sur le bureau, largement ouvert. Et Teddy Royce fouillait dans les tiroirs de la commode, jetant pêle-mêle les vêtements dans sa recherche éperdue de... De l'argent, des joyaux de Cécilia, bien sûr ! Il avait trouvé son coffret à bijoux, la clef était dans la serrure. Il l'ouvrit pour inspecter son contenu. Ce coffret renfermait plus d'un million de dollars en pierres précieuses. Il contenait son collier en émaux et turquoises, et cinq rangs de perles fines sans un défaut et... Cécilia le regarda jeter le coffret dans la serviette et continuer à fouiller. Il découvrit sa pochette en cuir, il y avait plus de trente mille dollars à l'intérieur. Il souleva le rabat et étala les billets en éventail. Pendant ce temps, *Le Titanic* s'enfonçait un peu plus. La chambre vacilla, le lustre se balança violemment au bout de sa chaîne. Teddy en un éclair vit son reflet dans le miroir. Elle était dans l'embrasure de la porte, ses mains agrippant l'autre côté du chambranle.

— Ma mère est-elle ici? demanda-t-elle en pataugeant, de l'eau jusqu'au mollet, en direction de la table de nuit.

Il y avait un pistolet dans le tiroir, chargé, et elle voulait réussir à s'en saisir avant lui.

— Cécilia, j'essaie de sauver ce que je peux pour toi, indique-moi où sont les objets de valeur, vite, dépêchons, dit-il.

Oh, oui, il était si calme ce joueur. Il continua ses recherches presque sans un mouvement de surprise. Il était très bien dans son rôle, il était Teddy Royce... Elle parvint à la table de chevet, ouvrit le tiroir et sentit sur ses doigts la crosse de nacre du revolver. Elle actionna son chien d'argent délicatement ciselé.

— Ma mère est-elle encore ici? répéta-t-elle.

Il était en train de passer au crible le tiroir inférieur de la commode.

— Non, il n'y a que toi et moi ici, dit-il en se relevant.

Il se tourna vers elle, les mains appuyées sur le bureau. Elle souleva le pistolet et le visa au cœur. Le revolver était de la taille de sa main seulement, mais elle savait tirer juste.

— Pose toutes mes affaires sur le lit et sors immédiatement ou tu es un homme mort, Teddy Royce.

Il vit ses yeux, son bras tenant fermement l'arme. Il soupira et fit ce qu'elle lui ordonnait.

— Tu es un sale rat, tu es beau, tu es charmant mais tu es un rat.

— Absolument, il le faut bien pour mener la vie que j'ai choisie, admit-il.

— Si je te tue maintenant, personne ne viendra me demander des comptes.

— Ceci est aussi vrai, malheureusement. Personne ne me pleurera et tu seras applaudie comme une femme qui, héroïquement, a assuré seule sa défense.

— Mets cette boîte et cette pochette dans la mallette sur l'armoire, et ajoute la photo de Rolf qui est sur le bureau, dit-elle.

Il monta sur une chaise et sortit une mallette en peau d'autruche. Il s'assit sur le lit, la posa entre eux, l'ouvrit de façon à ce qu'elle puisse voir ses mains pendant qu'il s'activait. Il déposa le coffret à bijoux, sa pochette et la photo de son défunt mari sur ses actions et ses obligations.

— Que puis-je faire d'autre pour toi, Cécilia?

Elle était en train de réfléchir.

— La boîte en satin, là, elle y va aussi.

— Ah oui, j'espérais que ça tu l'aurais oublié, dit-il.

Elle sourit. C'était un rat, mais il était drôle. Même en joue, peut-être uniquement sous la menace, Teddy Royce était au meilleur de lui-même. C'était ce qu'on appelle, parfois un peu étourdiment, un « beau joueur » !

— Très bien, ferme cette mallette et sors. Si tu hésites, je te tire dessus.

— Tu es belle quand tu es en colère... Est-ce que je te l'avais jamais dit ?

Puis il s'inclina, ajusta sa cravate et se fraya un chemin vers la porte dans l'eau qui montait toujours.

— Ne reste pas en bas trop longtemps, Cécilia, tu vas couler.

— Je suis capable de prendre soin de moi et de mes affaires.

— J'espérais en faire partie, ainsi tu aurais pris soin de moi et je n'aurais pas agi de cette façon, n'est-ce pas ?

— Il n'y a pas assez de places dans les canots pour nous tous, même si tu avais tout volé à tout le monde, cela ne t'aurait pas rapporté grand-chose. C'est les femmes et les enfants d'abord là-haut, alors tes chances, monsieur le joueur, sont bien minces.

— Hier, justement, Archie Butt me disait qu'avec ces femmes qui demandent le droit de vote et compagnie, l'esprit chevaleresque serait bientôt mort... On ne peut pas avoir le beurre et l'argent du beurre, hein, chaton ? Mais si je peux me permettre de te demander ta main, chère Cécilia, et si tu peux te le permettre, peut-être que tu diras oui.

— Sors, dit-elle.

Il s'exécuta. Elle suivit le bruit de ses pas traînant dans l'eau à travers le hall. Elle rangea le pistolet contre sa poitrine. Elle fit le point. Dove avait laissé son sac semé de pierres précieuses, Cécilia l'ajouta au contenu de la mallette en peau d'autruche. Elle la verrouilla, la jeta sur son épaule et chercha son chemin dans l'eau qui lui montait jusqu'aux genoux. Cette eau était d'un vert jaune sous la lumière flamboyante du lustre. « Royce ne mérite pas de vivre, pensa-t-elle. C'est un voleur et un fripon. Des hommes meilleurs, comme M. Guggenheim, devraient avoir une place. Mais il me manquera ce chien. Je l'aime beaucoup. Il me tient tête, essaie d'obtenir le meilleur de moi-même. C'est un redoutable adversaire, c'est Teddy Royce ! Les requins vont se régaler, on s'aime beaucoup entre requins. »

Un steward à l'extrémité du hall l'appela :

— Vite, dépêchez-vous, madame. Y a-t-il encore quelqu'un que vous connaissiez sur ce pont ? Tout le monde doit être sur le pont, maintenant, madame, sur le pont immédiatement !

# 21.

Au bureau des télégraphes, John Philips et Harold Bride travaillaient, envoyant des messages au Cap Race, au *Mount Temple*, au *Francfort*.

— Essaye encore, veux-tu, John, essaye le S.O.S., dit Bride.

— Oui, d'accord.

Philips tremblait de froid mais aucun des deux hommes ne le remarquait.

— MGY *Titanic* au MGY *Olympic*: S.O.S. Nous avons heurté un iceberg. Nous coulons à pic, 41° 46' N., 50° 14' W. Venez aussi vite que possible.

C'était incroyable, voilà plus de deux heures qu'ils travaillaient et ils n'avaient trouvé personne pour leur venir en aide, et *L'Olympic* leur transmit ce message:

— Nous arrivons... Notre position 170 milles au nord...

Philips, furieux, transmit:

— Nous sommes en train de mettre les passagers dans des canots. La salle des machines est inondée. Venez aussi vite que vous pourrez.

Et puis un autre bâtiment intervint, et d'une façon stupéfiante.

— *Titanic*, savez-vous qu'il y a des communications en grand nombre qui vous attendent du Cap Cod? Pourquoi n'y répondez-vous pas? Vous encombrez nos communications.

Le message provenait du *Carpathia*. En colère, Philips répondit:

— Ici *Le Titanic*, venez dès que vous pouvez. Nous avons heurté un iceberg. C'est un S.O.S... Position...

— Vous demandez du secours? répondit faiblement *Le Carpathia*.

— Oui, venez vite. C'est un S.O.S., venez vite, renvoya Philips.

Harold Bride regardait quelle était la position du *Carpathia*. Si l'on s'en tenait aux chartes, il était à une soixantaine de milles de là.

— C'est le plus proche. J'espère qu'il répondra, dit-il calmement.

Philips essaya de le recontacter, en vain.

— L'espoir, c'est à peu près tout ce qu'il nous reste, maintenant, Harold. Et nous n'avons plus beaucoup de temps, dit-il.

— Je prie et j'espère, et toi tu continues à envoyer les messages, d'accord?

— S.O.S. Ici *Le Titanic*. Nous avons heurté un iceberg et nous sommes en train de couler, vite. Venez à notre secours immédiatement. Position...

— Voilà comme il faut s'y prendre, marmonna Harold Bride, fier de son supérieur.

Et, puisque Philips n'avait pas le temps de s'interrompre, Bride lui fixa son gilet de sauvetage. Philips continuait à envoyer des messages.

*
**

A Webster, dans le Massachussetts, Bobby Powers, qui venait d'avoir onze ans la semaine précédente, s'amusait avec son cadeau d'anniversaire, un récepteur de messages sans fil. C'était une belle et claire nuit, et il recevait beaucoup de messages. Il aurait dû être au lit — c'est ce que croyaient ses parents, d'ailleurs —, mais il était assis à sa table, à l'écoute, traduisant le code. Il devenait sacrément bon...

Il entendit le message, encore une fois, comme il l'avait entendu depuis plusieurs minutes, aussi clair que du cristal, sans grésillement aucun, il entendait le nouveau signal de détresse international, S.O.S. C'était toujours la même chose. Quelqu'un appelait au secours et puis l'identification : *MGY Titanic*. Puis le bateau en détresse se taisait. Et reprenait.

— Nous sommes en train de couler, vite. Nous demandons du secours, venez aussi vite que possible.

Soudain le visage de Bob rayonna. Il comprenait ! Ce n'était pas *Le Titanic* qui interrompait de lui-même la communication, c'était *Le Titanic* qui était en difficulté ! C'était *Le Titanic* qui coulait. Bobby écouta de plus près pour être sûr qu'il ne se trompait pas. Quelques minutes plus tard, il s'appuya au dossier de sa chaise. Il valait mieux avertir son père. Son père saurait ce qu'il faut faire. Il dévala l'escalier pour se rendre dans la cuisine où son père et sa mère se tenaient avec les voisins Wilson.

— Papa, peux-tu venir ? Viens vite. J'ai *Le Tita-*

*nic* en ligne et il envoie des S.O.S. Il dit qu'il est en train de couler à toute allure.

La mère de Bobby ne parut pas s'amuser. Elle laissa échapper un soupir d'exaspération et dit à Corinne Wilson :

— Vraiment, je ne sais pas ce que je vais faire. Il devient pire chaque jour. Il ne cesse de se vanter !

— Je ne me vante pas, maman. S'il te plaît, papa, viens, dit Bobby.

— Qu'est-ce qu'on va faire de lui, Rob ? Lui laver la bouche au savon pour le punir de débiter des sornettes à longueur de journée ?

— Papa, monte et vérifie, c'est vrai. S'il te plaît, viens !

Son père regardait dans le décolleté de Corinne Wilson.

— Pas tout de suite, Bobby, je suis occupé.

— Ce *Titanic* est insubmersible. Ça ne peut pas être *Le Titanic* que tu entends, dit Guy Wilson.

Guy Wilson était séduisant, et Bobby voulait devenir comme Guy Wilson quand il serait grand, car sa mère l'aimait bien ; elle faisait les yeux doux à chaque fois qu'elle parlait de lui.

— Je vous dis que c'est *Le Titanic* ! dit Bobby.

Il voulait crier. Il se contint et, défait, retourna dans sa chambre.

— Il devrait être couché depuis deux heures, mais c'est un mauvais garçon, voyez-vous, dit sa mère à Guy Wilson.

— Et si c'était bien *Le Titanic* qui coulait ? Que pourrions-nous faire ? dit le père de Bobby.

« Ah, les adultes ! » pensait Bobby. Il ne les comprendrait jamais, devrait-il vivre jusqu'à cent ans. De nouveau, dans sa chambre, il se pencha sur son récepteur. Oui, le signal était encore là, arrivant encore plus clairement qu'auparavant.

— S.O.S... ici *Le Titanic*... Nous demandons du secours. Venez immédiatement. Nous ne durerons pas une heure de plus.

Bobby Powers soupira, et sachant que sa mère n'aimerait pas cela, il fit pipi dans sa culotte.

Audrey tenait fort serrée la main de Bay. Quoi qu'il arrive, elle ne le laisserait pas partir. Un officier qui s'était présenté comme Charles Lightoller aidait à faire monter dans le canot Madeline Astor. Audrey serait la prochaine à embarquer, après les Strauss. Astor était sur le point de suivre sa femme mais l'officier l'arrêta. Audrey resserra son étreinte. Elle entendit Lightoller dire:

— Les femmes et les enfants d'abord, s'il vous plaît.

Un autre canot avait été mis à la mer devant eux, et des hommes pourtant y étaient montés...

— Je voudrais prendre place à côté de ma femme. Sa condition et sa santé sont délicates et j'ai besoin d'être près d'elle, dit Jack Astor.

— Je suis désolé, monsieur, on place d'abord les femmes, ça vous va?

Et Lightoller pointa en direction d'une section du pont où Jack Astor aurait dû se tenir. Le cœur d'Audrey se serrait convulsivement. Les chaudières avaient fini de cracher leur vapeur, et le bateau était plongé dans le silence. Il n'y avait plus de fusées à envoyer. La foule s'était tue et brusquement calmée. Elle ne pouvait même pas entendre l'eau monter... Tout était si impertubablement calme... Il n'y avait plus que les ordres de Lightoller et les crissements des cordes des canots qui se balançaient, à deux pieds au-dessus du bastingage, depuis les bossoirs en acier qui étaient accrochés haut à un crochet. Jack Astor embrassa sa femme et se retira. Il tenait encore dans ses bras son chiot airedale.

— Viens, Kitty, dit-il.

Et il frotta le museau du chien comme il se rendait à sa place avec plusieurs autres hommes. « Dieu du ciel ! » pensa Audrey. Elle avait une pleine bouteille de cognac dans la poche de son manteau. Elle l'avait placée là en quittant leur cabine, pensant qu'ils aimeraient peut-être se réchauffer dans le froid d'un bateau découvert ; pensant qu'ils essayeraient peut-être de faire une petite fête, là, dans la nuit, pour garder le moral, tandis que les ingénieurs essayeraient de réparer *Le Titanic*, ou qu'un autre navire viendrait à la rescousse. La pensée lui vint — elle ne pouvait plus en douter — que certains d'entre eux, ces chères personnes, ces honnêtes gens, pourraient mourir ce soir. Pas seulement Bay, mais Jack Astor et le colonel Gracie, là-bas, près de lui et...

Avec sa main libre, elle agrippa le col de la bouteille de cognac dans sa poche. C'était dur et rond: solide. Ça lui donnait du courage. Les Strauss étaient les prochains, et de nouveau la même scène déchirante recommença. Lightoller prit la main et le coude de Mme Strauss pour l'aider à monter, mais secoua la tête à M. Strauss.

— Désolé, monsieur, mais vous devrez attendre avec les autres, dit Lightoller.

Et il fit signe en direction de Jack Astor. Mais c'est un homme âgé, pensa Audrey.

— Eh bien, d'accord, alors. Moi aussi j'attendrai avec les autres, on ne me séparera pas de mon mari, dit Mme Strauss.

Et elle s'arracha des bras de Lightoller.

— Ecoute, Ida, je te suivrai. Prends place dans ce canot et moi j'en prendrai un plus tard. Ne te préoccupe pas de moi, dit M. Strauss.

— Isidor Strauss, je ne ferai jamais rien de pareil. J'ai été avec toi toute ma vie, et comme nous avons vécu, nous mourrons ensemble.

— Oh, s'il vous plaît, laissez-le. Il est vieux, ne voyez-vous pas ? Vous devez le laisser monter dans ce canot ! dit Audrey incapable de se retenir.

Lightoller fit non de la main mais était prêt à céder, Audrey put le deviner. Mais M. Strauss secouait la tête.

— Oh, non, non, on ne fera pas d'exception pour moi.

Il s'éloigna. Mme Strauss le suivit.

— Attends-moi, s'il te plaît, Isidor.

Il attendit, les larmes aux yeux, lui tendit les bras. Elle mit son bras autour de sa taille, épaisse à cause du pardessus. Tendrement, il passa un bras autour de ses épaules. Il la conduisit vers les chaises et ils s'assirent l'un à côté de l'autre. Ils regardèrent le déroulement de l'embarquement. « Oh, rien ne va plus, pensa Audrey. Ils n'avaient jamais prévu ça ! Ils n'ont aucune organisation... »

C'était au tour d'Audrey. Lightoller tendit la main pour l'aider à monter dans le canot, à soixante centimètres du bord.

— Je ne monte pas sans mon mari, dit Audrey.

Elle pressa la main de Bay ; effrayée que lui aussi puisse l'abandonner. Les yeux de Lightoller passèrent d'Audrey à Bay, derrière elle.

— D'accord, madame Lockholm, il vous suit. Levez haut votre pied maintenant.

Il la soutenait par le coude et elle entendit Bay dire derrière elle :

— Je suis juste derrière toi, chérie, vas-y maintenant, ne fais pas attendre les autres.

Sa main se dégagea de la sienne mais il la tenait aux hanches, et puis elle passa de l'autre côté. Au moment où elle tendit la jambe, le froid s'engouffra sous sa jupe, puis elle fut dans le bateau, assise sur une planche verte et ramassant ses jupes sous elle pour faire de la place à Bay.

Mais ce fut une autre femme qui vint s'assoir. Où était Bay ?

Elle le vit aider Smoke à monter, la soulevant par-derrière. Se tenant sur le bord de son siège Audrey fixa Bay des yeux pour l'inciter à monter. Elle avait la gorge serrée. « Ne me laisse pas », pria-t-elle. Smoke embarqua, soumise et silencieuse, différente depuis qu'elle s'était coupé les cheveux, plus triste... Mais Audrey ne pouvait penser à rien, elle ne pouvait se préoccuper de Smoke en ce moment. Elle devait obtenir que Bay vienne s'asseoir près d'elle...

— Ne t'assois pas ici, dit-elle à sa fille qui s'installait sur sa droite. Laisse de la place pour ton père.

Smoke ne dit rien, obéit, serrant son manteau et regardant au loin les eaux silencieuses. Swan était la prochaine. Non, il y avait une vieille femme qu'il laissait passer, une grande femme en noir avec un chapeau et un voile noirs... Audrey s'étrangla. Un instant, cette femme qui lui paraissait étrange eut une ressemblance avec la gitane, lui ressemblait vraiment dans la manière dont elle se tenait, furtive dans ses gestes, fermée comme si elle avait un secret à cacher... Mais non, c'était une femme anonyme, peut-être de seconde classe, car on avait autorisé les passagers de seconde à venir sur le pont quand ils n'avaient pas réussi à ouvrir les fenêtres de la promenade du pont B.

Bay aidait Lightoller à faire monter une femme. Il ferait monter Swan avant lui et Audrey acceptait cela. Mais alors il viendrait à bord, et Jack Astor et les Strauss et le colonel Gracie, lui aussi, il ne lui aurait pas menti. Ils ne se mentaient jamais entre eux. « Bien que moi, pensa-t-elle, j'étais prête à mentir quand je pensais que c'était sauver la vie de Bay... Bay... »

C'était comme une prière silencieuse, un cri réprimé dans sa gorge. « Bay, ne me quitte pas... » La femme en noir était désormais dans le canot, et prit place sur un siège, aussi loin d'Audrey qu'elle le put, près de l'océan. Audrey chercha à rencontrer les yeux de la femme pour se rassurer, en vain. L'ensemble qu'elle portait était trop petit pour elle ; ça tirait sur des épaules larges et atteignait à peine les genoux, recouverts d'un pantalon d'homme avec des chaussures d'homme. Audrey détourna son regard et chercha Bay.

C'était le tour de Swan, elle rechignait à venir. Ce garçon, le violoniste, se penchait plus loin sur la rambarde et regardait, et Swan lui faisait des signes. Il lui répondit par de grands gestes. « Il est héroïque, pensa Audrey. Il sourit, prétendant que tout cela n'est pas grave... Peut-être que ce n'est pas un mauvais garçon et peut-être l'aime-t-elle sincèrement ? »

Un scintillement argenté attira le regard d'Audrey.

Un croissant de lune brillait, entouré de perles, sur le cou de l'étrange femme.

L'inconnue soulevait ses cheveux, les libérant de son col de manteau. Son chapeau s'en allait, le voile glissait. Ses mains tiraient sur les coutures de son ensemble. Trop petit. Les boutons lâchèrent, le premier, le second, ceux de son corsage. Audrey poussa un petit cri, un cri de reconnaissance, car, là, au cou de cette étrangère, pendaient cinq rangs de perles fermées par un croissant de lune. Audrey vit avec horreur la chevelure rousse, si rousse, de la femme.

Audrey se mit à genoux et la fixa. La femme l'aperçut. Et alors, contre le fond de la nuit percée d'étoiles lumineuses, Audrey vit la prophétie de Mme Romany se réaliser.

Là, visible à tous, se trouvait le collier que Bay lui avait offert en signe de bon voyage, beaucoup trop serré sur un cou juste rasé. Et là aussi, un peu de travers, curieusement, des cheveux roux, très roux, une des perruques de Cécilia, sur la tête d'un homme, aux cheveux sombres et ondulés.

Une belle chevelure qui commençait à prendre des teintes poivre et sel... En un éclair, le chapeau et le voile tombèrent, entraînant dans leur chute la perruque attachée par des épingles à chapeau. Le tout tomba dans l'eau avec un bruit mou. Cela flottait, bercé par des rides de l'eau...

Teddy Royce se savait découvert, et il sourit, avec charme. Audrey se leva, perdant la tête, folle de haine. Levant ses jupes, elle traversa d'un bond le bateau ; les gens lui criaient après. Le canot de sauvetage, retenu avec de longs cordages, se balança dangereusement sous les pas d'Audrey. Elle se retenait au bord pour se maintenir droite, atteignit Teddy Royce et le gifla en plein visage.

C'était un ensemble *à elle* qu'il portait, c'était *ses* perles qu'il avait volées. C'était la *place de Bay* qu'il avait prise. Le bateau tanguait d'une façon dangereuse maintenant. Audrey giflait Teddy Royce. Les bossoirs gémirent, tirant sur leurs vis. Elle entendit un long cri, et la voix de Bay, en haut, hurlant son nom. Elle se retourna pour voir. Tout se balançait et là-haut, dans un froufroutement de soie blanche, aussi blanche que la lune dans la nuit, là, à l'instant, sa fille tombait du *Titanic*...

Le canot, brinquebalant sur ses chaînes, atteignit Swan dans sa chute, elle se cogna le genou, et plongea tout contre la falaise du flanc du *Titanic*. Swan s'agrippa au bord du canot. Elle tint bon un moment, mais le bateau se balançait trop fort et vint heurter une seconde fois le flanc du navire. Elle cria, ses doigts lâchèrent prise... Et dans un bouillonnement de jupons et de jupes, Swan tomba à plat dans l'eau noire de l'océan.

Audrey était accroupie sur le fond du canot. Foudroyée. Qu'avait-elle fait à sa fille ?

Ils descendaient le bateau. Audrey regarda en

haut pour voir Bay. Ses yeux rencontrèrent ceux de Smoke et elle n'y lut que du mépris. Elle cherchait Bay… Mais vit seulement Danny Bowen sauter du pont du *Titanic*, avec ses souliers, son chandail et son large pantalon, les bras tendus, les genoux serrés. « Quel courage ! Quel amour ! » se dit-elle.

Danny atteignit l'eau dans un grand éclaboussement. Audrey voulut encore apercevoir son mari. Mais on ne voyait plus Bay. Et plus bas, dans les sombres remous de l'océan, sa fille, Swan, clairement visible dans les dernières lumières du *Titanic*, luttait, nageait désespérément. « Elle va geler si tu ne viens pas à elle assez vite, Danny ! »

Mais le petit musicien l'avait récupérée. Sur le pont et dans les petits canots, les gens applaudirent et se réjouirent. Il l'avait sauvée ; elle était bien contre sa poitrine. Il attendait, flottant, que le bateau soit complètement descendu et les sorte de l'eau. Le canot atteignit la surface de l'eau avec un choc, il se balança un peu mais ils étaient sur l'eau, les cordages lancés, ils étaient libres…

— Ramez, dit quelqu'un.

Et Teddy Royce prit une rame tandis que Smoke prit l'autre et ils se sortirent de l'ombre gigantesque du *Titanic*.

Ils ramèrent pour rejoindre Danny qui les attendait dans l'eau, serrant Swan contre lui comme un bouquet de fleurs dans la nuit.

# 22.

Dove, resplendissante dans un ensemble en laine mohair blanc et son renard argenté, se tenait sur le pont près du commandant Smith, assistant à l'embarquement des passagers. Il avait son uniforme de commodore et un gros pardessus en laine bleu marine, ses boutons en forme de têtes d'aigles défaits. Désolé, stoïque, il assistait à la déroute de sa carrière, à la fin de son rêve. Elle, posée, ses yeux au loin, ne faisait qu'attendre.

— Un commandant, comme tu le sais mon amour, doit rester avec son navire. Sombrer avec lui si c'est nécessaire.

— Je sais, Edward.

Elle comprenait le caractère désespéré et dramatique de la situation, gagnée par toute l'émotion de l'instant. Elle allait vaincre Eleanor, au bout du compte: lui, le dernier combat, elle sa dernière conquête... Dove trouvait que ça allait bien ensemble. « Je pourrais continuer à vieillir, avoir les cheveux plus gris, me souvenir ainsi de mes triomphes passés, pensa-t-elle. Je préfère de beaucoup en finir ainsi. Il entrera dans la légende et moi aussi, comme sa compagne. C'est beaucoup mieux ainsi, que mourir d'ennui avec Cécilia, asservie à Cécilia, tandis qu'elle — que je n'ai jamais aimée serait de façon insultante plus gentille et plus attentionnée, au fur et à mesure de ma déchéance. Une fin pareille n'est pas faite pour moi, moi qui un jour ai fait de Newport mon empire... Ceci au moins est une façon digne d'en finir. »

— Serons-nous obligés de couler avec le bateau ? demanda-t-elle.

Il ne voulait pas la consterner. Il fit attention à ses paroles.

— Il n'y a pas assez de canots, chère Dove, et le navire le plus proche est à soixante milles. Ça lui prendra toute la nuit pour venir à notre secours même s'il se dépêche. Et *Le Titanic* aura sombré alors, complètement. C'en sera fini, dans une demi-heure, maintenant.

Il se tenait droit comme un commandant devait le faire. Des larmes roulaient sur ses joues glacées.

— C'est le froid, ça me fait pleurer, dit-il en simple manière d'excuse.

— Et mon cœur, je ne te quitterai pas, dit-elle.

— Oh, mais tu dois y aller !

— Je voulais que tu restes avec moi pour toujours et maintenant mon désir s'est réalisé, tu me restes.

Il y avait tant de tendresse dans son cœur pour elle. « C'est donc cela, l'amour », pensa-t-il... C'était une affection au-delà de la passion, au-delà du désir. C'était un contentement, une dévotion.

— Il y a encore de l'espoir, dit-il.

« Un espoir de fou », pensa-t-il.

— Je dois libérer les hommes de leur tâche. Laisse-moi t'escorter jusqu'au pont, ma chérie. Je te mettrai moi-même dans un canot.

Elle secoua la tête.

— J'attendrai ici mon commandant. Mon courageux commandant.

— Et dire que je voulais te quitter !

— Tu aurais oublié ton cœur, dit-elle.

— Je n'en ai pas pour longtemps.

— Non. Sois de retour vite. Comme tu le dis, nous n'avons plus beaucoup de temps à nous.

Il la laissa alors et n'eut pas loin à aller. Il atteignit le bureau des télégraphes où Philips et Bride étaient encore, avec de l'eau jusqu'aux chevilles, en train d'essayer de joindre quelqu'un, quiconque qui aurait pu sauver les passagers.

— Quittez votre service, maintenant. Vous avez fait plus que votre devoir. C'est chacun pour soi à partir de cet instant. Et bonne chance !

Et alors, avant qu'ils aient pu répliquer, il était déjà parti pour dire à chaque officier que ses ordres de commandant ne comptaient plus et qu'ils étaient désormais libres.

« Oh, je l'aime, pensa Dove, bien au chaud dans sa fourrure et heureuse de sa décision. Je l'aime excessivement... »

Burty n'était pas au pilier sur le pont A. Elle ne pouvait trouver Burty nulle part. Elle alla d'un côté et de l'autre du navire, où ils faisaient embarquer les gens dans des canots, elle alla de bâbord à tribord... Mais ne pouvait mettre la main sur Burty. Aurait-il pu s'embarquer dans un bateau ? Elle avait regardé, en bas, sur l'océan noir et vert, éclairé par les lumières du *Titanic* comme par des projecteurs. Mais si Burty était là, au bord des lumières, en train de ramer, elle ne pouvait pas le distinguer. Tory espérait qu'il soit dans un bateau, sain et sauf... Car tous les canots de sauvetage avaient été remplis et lâchés à la mer. Il y avait quatre radeaux pliables que l'équipage essayait de monter, mais l'un d'entre eux était coincé et un autre ne voulait pas s'ouvrir, si bien qu'il n'y avait plus que *deux* chances de s'en sortir... Et Burty ne faisait la queue pour aucun des radeaux.

L'orchestre jouait. Les musiciens avaient revêtu leurs uniformes rouge et or et se tenaient en face du grand escalier, comme s'ils faisaient l'ouverture d'un bal. Ils jouaient des marches, et rapidement des airs plus joyeux. Et quelqu'un jouait de sa cornemuse, quelqu'un, là-bas, sur l'eau, au-delà des cercles de lumière... Oh, où était Burtychou ?

— Madame ? Vous devez quitter le bord, tout de suite. Vous et votre enfant, dit un officier.

— Oui, je ne peux pas trouver mon mari, murmura Tory.

Elle se dirigea dans la direction qu'il lui indiquait.

— Je suis sûr qu'il est à bord d'un autre canot. Maintenant, embarquez, s'il vous plaît, dit l'homme d'équipage.

Elle enjamba le rebord. C'était un grand canot de toile à fond plat. Il n'y avait pas grand monde à l'intérieur. Il y avait la scandaleuse Lady Lucile et son mari Sir Cosmo Duff-Gordon que personne n'aimait. Et Mme Twigg.

— Madame Twigg, avez-vous vu mon mari? demanda Tory.

Mme Twigg était effrayée. Ses yeux écarquillés par la peur. Elle regarda le bébé de Tory qu'elle portait dans ses bras, regarda Tory. Elle ne fit pas de place pour que Tory puisse s'asseoir, aussi Tory s'installa dans un coin, de son côté. Cécilia embarquait maintenant. « Je serai au moins avec une amie ! » pensa Tory... Oh, où était Burty qui n'était pas au rendez-vous? Bruce Ismay embarqua après Cécilia qui s'assit près de Tory. Elles s'embrassèrent et Cécilia souleva le bébé.

— Oh, Tory, je ne savais pas... C'est ce que tu faisais dans ta chambre ! Je me demandais ce que tu pouvais bien fabriquer.

Tory observa l'expression de Cécilia comme elle soulevait la couverture pour voir le visage de l'enfant. Il n'y avait que de la joie dans le visage de Cécilia.

— Il est superbe ! Quelle expression ! J'espère que c'est une fille.

— Oui. Cécilia... Es-tu au courant pour moi? demanda Tory.

— Tu veux dire ton grand secret, Tory? Je m'en fiche pas mal. Tu devrais faire pareil.

— Ça se voit en elle. J'avais peur qu'il en soit ainsi, dit Tory.

— Bah ! Elle est magnifique. Tu es riche. Qui s'en soucie? Comment vas-tu l'appeler?

— Je ne sais pas...

Elle chercha de nouveau Burty du regard mais l'endroit qu'elle venait de quitter sur le pont était désert.

— Monsieur Bruce Ismay, avez-vous vu mon mari, je ne sais pas où il est? demanda-t-elle.

Ismay avait une boule de glace dans ses mains. Il l'avait ramassée comme de la neige sur le pont, il ne savait pas depuis combien de temps il la tenait, il la pressait. C'était une boule de glace concentrée. La chaleur de ses mains ne l'avait pas fait fondre.

— Je l'ai vu, il y a quelque temps, madame VanVoorst. Il parlait à Bayard Lockholm et à Jack Astor. Je suis sûr qu'il va bien, ne vous inquiétez pas. Il a dû monter à bord quand il a pu, vous savez...

Et Bruce Ismay retournait la boule de glace dans ses mains.

— Oui, je vois, merci, dit Tory.

Et elle reprit la petite Wisdoms des bras de Cécilia et la serra contre elle.

*Le Titanic* était incliné en pente raide, à présent, et le bateau de sauvetage se penchait avec lui, retenu par deux cordes aux bossoirs.

— Faites-nous descendre ou on va couler avec le navire, chiens! cria Sir Duff-Gordon.

— Mais nous n'avons pas fait le plein de passagers. Et il y a encore des gens à prendre, il y en a tant..., dit Tory.

Personne ne lui répondit. Le canot commença à descendre. C'est alors qu'elle le vit. Burty apparut, là, au bastingage! Elle allait se lever mais Cécilia l'en empêcha.

— Non, tu ne peux pas, tu nous ferais tous tomber à la mer, dit Cécilia.

Tory fit des signes frénétiques.

— Burty! Burty! je suis là! cria-t-elle.

Il l'aperçut. Il était avec Bay Lockholm. Ils sourirent tous deux et firent des signes.

— Oh, mais il y a de la place ici. Pourquoi les laissons-nous ? Nous ne devons pas les laisser ! cria Tory.

— Nous les prendrons à bord plus tard, dit Sir Duff-Gordon qui frissonnait malgré son manteau en castor.

Tory compta, ils n'étaient qu'une douzaine dans un bateau qui pouvait contenir quarante ou même cinquante personnes si nécessaire. Burty faisait toujours des gestes d'amitié et de tendresse, il lui envoyait des baisers. « Il ne porte pas son chapeau, pensa Tory. Il va attraper un rhume ! »

Il avait l'air si petit, si loin, si vulnérable sur ce monstre qui sombrait... « Il va mourir ce soir, pensa-t-elle. Je l'aurai perdu, malgré tout. »

Sur son sein, emmitouflé dans le chinchilla, leur bébé poussa un soupir et s'endormit.

# 23.

*Le Titanic* sombrait, au moment même où Tory regardait son mari lui envoyer ses derniers baisers.

L'eau arrivait au plus haut pont et s'insinuait partout. Comme touché par un doigt du ciel à la poupe, la proue commença à s'élever. Doucement, au début, le gros arrière montait en même temps que le nez coulait de plus en plus vers sa tombe. Quinze cents personnes étaient encore là, sans canot, à la dérive... Quelques-uns, impatients, désespérés, sautèrent depuis le pont du *Titanic* les quelques mètres qui les séparaient de l'eau glacée. D'autres attendirent. Archibald Butt, conseiller du président américain, jouait une dernière partie de cartes dans le fumoir contre un de ses amis, Arthur Ryeson.

— Ma fortune contre la vôtre, dit M. Butt.

Et il distribua les cartes.

— Ça ne marche pas, ma fortune vaut beaucoup plus que la vôtre, dit M. Ryeson.

— Plus maintenant, dit M. Butt.

Comme le navire s'enfonçait dans les eaux, on vit commencer à se casser et à dégringoler à l'intérieur des lits et des tiroirs, des panneaux entiers, des tables et des lustres. Des pendules et des tableaux tombèrent. Les écrous et les vis des lavabos cédèrent, des baignoires débordantes se mirent à flotter.

*Le Titanic* était éventré. Des murs s'effondraient, des piliers étaient mis à terre, de gros conduits et des tuyaux tombaient en morceaux... Toutes les pièces raffinées du *Titanic* commencèrent à glisser vers la proue, suivant la force de gravité, montant les unes sur les autres, s'écrasant les unes contre les autres : ça faisait un bruit d'enfer. Et toujours, la poupe du *Titanic* qui montait de plus en plus haut.

Et l'orchestre qui jouait encore. C'était la chanson anglaise la plus populaire de la saison : « Songe d'automne », pour clore leur prestation.

Alors que tous les musiciens se tenaient aussi droits qu'ils le pouvaient, tandis que le plancher, sous leurs pieds, commençait à pencher dangereusement et que l'eau leur atteignait la ceinture, ils jouèrent l'hymne qui finissait la prière du dimanche soir.

La grave et profonde mélodie de « Plus près de toi, mon Dieu » s'éleva sur le tumulte apocalyptique du navire aussi longtemps que les musiciens purent tenir leurs instruments.

Danny Bowen, revêtu de son gilet de sauvetage, s'accrochait au canot d'Audrey. Il était incapable de faire basculer Swan. Et elle ne pouvait pas l'aider.

— Je ne sens plus mes jambes, Danny, et mes hanches doivent être brisées, j'ai si mal !

Il avait peur de passer par en dessous et de la basculer, il avait peur de lui faire plus mal encore. Aussi se tenait-il sur le bord du bateau, près de Smoke, et serrait Swan dans ses bras.

— Je vais la tirer de l'eau. Je suis assez forte pour cela, proposa Audrey.

— Oui, mais nous devons attendre, madame Lockholm, jusqu'à ce que le navire coule. On pourrait tous être entraînés au fond par attraction. Je la tiendrai jusqu'à ce que nous soyons assez éloignés et alors on essayera de la faire monter.

— Ne vous dérangez pas, mère. Ça ne fait rien. Je vais mourir, dit Swan presque trop bas pour qu'on puisse l'entendre.

Smoke, en sécurité dans le canot, près de sa sœur, murmura :

— Je ne te laisserai pas mourir, Swan. Nous y arriverons, tu verras. Il faut que tu tiennes...

— Souquez ferme ! souquez ferme ! *Le Titanic* coule !

Un des chauffeurs était à une rame et tirait.

— Il nous happerait avec lui. Souquez ferme !

Teddy Royce renouvela ses efforts sur l'autre rame et ensemble, les hommes ramaient. Swan posa sa tête sur l'épaule de Danny et ferma les yeux... Et Audrey cherchait désespérément Bay du regard. Elle passa en revue les rangées de personnes, des centaines de personnes, entassées sur la poupe du *Titanic*. Elle essaya de percer les ténèbres où les autres bateaux ramaient loin du navire, loin du danger comme des sculptures de glace sombres parmi les bancs de glace, des blocs de glace bordés joliment de cristaux. Et la poupe du *Titanic* continuait à monter. Ses entrailles se déchirèrent, dans des hurlements de tôles broyées très lentement par des mains liquides et glacées surgies des profondeurs inhumaines. Sa proue s'enfonçait de plus en plus à la verticale jusqu'à ce que toute sa masse majestueuse, chaque fenêtre flamboyant d'un or électrique, se tienne inclinée contre le calme et sombre ciel comme le doigt tout-puissant de Dieu. Il se tint comme cela pendant un moment, une minute, peut-être trois.

Et aux hurlements de ses machines déchiquetées, s'ajoutèrent les longs cris de ceux qui coulaient, de ceux qui mouraient.

L'écho portait sur des kilomètres dans la banquise, autant de fantômes, autant de tombes. Et tandis que les étoiles lointaines chatoyaient, dans les canots, on sut que l'on n'était déjà plus des passagers mais seulement des *survivants*. Le tout-puissant vaisseau frémit, toute sa carcasse s'effondra dans un craquement sinistre comme pour le jour du jugement dernier.

Et *Le Titanic*, le beau *Titanic*, le fleuron des temps modernes, du progrès, ce dieu des mers, doucement, tous ses feux flamboyant, et presque sans déchirer la soie cruelle de l'océan, *Le Titanic* s'engouffra sous l'Atlantique et commença sa longue chute sous l'eau.

E.J. et Dove se tenaient sur le pont de commandement. Comme la poupe du Titanic était trop relevée pour pouvoir tenir debout, ils sautèrent dans l'eau, mains jointes. Alors que Dove atteignit l'eau, il lui parvint comme un chant céleste. Le froid coupant lui ôta la respiration, puis elle ressentit de la chaleur. Elle avait perdu la main d'E.J. mais elle pouvait le voir, se tenant dans l'eau, d'un vert brillant, sous les toutes dernières lumières du *Titanic*. Elle l'avait retenu jusqu'à la fin, c'était un triomphe ! Dans un brouillard de bulles, elle perdit sa trace. Elle pensait qu'elle voyait, à travers l'eau jaune et verte, le visage de son dernier mari, Percy. Il l'appelait, elle pouvait l'entendre très distinctement, et il lui souriait, comme au bon vieux temps, et il lui faisait un signe de pardon. Elle laissa sa fourrure se perdre dans les vagues et elle nagea pour rejoindre Percy. Elle ouvrit la bouche pout tout lui raconter et tout était dans une lumière glorieuse.

En sautant, le commandant Smith garda l'image du précieux corps de Dove, mais ce fut le visage d'Eleanor qu'il vit. Elle était chez eux à Southampton, regardant par la fenêtre de la cuisine, attendant, patiente comme toujours, son retour...

Et Audrey, entraînée sous les étoiles, était toujours à la recherche de Bay. Il y avait tant de corps dans l'eau, c'était comme un banc de poissons effrayés. Ça gesticulait. Ça criait. Il y avait tant de plaintes qui résonnaient étrangement à travers les glaces et des bras, des têtes, et des corps qui partout luttaient bien que déjà certains d'entre eux soient engloutis. Et tout cela brillait *par en dessous* éclairé par les générateurs du *Titanic* qui livraient ainsi leur ultime lumière.

Puis, soudain, sans crier gare, la grande chandelle fut soufflée. Et la lumière partie, *Le Titanic* disparut, et il n'y eut plus qu'un tourbillon énorme sur la surface noire de l'océan. Un gémissement collectif s'éleva de la pénombre qui baignait la scène. Et Audrey ne put le supporter.

— J'y vais. Occupe-toi de ta sœur. Je vais à la recherche de ton père, dit-elle calmement à Smoke.

Smoke ne dit rien. Elle tenait la tête de sa sœur sur l'épaule de Danny. Elle hocha simplement la tête et se dégagea pour permettre à sa mère de passer. Avant que quiconque n'ait pu l'empêcher, Audrey atteignit le bord du canot. L'homme qui le commandait cria mais elle avait déjà passé par-dessus bord et plongé dans l'eau. Un froid glacial à vous paralyser tomba sur elle. Mais Audrey connaissait l'eau froide. Encore enfant, elle les avait courageusement affrontées, tôt dans la saison, les vagues froides de Narrangansett. Son manteau gonflait autour d'elle, aussitôt qu'il serait complètement trempé elle le quitterait. Mais elle le garderait aussi longtemps qu'elle le pourrait. Il y avait une bouteille de cognac dedans pour lui, si elle pouvait le trouver et le recueillir sur une banquise, elle le couvrirait de son vison et de son corps pour qu'il ait assez chaud. Elle commença sa quête folle et désespérée. Maintenant, il faisait sombre et les étoiles étaient distantes, très hautes et petites, et d'un éclat froid. Elle nageait maladroitement dans les cris et les plaintes autour d'elle. Il fallait qu'elle nage près des corps pour voir les visages. Le premier fut celui d'un homme mort. Elle eut un mouvement de répulsion et s'en écarta. Puis elle sentit un courant glacial aux genoux, un courant plus froid que celui de la surface : c'était à vous couper le souffle. « Je vais mourir moi aussi », pensa-t-elle et elle se mit à nager avec de grandes brasses pour garder sa force. Deux corps, deux petits corps flottant à sa rencontre. Deux enfants. La fille, plus âgée, avait de longs cheveux noirs étalés sur la surface de l'eau noire comme des algues. Le garçon, petit et blond, flottait le visage vers le ciel. *Les enfants Miller* qu'Audrey avait rencontrés en troisième classe. *Les enfants Miller qui n'avaient pas eu de mère*... Leurs poignets étaient attachés ensemble par un lacet. Tournant d'abord d'un côté puis de l'autre les petits corps dérivaient. *Keely*, Catherine, c'était le nom de la petite fille.

Une femme, qu'Audrey avait parfois remarquée au bal, coula devant elle. C'était une jeune et jolie femme ; Audrey ne lui avait jamais adressé la parole.

Elle continua à nager. Elle ne pouvait voir aucun des canots, ils étaient tous partis. Elle était au milieu d'un cimetière noir et flottant. Tout autour, il n'y avait que des corps et des débris. Un homme, un peu au-delà, se retenait à une poutre mais elle ne flottait pas assez, elle ne le retiendrait pas de sombrer. Il y avait là un des canots pneumatiques, retourné : au moins trente personnes étaient perchées dessus. Il se tenait dans l'eau comme une grosse tortue, presque submergé par le poids. Ils ne tiendront pas toute la nuit, pensa-t-elle. Une vague les emportera.

Il ne lui restait ni pitié ni colère. Il n'y avait en elle qu'un brin de volonté. Elle nageait parce que ne pas nager aurait signifié couler et abandonner. Elle sauva le cognac de son manteau et le mit dans son corsage et abandonna son vison. Ses pieds étaient lourds et ses doigts étaient trop engourdis pour défaire ses lacets et se libérer de ses bottes.

Et puis un corps flotta jusqu'à elle et c'était Burty. Audrey le reconnut avec horreur. Elle le toucha.

— Burty ?

Et elle laissa échapper un cri prolongé et furieux. Elle criait tout en nageant loin de son corps.

— Audrey, Audrey ! Par ici !

Comme un ours, une silhouette voûtée se tenait sur un iceberg. Comme un ours... C'était lui ! Encore vivant, sans manteau, les cheveux en bataille comme un petit garçon. Bay. « Cher Bay, mon chéri... »

Elle nagea de plus belle entre les corps à la dérive. Un cuisinier à en juger par son uniforme... Un vieil homme... Un autre homme, jeune celui-là. Deux stewards dans leurs uniformes, leurs boutons sur leurs corps comme des coquillages. L'iceberg avait un bord déchiqueté, elle s'y accrocha, les doigts en sang.

— Bay, je n'arrive pas à me hisser.

Mais elle s'en moquait : elle l'avait trouvé ! Les mains qu'il lui tendit étaient raides, presque gelées.

— Je vais te faire monter, dit-il.

— Oui, s'il te plaît...

Il se coucha sur la glace et s'avança de façon à ce que ses bras dépassent du bord.

— Prends appui sur mes bras, dit-il.

Elle nagea en cercle essayant de ramasser ses forces. Puis elle se jeta sur ses bras et parvint à se hisser.

— Là, c'est ça, dit-il.

Car elle s'était cramponnée à un bras et l'autre tirait, tirait...

Elle roula sur la glace avec lui.

— Oh, mais c'est que tu es lourde!

Et alors ils rirent, comme des enfants, ils rirent en cette nuit des nuits, ils rirent de bon cœur bien que leurs âmes soient noyées de chagrin et d'horreur. C'était un rire blanc. Un rire d'effroi et de bonheur sauvage.

— Mets ta main dans mon corsagc. J'ai du cognac, dit-elle.

Ils se blottirent l'un contre l'autre sur la glace et se mirent à attendre ils n'auraient pu dire quoi.

Swan ne voulait pas laisser Danny et Smoke la hisser dans le canot.

— Non, s'il vous plaît, je suis toute cassée. Et l'eau n'est pas si froide et je n'ai plus mal.

Ils demeurèrent ainsi dans la même position. Teddy Royce et le membre de l'équipage tiraient sur les rames et se dirigeaient vers l'horizon nu.

— Monte dans le canot, Danny. Ne reste pas ici avec moi.

— Je reste avec toi!

Ils avaient accroché le gilet de sauvetage de Danny à l'intérieur du canot de façon à l'aider. Danny était heureux. Il était *heureux* dans cette atroce confusion du destin, heureux d'avoir fait l'amour sur le navire, heureux d'avoir su, avant de mourir, ce que c'était d'être avec une femme. Il dit, pour essayer de lui plaire:

— Après tout, nous sommes fiancés. Tu es sous ma responsabilité.

— Oh, non, dit Swan.

Et elle essaya de se libérer.

— Ne fais pas ça, qu'est-ce qui ne va pas ?

Et Smoke, assise au-dessus d'elle, tenant la tête de Swan, avoua :

— Mère ne trouvera pas père. Ils sont tous les deux morts. Aussi, quand tu te marieras, Swan, je serai toute seule. A l'exception de Mme Twigg, bien sûr. Je garderai Mme Twigg pour avoir de la compagnie, essaya-t-elle de plaisanter.

— Non, Smoke... Tu m'entends ? demanda sa sœur faiblement.

— Oui.

Tout était calme à présent.

Les gémissements des gens qui souffraient avaient disparu, et l'eau était comme apaisée. Le bruit des rames qui plongeaient dans l'eau et le bruit qu'elles faisaient dans les tolets étaient les seuls bruits. Tick, tick faisaient les rames.

— Oui, je peux t'entendre, dit Smoke.

La pénombre devenait plus noire, un noir d'encre qui pulsait comme du sang. Un noir lustré comme la croupe d'un poulain. Les étoiles parurent reculer. Et les rames faisaient tick, tick, tick...

— Smoke, je suis en train de m'affaiblir, tu vois. S'il te plaît, écoute.

Smoke embrassa le front de sa sœur. C'était comme embrasser un glaçon, mouillé et si froid...

— Tu vois, Swan, je suis assez près pour t'embrasser.

— Tu dois épouser Danny. Dis-moi que tu le feras, pour mon bien.

— Qu'est-ce que tu veux dire ?

— Si je meurs ça n'a pas d'importance.

— Qu'est-ce que tu veux dire?

— Si je vis, je serai une infirme. Je ne pourrai pas me marier et je ne veux pas être seule. *Epouse-le*. Danny, dis que tu l'épouseras, comme ça je vous aurai tous les deux avec moi, dit Swan.

Elle essaya de se retourner dans l'eau pour voir le visage de Danny, pour voir celui de sa sœur.

— S'il vous plaît, promettez-moi. Je ne veux pas vivre seule dans un lit ou un fauteuil sans amis.

— Bien sûr que si, tu pourras te marier, répliqua Smoke.

Mais son cœur lui faisait mal.

— Je vais être commandant de vaisseau. Et puis toi tu l'aimes, pas moi.

La tête de Danny était contre celle de Swan.

— C'est toi que je veux épouser. Tu es celle que j'aime.

— Mais je suis toute cassée, je le sais. Je n'aurai jamais d'enfants. Tu dois avoir des enfants, Smoke. La lignée des Lockholm doit se poursuivre! Oh, promets-moi.

Swan se tordait dans l'eau et pleurait. Danny pensa qu'il allait la perdre...

— Elle fait une crise, dit-il en essayant de réchauffer le visage de Swan avec son haleine.

— Disons oui, Smoke. Oui, Swan, si c'est ce que tu veux, d'accord. Mais si on se sort de là et que tu t'en tires bien, alors on brisera les promesses. Qu'en dis-tu?

— Oui. Jure, Smoke. Jure-le sur la tombe de nos parents.

— Oh, Swan.

— Jure-le ou je meurs à la minute.

— Jurer maintenant ? Que dois-je jurer ?

— Jure que tu épouseras Danny, auras des enfants de lui et que vous resterez avec moi toute ma vie.

— Je n'aime pas Danny, mentit Smoke.

— Je ne veux pas que tu l'aimes. Je l'aime. Je veux que tu l'épouses, que tu fasses la *part physique*, pour nous, les Lockholm, puisque, moi, je ne peux plus le faire.

— Je peux avoir des enfants et ne pas me marier. Qu'en dis-tu ?

« Je ne l'épouserai pas. Ça me tuerait de l'épouser en sachant qu'il l'aime, elle. Je dois rester libre... » Swan ne répondit pas. Sa tête pencha en arrière. Pour un long moment, elle demeura immobile, et ses cheveux pâles, si pâles qui avaient jusqu'alors flotté, sombrèrent dans l'eau comme des algues. Danny ne la secoua pas. Il semblait lui aussi avoir perdu conscience. Smoke frissonna au fond du bateau sans avoir l'énergie de se relever. Les hommes arrêtèrent de ramer, le canot se balançait doucement, comme un berceau funèbre. Smoke ne pouvait voir aucun autre canot... Ils étaient seuls, et elle était seule au monde, avec seulement des étrangers à bord qui ne lui donnaient aucun réconfort, et la pénombre et la glace.

Elle devait avoir dormi car le ciel était plus clair désormais. Ce n'était pas l'aube mais le ciel était plus gris. Elle pouvait apercevoir de nouveau les contours déchiquetés de la glace.

— Swan !

Elle secoua les épaules de sa sœur, frotta énergiquement ses joues. Danny murmura et se tourna juste un peu dans son gilet de sauvetage.

— Réveille-toi, s'il te plaît, réveille-toi, tu m'effraies, dit Smoke.

La bouche de Swan était entrouverte. Il y avait de la salive gelée sur ses lèvres.

— Swan !

Les yeux de sa jumelle s'entrouvrirent.

— Smoke, dit Swan.

Elle essaya de lever le bras mais ne le put pas.

— Smoke.

— Oui, oui…

— Promets, s'il te plaît.

— D'accord, oui. Tout ce que tu veux pourvu que tu *vives*, Swan. *Vis !*

— J'essayerai, j'essayerai, Smoke.

La tête de Swan tomba en arrière, sa bouche ouverte, ses yeux fermés. Danny dit d'une voix mal assurée :

— Qu'est-ce que tu vois, Smoke ?

— Il n'y a rien à voir, dit-elle.

Et puis pour être gentille elle ajouta :

— Tiens bon, Danny, tiens-la fort. Quelqu'un a dû entendre. Quelqu'un doit venir à notre secours… Ils ne seront plus longs, maintenant.

Au-dessus, le ciel s'éclaircit, prit la couleur des étoiles, la couleur de la glace. Et il n'y avait rien du tout à l'horizon, il n'y avait qu'eux et le gris et le froid.

— Nous ne sommes qu'une douzaine. Nous devons ramer en arrière pour aller chercher ceux que nous pouvons. S'il vous plaît, mon mari est encore à bord. S'il vous plaît, essayons de le retrouver ! dit Tory.

Et elle tenait l'enfant plus serré. Même près de son cœur, sous la fourrure, et emmitouflé dans une couverture, le minuscule visage de Wisdoms était froid contre son sein, et si tranquille. Pas un cri, pas un gémissement ! Et depuis combien de temps ils étaient dans la nuit ? Un homme, nommé Symons, qui avait été membre de l'équipage, commandait le canot, il commandait à « ces riches terriens qui ne savaient pas faire la différence entre une barre de gouvernail et une cuillère de cocktail ». Il entendit ce que disait la femme mais ne savait pas quel parti prendre. D'un côté, il avait peur de retourner près du désastre — qui savait ce qui pouvait arriver ? *Le Titanic* pouvait exploser, il pouvait être pris dans le tourbillon d'eau que créerait son engloutissement... Il ne savait que faire et n'avait pas l'habitude de commander. Et il était préoccupé par ses propres soucis, il avait une famille, lui aussi, et qui paierait désormais s'il venait à disparaître ? D'un autre côté, retourner et sauver quelqu'un d'important pourrait le faire devenir quelqu'un. Il pourrait être un héros.

— Oh, on ne peut pas retourner. Ce serait notre mort à tous. Continuez à ramer, les gars. Gardez-nous en vie loin de tout ça, dit Sir Cosmo Duff-Gordon avec l'autorité de sa classe.

Sa femme, Lady Lucile, avait essayé de rassurer sa femme de chambre, assise à côté d'elle, sur la perte de sa chemise de nuit, une chose merveilleuse, aussi belle que celle que portait Lady Lucile. Mais sa femme de chambre n'avait pas bien réagi. Elle était assise avec la tête penchée en prise à un hoquet de frayeur qu'elle essayait de maîtriser à l'aide de son mouchoir. Et la femme en face d'elle, la gouvernante des Lockholm, avec qui Lady Lucile avait une fois condescendu à parler, était assise comme si elle souffrait d'une attaque cardiaque. Elle était de glace depuis qu'ils avaient embarqué.

— Donne-lui cinquante dollars. Il se sentira mieux, dit Lady Lucile à son mari.

Elle savait comment acheter une totale obéissance des serviteurs quand on ne pouvait compter obtenir une allégeance à vie. Sir Cosmo vit le visage de Symons s'éclairer rien qu'à la perspective de l'argent.

— D'accord. Continuez juste à ramer dans cette direction, c'est tout ce que nous voulons.

Et il retira de ses mains couvertes de gants en peau d'agneau son portefeuille de son manteau. Il prit son temps et veilla à ce que l'homme lui obéît. L'homme ayant été acheté, se sentant désormais en sécurité, Lady Lucile s'adressa à Tory :

— Comme c'est charmant à vous de vous occuper de l'enfant de votre femme de chambre, ma chère.

Tory avait l'esprit qui flottait, éprouvée comme elle l'était. Elle avait fait tant de choses, elle venait de donner naissance ; et à présent, d'étranges pensées, des images frappantes et curieuses la traversaient et lui donnaient le tournis. « Je me sens comme un oiseau de proie, pensait-elle, un oiseau longtemps encapuchonné qui, soudain libéré, a d'abord peur de la lumière mais alors il commence à frémir avec un sens terrible, effrayant, de la liberté… »

Et elle frémissait, frissonnait et rêva et *souhaita* qu'elle puisse s'envoler loin de tout cela. L'horrible femme qui était à côté d'elle avait dit quelque chose. Tory souleva la tête. L'horrible femme lui avait parlé de sa femme de chambre.

— Ma femme de chambre n'est pas du voyage, répondit Tory.

Et elle regarda le miroir noir de la mer.

— Nous devons retourner en arrière, il y a tant de places à bord.

Mais les gémissements des mourants avaient cessé, n'est-ce pas ? Il y avait longtemps déjà…

— Alors à qui peut être ce pauvre bébé ? dit Lady Lucile.

— Ce n'est pas un pauvre bébé. Son père est Burty Kingsley VanVoorst. Il a plus d'un million de dollars et c'est sa seule enfant.

« Sa seule enfant », son esprit médusé se le répéta. « Notre seule enfant, seule enfant… » De façon brusque, Mme Twigg prit la parole.

— C'est l'enfant de Mme VanVoorst, vieille idiote.

Lady Lucile suffoqua d'indignation.

— Pas de ça ici. Rien de ce genre dans ce canot, dit Sir Cosmo, regardant de travers celle qui était l'inférieure de sa femme.

— Vous allez peut-être me donner cinquante dollars pour que je la ferme ? dit Mme Twigg soudain libérée de plusieurs années de politesse hypocrite.

Sa poitrine, dont elle était si fière, se soulevait de façon menaçante. Tory n'arrivait pas à comprendre ce qui était en train de se passer. Elle savait qu'elle devait des remerciements à Mme Twigg. Elle pensa que cette Mme Twigg s'occuperait bien de Wis, une fois de retour à la maison.

— Elle tient son teint basané de moi, dit Tory.

Et inexplicablement, Mme Twigg aboya de nouveau :

— Mettez-vous donc ça où le soleil ne brille pas.

— Eh bien ! dit Lady Lucile en faisant la grimace. Etre traitée ainsi par de la racaille.

Jamais plus elle ne voyagerait avec la Ligne Polaire. Elle leur adresserait un de ces courriers.

— Cosmo, dit-elle.

Son mari lui tapota le genou.

— Continuez à ramer, dit-il à Symons.

Et Symons ramait. Tory n'entendit pas le reste de la conversation. Elle s'appuya contre l'épaule de Cécilia et le bébé glissa sur son ventre. « Elle essaye de rentrer à l'intérieur, pensa Tory, là où il fait chaud, là où elle serait à l'abri, au calme... » Son manteau s'ouvrit et le bébé Wisdoms était étendu sur les genoux de sa mère, enveloppé d'une couverture mais exposé aux yeux de tous.

Et dans le froid polaire de l'Atlantique, le ciel devenant plus clair comme en prélude à l'aube, le barman Wisdoms nageait, pas encore désireux d'abandonner. Il avait nagé loin et essayait d'atteindre ce canot presque vide. S'il pouvait y arriver, il serait en sécurité ; ils le tireraient hors de l'eau. Mais plus il nageait fort, plus le bateau semblait s'éloigner et s'évanouir dans le gris... Il se dépêcha et gagna du terrain. Il s'en approchait ! Il pouvait désormais voir ses occupants, *si peu nombreux !* Il était fatigué. Il avait des crampes dans les doigts de pieds, dans les mains. Il aperçut un bébé sur les genoux d'une femme, son calme visage tourné vers le ciel. « Ça doit être celui à qui j'ai donné mon nom, pensa-t-il. Ça doit être Wisdoms Van-Voorst. » Et intérieurement il se prit à rire et des passages de la Bible le remplirent de joie. Il y était presque ; il appela. Mais ils n'avaient pas dû l'entendre car les deux hommes aux rames qui, un moment, s'étaient arrêtés, reprirent de plus belle.

Et Wisdoms savait qu'il ne les rejoindrait plus. Eh bien, il était presque prêt désormais. Il venait de voir l'enfant qui avait été nommée comme lui, et il l'avait trouvée belle. Dans sa tête, il chantonna : *je reviens vers toi, Seigneur...* Puis il se détendit.

Et sous une vague, l'éclat de diamant, entre ses dents, scintilla et l'on ne put le distinguer du scintillement des étoiles. Dans le canot, Mme Twigg prit l'enfant des genoux de Tory et le glissa dans la sacoche à bijoux pour le mettre au chaud et l'enveloppa de ses bras.

Et toujours, l'océan plat, et les tombes de glace et la grisaille...

Le petit iceberg sur lequel Bay et Audrey avaient trouvé refuge donnait des signe de faiblesse. Ils avaient chaud maintenant. C'était l'œuvre du froid, pensa Audrey, les gelant petit à petit, faisant disparaître toute sensation. Audrey se tenait à son mari, il la tenait dans ses bras, ils étaient calmes, ensemble. Dans la grisaille envahissante, Audrey vit, de ses yeux bordés de glace, du *noir* qui flottait. Des corps... Elle savait que c'étaient des corps. Mais ils paraissaient tous semblables, il lui semblait que c'étaient les jupes noires de Mme Romany qui s'étendaient, les encerclant, revenant pour... les tuer. Audrey essaya de fermer les yeux mais en vain. Elle essaya d'oublier Esmeralda et cette boule de cristal dans laquelle ils avaient été projetés, cette gigantesque boule de glace où le futur n'était pas prédit mais prenait fin... Et toujours les corps flottaient autour de leur iceberg qui commençait à fondre, flottaient dans la boule de cristal grise de la mer et du ciel. Audrey vit, avec ses yeux brûlés par le gel, qu'elle n'arrivait pas à fermer, *l'énorme iceberg s'avancer de nouveau.* Là, proche d'eux, dans la grisaille, elle pouvait le distinguer, haut, efflanqué et coupant comme un rasoir. Il fonçait sur eux, il les visait... Avec ses bras gelés, elle s'accrocha à Bay. Il murmura dans ses bras :

— Audrey, le vois-tu ?

— Oui, dit-elle.

— C'est le cognac qui nous a sauvés, dit-il.

*Sauvés* ? pensa-t-elle. Ils n'étaient pas sauvés. C'était Mme Romany qui les entourait.

— Le grand iceberg est de retour, dit-elle.

— Ce n'est pas un iceberg, c'est un navire, dit-il en s'agitant.

— *Un navire ?*

Elle regarda. *Un navire ?*

— Ne pleure pas, dit-il tendrement. Mais tes cheveux, tes beaux cheveux mordorés sont tout blancs par le gel.

Il l'embrassa sur le front et réchauffa ses cils gelés avec son haleine.

— Non, cher Bay, c'est seulement du brouillard et de la glace qui viennent de la boule de cristal.

— Peux-tu te lever, mon amour? Fais-toi belle, nous allons être sauvés, dit-il.

Elle voulait rire mais ne le put pas: Bay était devenu fou.

« D'accord, moi aussi », pensa-t-elle. Elle regarda pour trouver le corps de la bohémienne, mais il n'y avait que le bleu de l'océan. Et le ciel étincelait, jaune et pêche et rose. Et les blocs de glace étaient couleur d'ivoire, d'argent et de marbre veiné beige, scintillant à l'aube d'un nouveau monde... Elle était dans un palais de glace aux chambres magnifiques.

— Sommes-nous morts et au paradis? demanda-t-elle.

Elle ne pouvait pas se tenir droite sur ses jambes. Il y avait une jambe dont elle ne pouvait se servir, comme morte, elle pendait depuis sa hanche. Il la fit tenir en la calant contre un morceau de glace vertical.

— Peux-tu voir maintenant?

Elle avait peur de frotter la glace qu'elle avait autour des yeux, elle avait peur de s'aveugler. Elle regarda, ne sachant pas ce qu'il voulait.

De la vapeur s'échappait de ses cheminées, des gens étaient penchés au bastingage, sur les ponts. Sa proue fendait l'eau droit devant, intact... Il se rapprochait d'eux à grande vitesse. C'était *Le Carpathia*.

— Oh, oh, Bay!

Et elle ne pouvait s'arrêter de pleurer, ça lui brûlait les yeux.

— C'est une aube magnifique. Comme le commencement de la création, murmura-t-il.

Il lui prit la main et serra sa joue glacée contre la sienne tout aussi froide.

— Nous allons rentrer à la maison, chérie, nous avons survécu. Nos enfants sont en sécurité, tout va aller pour le mieux.

Audrey trembla, le froid de nouveau l'oppressait, et elle se souvint de Burty dans l'eau, de Swan écrasée.

— Demain, nous voici! cria Bay.

Et il jeta un morceau de glace en l'air. A ce spectacle, les passagers du *Carpathia* applaudirent et se dirigèrent pour les repêcher. Audrey regarda la boule éclater en fragments dans la chaleur de l'aube et se dissoudre.

— Bienvenue à bord, leur dit le commandant.

Quand Cécilia Lady Pomeroy fut recueillie par *Le Carpathia*, Teddy Royce, déjà sauvé, l'attendait.

— Ah, voilà le mauvais garçon, dit-elle en se laissant aider.

— Epouse-moi et je ne n'aurai plus besoin de voler, dit-il.

— Tu es un homme de jeu. Nous allons faire avec les cartes, c'est elles qui décideront.

— Ça tombe bien, j'ai un jeu.

— Pas les tiennes. Steward, auriez-vous un jeu de cartes vierge?

Le commandant Rostron, en entendant cela, s'attendait un peu à de telles excentricités de la part des survivants. Il approuva et un steward apporta un nouveau jeu.

— Savez-vous battre les cartes ? demanda Cécilia.

— Oui, madame, répondit le steward.

Il battit le jeu.

— Les dames d'abord, dit Teddy Royce.

Ce fut le valet de carreau.

— C'est difficile de faire mieux !

Royce retourna alors sa carte.

— Je ne peux pas y croire, murmura Cécilia.

La reine de carreau venait d'apparaître dans la main de Teddy.

— Je serai ton valet, dit Teddy Royce en la prenant dans ses bras.

— Et moi ta reine, répondit Cécilia en levant son visage pour lui permettre de l'embrasser.

Et dans cette aube splendide et rosée, vibrante sous la glace, le commandant Rostron orienta *Le Carpathia* vers l'ouest..., et le futur.

Composé par Eurocomposition, Sèvres
Achevé d'imprimer en février 1990
sur les presses de la Société Nouvelle Firmin-Didot
à Mesnil-sur-l'Estrée (Eure)
pour le compte des éditions Harlequin

N° d'imprimeur : 13866 — N° d'éditeur : 2930
Dépôt légal : mars 1990

*Imprimé en France*